中小微企业管理丛书

中小微企业融资与纳税指南

主　编　王晓文
编　者　刘晓菲　张　晶

大连出版社

内容简介

本教材分中小微企业融资实务和中小微企业纳税实务两部分。中小微企业融资实务包含中小微企业融资渠道介绍、中小微企业留存盈余融资、中小微企业民间借贷融资、中小微企业资产典当融资、中小微企业应收账款融资、中小微企业银行贷款融资、中小微企业风险投资融资、中小微企业上市融资;中小微企业纳税实务包含税收基本知识、小企业必知的办税流程、小企业应纳的税、小企业必知的税收法律责任、小企业税收筹划。

图书在版编目(CIP)数据

中小微企业融资与纳税指南 / 王晓文主编. —大连:大连出版社,2013.9
(中小微企业管理丛书)
ISBN 978-7-5505-0566-7

Ⅰ.①中… Ⅱ.①王… Ⅲ.①中小企业—企业融资—中国—指南 ②中小企业—企业管理—税收管理—中国—指南 Ⅳ.①F279.243-62 ②F812.423-62

中国版本图书馆 CIP 数据核字(2013)第 193397 号

出 版 人:刘明辉
策划编辑:成秉权
责任编辑:刘丽君
责任校对:张丽娜　丁俊琛
封面设计:林　洋
版式设计:金东秀
责任印制:徐丽红

出版发行者:大连出版社
地址:大连市西岗区长白街 12 号
邮编:116011
电话:(0411)83620416/83621075
传真:(0411)83610391
网址:http://www.dlmpm.com
电子信箱:hjj@dlmpm.com
印 刷 者:大连美跃彩色印刷有限公司
经 销 者:各地新华书店

幅面尺寸:170mm×240mm
印　　张:15.5
字　　数:310 千字

出版时间:2013 年 9 月第 1 版
印刷时间:2013 年 9 月第 1 次印刷
书　　号:ISBN 978-7-5505-0566-7
定　　价:32.00 元

前 言

中小微企业是国民经济和社会发展的重要基础，是创业富民的重要渠道，在扩大就业、提高收入、改善民生、促进稳定、增加国家税收、发展市场经济等方面具有举足轻重的作用。我们可以看到，中小微企业在我国国民经济和社会发展中的重要地位与作用越来越受到社会各界的广泛认同，引起各级政府的高度重视。但是中小微企业在发展过程中仍存在诸多自身难以解决的困难。中小微企业虽然规模较小，但在生产、销售、经营、管理上的难度并不见得就小；相反，却会因为生产专业化程度低、管理力量薄弱、资金紧缺、人手不够、产品质量不过硬、技术开发落后、业务时有时无等因素而显得更为繁杂，有更多的烦恼。

其实，中小微企业的生存和发展是全球性难题，并不是我国特有的，但我国的中小微企业又有独特的国情和阶段性特色。目前，我国中小微企业的突出问题主要表现在以下几个方面：一是融资难，明明有好的项目，却因为缺少资金、无法上马而错失良机；二是税费负担过重，生存和发展压力大；三是产业结构不合理，导致人工成本不断上升，尤其是劳动密集型产业步履维艰。

与大型企业不同的是，中小微企业的发展更强调“一个中心，两个基本点”。一个中心就是要“盈利”。不求盈利大小，但求笔笔盈利，积小盈为大盈。两个基本点就是要“用对人”，“用好钱”。当然，在这其中有无数的学问可供探讨，关于融资与纳税是其中很重要的两个方面。

众所周知，资金是企业生存的血液，也是企业持续发展的推动力。任何一个企业的创立、生存、发展、成熟，都要以投入、保持和再投入、再保持一定数量的资金为前提，融资过程贯穿于整个企业的运行和发展中。有关资料统计显示，中国的中小微企业平均寿命相比其他企业要短很多年，平均每年都有30%左右的中小微企业关门倒闭，在企业倒闭的原因中，62%是由于融资问题得不到解决而引起的。若想使企业健康成长，拓宽融资渠道、解决融资难是企业必须首先要面对的问题。

本书的第一部分——中小微企业融资实务，紧紧抓住“实务”这个关键词，站在中小微企业管理者的角度,从实际操作层面出发,由易入难地阐述了在现有的融资工具和政策背景下,中小微企业管理者的融资操作空间,以及在此空间下企业管理者进行融资操作的合理步骤。内容涵盖了中小微企业管理者关心的各种常见的融资工具的特点及使用原则、融资决策的制定、现有融资法律法规,并为每一种融资工具精心挑选了相应的案例以加深读者的理解和把握。该部分内容对中小微企业管理者从自身出发解决中小微企业融资难的问题有很强的实用性和现实指导意义。

站在中小微企业管理者的角度,对于纳税问题,谁也不愿意多交一分钱,同时,谁也不能违法偷税。如何在法律允许的范围内缴纳最少的税,既是广大纳税人迫切希望知道的,也是一种实用的经营技巧,一种实现公司利益最大化的手段。

本书的第二部分——中小微企业纳税实务,旨在让企业财务人员以及纳税人员对我国现有的税收基本理论有一个全面、正确的认识,在此基础之上引导纳税人正确纳税、合理避税。该部分内容根据最新企业会计准则和现行税收法律制度编写,以税种为主线,通过全面、翔实的实战案例阐述合理避税的思路和方法。在编写过程中突出体现了如下特点:第一,注重实用性,真正站在纳税人的立场上,想企业纳税人之所想,根据纳税人的特点和需要设计体例,取舍内容。第二,理论与实战紧密结合,通过实战案例说明避税方法,展示避税效果,使理论落到实处。第三,加强合理避税规律总结,使读者不仅看得懂,还能学得会。

希望本书能对我国中小微企业的管理者处理融资与纳税方面的种种问题有所帮助,有所借鉴,有所启迪!

编　者

2013 年 8 月

目 录

第一部分

中小微企业融资实务

第 1 章　中小微企业融资渠道介绍

资金是企业生存的血液，也是企业持续发展的推动力。任何一家企业的创立、生存、发展、成熟，都要以投入、保持和再投入、再保持一定数量的资金为前提，融资过程贯穿于整个企业的运行和发展中。有关资料统计显示，中国的中小微企业平均寿命相比其他企业要短很多年，平均每年都有 30% 左右的中小微企业关门倒闭，在企业倒闭的原因中，62% 是由于融资问题得不到解决而引起的。若想使企业健康成长，拓宽融资渠道、解决融资难是企业必须面对的问题。

企业的融资渠道从企业获得资金性质上来分，可以分为内源融资和外源融资。内源融资是指企业依靠自有财产投入来满足发展及投资需求。在企业内部通过自有资金、留存收益、折旧计提、闲置资产变现、应收账款转让、国家资金扶持（减免税及国家补贴资金）等方式筹集资金。外源融资是指企业向外部筹集资金，吸收其他经济主体的资金，并使之转化为自己的投资。

根据融资性质的不同，企业融资可以分为债务性融资和权益性融资两种类型。债务性融资是指企业的融资对象以债权人的身份出现，在特定期限内向融资企业提供需要按期还本付息的资金。权益性融资是指企业以出让一部分企业所有权为代价而获得资金，资金的提供者向企业提供了可供企业长期无偿使用的资金。

根据融资方式的不同，企业融资可以分为直接融资和间接融资。直接融资是指企业在金融市场上通过发行有价证券的方式直接从资金提借者手中获得资金。间接融资是指企业通过金融中介机构（主要是商业银行），以申请贷款等方式间接获得所需资金的过程。

本章将对中小微企业所面临的主要融资渠道从总体上进行简单介绍。

1.1 内源融资

内源融资是指公司经营活动结果产生的资金，即公司内部融通的资金。它主要由留存收益和折旧构成，是指企业不断将自己的储蓄（主要包括留存盈利、折旧和定额负债）转化为投资的过程。内源融资对企业的资本形成具有原始性、自主性、低成本和抗风险的特点，是企业生存与发展不可或缺的重要组成部分。事实上，在发达的市场经济国家，内源融资是企业首选的融资方式，是企业资金的重要来源。

1.1.1 内源融资的优缺点

1)内源融资的优点

内源融资的优点主要表现在以下几个方面:第一,自主性。内源融资来源于自有资金,上市公司在使用时具有很大的自主性,只要股东大会或董事会批准即可,基本不受外界的制约和影响。第二,融资成本较低。公司外部融资,无论是采用股票、债券方式,还是其他方式,都需要支付大量的费用,比如券商费用、会计师费用、律师费用等。而利用未分配利润则无须支付这些费用。因此,在融资费用相对较高的今天,利用未分配利润融资对公司非常有益。第三,不会稀释原有股东的每股收益和控制权。未分配利润融资而增加的权益资本不会稀释原有股东的每股收益和控制权,同时还可以增加公司的净资产,支持公司扩大其他方式的融资。第四,使股东获得税收上的好处。如果公司将税后利润全部分配给股东,则需要缴纳个人所得税;相反,少发股利可能引发公司股价上涨,股东可出售部分股票来代替其股利收入,而所缴纳的资本利得税一般远远低于个人所得税。

2)内源融资的缺点

当然,内源融资也有其不利的方面。首先,内源融资受公司盈利能力及积累的影响,融资规模受到较大的制约,不可能进行大规模的融资。其次,分配股利的比例会受到某些股东的限制,他们可能从自身利益考虑,要求股利支付比率维持在一定水平上。再次,股利支付过少不利于吸引股利偏好型的机构投资者,减少公司投资的吸引力。最后,股利过少,可能影响到今后的外源融资。股利支付过少,可能说明公司盈利能力较差,公司现金较为紧张,不符合一些外部融资的条件。

1.1.2 内源融资的方式

内源融资主要来自民营企业内部自然形成的现金流,在数量上等于净利润加上折旧摊销后减去股利。企业内源融资方式主要包括自筹融资、留存收益融资、内部集资、股利政策、折旧融资和变卖融资等。

1)自筹融资

在民营企业初创阶段,企业的资金主要是由创业者通过动用个人存款、向亲戚朋友借款等方式筹集的。此外,寻找天使投资者也是一种极为重要的内源融资方式。

个人存款主要指民营企业创业者自己积累的储蓄。在企业的创立和经营过程中,创业者完全可以利用企业分发在自己账户里的资金来投资,还可利用除此之外属于自己的一切有价资产取得现金再进行投资。这是内源融资的方式之一,具有内源融资成本低的特点，并且资金的运用完全受创业者控制。

向亲戚朋友借款也是企业初创阶段的一种重要融资渠道，但为了避免将来可能发生的纠纷，经常通过协议或合同的形式对双方的权责进行限制。有时还会采用合伙经营的方式，但一般都要签订书面协议。

天使投资者属于非正式的私人股权投资者，他们（如企业家或职业经理人）通过自己的勤劳和智慧积累了大量财富，有能力支持一些小型的创业项目，而且他们提供的不仅仅是一笔资金，更为重要的是，他们通常能够给创业者提供一些宝贵的意见。

2）留存收益融资

留存收益是企业内源融资的重要组成部分，是企业在经营过程中形成的内部资本来源，主要包括盈余公积和未分配利润。留存收益的具体方式为不对当期利润进行完全分配，只是将盈利的一部分进行分配或向股东发放股票股利而不发放现金股利，这样就不会减少企业的现金流量。留存收益融资的优点是：可以进一步增强企业的实力，并且可以增强企业外源融资的能力；可以通过减少企业的债务资本而降低财务风险；由于不需支付利息或股息，所以成本低。留存收益融资是企业融资方式中成本最低的一种，也是企业内源融资的主要形式。当然，这种方式也有一些不足，比如盈余公积的提取要受国家相关法律、法规的限制。

3）内部集资

内部集资就是企业通过向其职工或管理者募集资金而满足生产发展需要的一种融资方式。对于处于创业初期的民营企业来说，由于缺少固定资产、信息不透明，银行往往不愿意贷款给民营企业，限制条件比较多。在这种情况下，内部集资就成为一种很重要的方式。

组建股份合作制企业，是民营企业吸收内部职工资金的主要方式。股份合作制企业是一种全员入股的资合与人合相结合的企业组织形式，它一方面可以调动全体员工的生产经营积极性，另一方面可以扩大企业的资金来源，将全体职工的闲散资金积聚起来，发挥规模效应。发展状况良好的股份合作制企业可以转化为股份制公司，直至最后争取上市，进而突破融资的障碍与瓶颈。组建股份合作制企业还可以克服民营企业传统的家族式管理的弊端，使民营企业走上开放式经营与管理，向最终建立规范的现代企业制度迈进。但由于企业规模有限，内部集资通常只能作为企业的一种辅助的融资方式。

4）股利政策

股利政策是指企业如何在留存盈利和股利支付之间进行选择以达到资源的最优配置。适度的股利政策有利于公司股权结构的稳定以及经营的稳定，实现公司价值最大化并增强企业的内源融资能力。适度的股利政策是一个周期概念,而不是一个年度概念,即对于任意一家公司,应当在其产业周期内保持相对稳定。但股利政策不是一成不变的,而是随着公司发展阶段的更替而作相应的调整。

5)折旧融资

折旧融资就是把折旧基金转化为积累基金。这是企业重置固定资产,增强当期内源融资的一种重要方式。企业可通过采取缩短折旧时间、加速折旧等方式进行固定资产和无形资产的折旧摊销,以增强企业内源融资能力。缩短折旧时间,是指企业通过提高厂房、机器设备等固定资产的折旧率而进行融资的一种形式。这种融资方式可以增加当期折旧额,使企业提前拿到固定资产的折旧资金,增加当期可用资金,在很大程度上缓解企业资金短缺的困难,这对于资金普遍短缺的民营企业来说具有很大作用。同时,折旧额的增加能降低企业应纳税额,因为在两家企业营业利润相同的情况下,折旧摊销额大的企业税前利润较少,所以相应减少了当期应纳税额,从而增加企业的可用资金。但如果到折旧期结束时不能按期收回折旧资金,则将极大地影响企业的固定资产更新、技术改造。

6)变卖融资

变卖融资就是把企业某一部门或部分资产清算变卖来筹集所需资金。这种融资方式是通过将企业暂时闲置或长期不用的资产变现来筹措企业所需的营运资金或用来购买新的资产。这种融资方式速度快,适应性强,但是资产变卖的价格很难准确确定,变卖资产的对象也很难选择,因此要注意避免把未来可能产生高利润部门的资产廉价卖掉。

企业在变卖资产前要先抽选有丰富经验的技术人员组成变卖资产小组,制订资产变卖计划。资产变卖计划包括拟订变卖的资产对象、资产出售原则、费用概算等。一般来说,选择确定的变卖资产应该是与主要生产经营活动关系不大、盈利能力低于同行业一般水平、清算价值高于账面价值的资产。确定了变卖的资产对象以后要进行可行性研究,从经济学角度、市场发展趋势等方面仔细分析变卖资产与企业全局生产经营的关系,进而确定资产变卖的时机,对变卖资产进行科学评估。一般要选择那些准备扩大生产规模,以及经营与本企业有关配套产品的关联企业作为买主,并对买主进行必要的审查和调查。在对买主进行审查以后,通过谈判达成交易协议,完成出售资产的全过程,变死资产为活资金。

1.1.3 提高我国中小微企业内源融资比例的思路

解决中小微企业的融资问题,归根到底还在于中小微企业自身。没有中小微企业的可持续发展,融资难的问题将始终存在。增强中小微企业内源融资能力是解决中小微企业融资难的关键。要解决内源融资比例过低的难题,首先要解决企业制度问题,规范企业的治理结构。在具有良好企业制度的前提下,加强中小微企业的经营管理,努力增加中小微企业的经营业绩,为增强中小微企业内源融资能力提供保证。中小微企业还要形成有效的自我积累机制,在政府对中小微企业的政策扶持下,逐步提高中小微企业内源融资比例。

1)强化资金管理,加强财务控制

努力提高资金的使用效率,使资金运用产生最佳的效果。为此,首先,要使资金的来源和利用得到有效配合。比如决不能用短期借款来购买固定资产,以免导致资金周转困难。其次,准确预测资金收回和支付的时间。比如应收账款什么时候可收回,什么时候可进货等,都要做到准确的预测。否则,易造成收支失衡,资金拮据。最后,合理地进行资金分配,流动资金和固定资金的占用应有效配合。

加强财务控制。建立健全财产物资管理的内部控制制度,在物资采购、领用、销售及样品管理上建立规范的操作程序,堵住漏洞,维护安全。对财产的管理与记录必须分开,以形成有力的内部牵制,决不能把资产的管理、记录、检查核对等不相容职责交由一个人来做。定期检查、盘点财产,督促管理人员和记录人员保持警戒而不至于疏忽。加强对存货和应收账款的管理。近年来,很多中小微企业陷入流动资金紧缺的困境,加强存货及应收账款管理是重要的解困措施。加强存货管理,尽可能压缩过时的库存物资,避免资金呆滞,并以科学的方法来确保存货资金的最佳结构。加强应收账款管理,对赊销客户的信用进行调研评定,定期核对应收账款,制定完善的收款管理办法,严格控制账龄。对死账、呆账,要在取得确凿证据后,进行妥善的会计处理。

2)加快企业技术改造和产品创新,提高市场竞争力

当今,科技进步和创新已成为世界的主题,技术更新的速度越来越快,而中小微企业本身是新思想、新发明、新竞争形式的源泉,知识经济的发展为中小微企业提供了更多的机会和挑战,中小微企业在这场新技术革命中必须发挥自身所长,走高科技发展道路,依靠科技成果,加速企业技术改造,不断推出高质量的新产品,提高企业的竞争能力。

3)重视战略管理

中小微企业由于先天力量薄弱,单纯依靠自身实力实现产业结构调整难度大,产业结构的优化升级要注重发挥产业链的经济效益。中小微企业要尽可能与大企业构筑相对稳定的分工协作关系,形成以大企业为核心,中小微企业为其分工配套的纵向生产协作关系。在这样的分工协作关系中,大企业可以为中小微企业提供一定的资金和技术支持,中小微企业可以获得稳定可靠的销售渠道,降低营销成

本,避免中小微企业之间的恶性杀价和过度竞争,从而维持一定的利润率,使中小微企业能够集中精力提高本企业的产品质量和技术水平。

4)强化企业自我积累机制

中小微企业要加快内部控制制度的建立,加强财务约束。要明确规定企业的成本管理、财务收支和其他财务制度,避免企业乱摊成本,约束职工(包括中高层管理者)收入分配对企业积累的侵蚀。建立强制性的企业折旧制度和折旧基金使用制度。要加大固定资产折旧的提取比例,在税收等制度上实行强制折旧鼓励,加快折旧速度。明确折旧基金的使用范围和途径,保证折旧基金不被侵占和挪用,使其真正用于更新改造等生产性建设上。加大企业提取盈余公积的比例,健全以留存收益增补企业资本金的制度。中小微企业尽可能将提取的盈余公积控制在国家允许的最高限度,并结合企业增资的要求,定期将超出部分转增到企业的资本金账户。

5)政府的大力支持、财税政策支持,增强内源资金积累能力

①降低税率。如降低中小微企业营业税、增值税等流转税和企业所得税的税率。②实行税收减免。为鼓励中小微企业对外出口,对中小微企业的初创期和产品与服务的出口方面,减免一定的税额。③提高税收的起征点。提高营业税、企业所得税的起征点,可以减少起征点以下的中小微企业的营业税和所得税税收。④提高固定资产折旧率。⑤政府采购项目向中小微企业倾斜。近年来,国家的政府采购支出直线上升为亿元。政府应当明确向中小微企业的采购份额。这样可以缓解中小微企业产品销售困难,增加中小微企业的获利能力,为内源融资提供资金来源。

6)推进中小微企业改革,建立现代企业制度,为内部积累提供制度环境

如果一个企业缺乏内部积累能力,单凭外部融资就想获得发展是不可能的。而产权明晰与否,是形成企业自我积累能力,能否成为市场真正主体的关键。因而应推进中小微企业产权改革,通过适当的方式,真正建立适应市场经济竞争需要的、产权明晰、权责明确的现代企业制度。现代企业制度为中小微企业增强自我积累意识提供了源动力。

1.2 债务性融资

债务性融资是指通过银行或非银行金融机构贷款或发行债券等方式融入资金。

债务性融资可进一步细分为直接债务融资和间接债务融资两种模式。一般来说,对于预期收益较高、能够承担较高的融资成本,且经营风险较大,要求融资的风

险较低的企业，倾向于选择股权融资方式进行融资；而对于传统企业，经营风险比较小，预期收益也较小的，一般选择融资成本较小的债务融资方式进行融资。

1.2.1 债务性融资的特点与优势

相对于股权融资，债务性融资具有以下几个特点：第一，短期性。债务性融资筹集的资金具有使用上的时间性，需到期偿还。第二，可逆性。企业采用债务性融资方式获取资金，负有到期还本付息的义务。第三，负担性。企业采用债务性融资方式获取资金，需支付债务利息，从而形成企业的固定负担。第四，流通性。债券可以在流通市场上自由转让。

债务性融资具有以下优势：第一，有减税的作用。按照现行所得税法规规定，债务筹资的成本可以抵减应纳税所得额，使企业少缴纳所得税；另外，发行长期债券筹集的资金所支付的利息，允许在税前列支，可以增加公司的股东利益。第二，提高负债率，还会激励管理人员努力工作。企业只有经营业绩好的时候，利润才会大幅上升；如果经营状况差，企业的损失也会成倍增大。因此举债会激励管理人员加倍努力，创造更好的经营业绩。第三，当企业经营业绩较好时，实行股票回购，也就是减少权益资本，一般会相应地增加负债率，但它能产生积极的市场信息——本企业经营状况良好，而且增加了公司税后利润及股东财富。

1.2.2 债务性融资的主要方式

从现有的融资渠道看，债务性融资主要包括三种方式：银行贷款融资、民间借贷融资和发行债券融资。

1）银行贷款融资

从银行贷款是企业最常用的融资渠道。中国人民银行的统计表明，我国中小微企业的融资供应有98.7%来自银行贷款。从贷款方式来看，银行贷款可以分为三类。

(1)信用贷款方式。信用贷款方式，指单凭借款人的信用，无须提供担保而发放贷款的贷款方式。这种贷款方式没有现实的经济保证，贷款的偿还保证建立在借款人的信用承诺基础上，因而贷款风险较大。

(2)担保贷款方式。担保贷款方式，指借款人或保证人以一定财产作抵押（质押），或凭保证人的信用承诺而发放贷款的贷款方式。这种贷款方式具有现实的经济保证，贷款的偿还建立在抵押（质押）物及保证人的信用承诺基础上。

(3)贴现贷款方式。贴现贷款方式，指借款人在急需资金时，以未到期的票据向银行融通资金的一种贷款方式。这种贷款方式中，银行直接贷款给持票人，间接贷款给付款人，贷款的偿还保证建立在票据到期付款人能够足额付款的基础上。

总体上看,银行贷款方式对于创业者来说门槛较高。出于资金安全考虑,银行往往在贷款评估时非常严格。因为借款对企业获得的利润没有要求权,只是要求按期支付利息、到期归还本金,所以银行往往更追求资金的安全性。实力雄厚、收益或现金流稳定的企业是银行欢迎的贷款对象。对于创业者来说,由于经营风险较高,银行一般不愿冒太大的风险借款,即使企业可能未来拥有非常强劲的成长趋势。不仅如此,银行在向创业者提供贷款时往往要求创业者必须提供抵押或担保,贷款发放额度也要根据具体担保方式决定。这些抵押方式都提高了创业者融资的门槛。同时,出于对资金安全的考虑,银行往往会监督资金的使用,它不允许企业将资金投到那些高风险的项目中去,因此,即使成功贷款的企业往往在资金使用方面也常常感到掣肘。

因为这些特点,对于新创企业来说,通过银行贷款解决企业发展所需要的全部资金是比较困难的,尤其是对于准备创立或刚刚创立的企业而言。

2)民间借贷融资

在债务性融资方式中,民间借贷是一种相当古老的借贷方式。近几年来,随着银行储蓄利率的下调和储蓄利息税的开征,民间借贷在很多地方又活跃起来。由于将资金存储在银行的收益不高,那么将资金转借给他人开办企业或者从事商业贸易活动,则更能够获得较高的资金收益。从浙江到甘肃,从福建到新疆,民间借贷按照最原始的市场原则形成自己的价格。

从法律意义上讲,民间借贷是指自然人之间、自然人与企业(包括其他组织)之间,一方将一定数量的金钱转移给另一方,另一方到期返还借款并按约定支付利息的民事行为。因此,民间借贷的资金往往来源于个人自有的闲散资金,这一特定来源决定了民间借贷具有自由性和广泛性的特征,民间借贷的双方可以自由协议资金借贷和偿还方式。民间借贷的方式主要有口头协议、打借条的信用借贷和第三人担保或财产抵押的担保借贷三种方式。随着人们的法律意识、风险意识逐步增强,民间借贷也正朝着成熟、规范的方向发展。在民间借贷市场上,供求是借贷利率的决定要素。在经济发达的江浙地区,民间借贷因资金充裕而尤为活跃;而在经济落后的内陆省区,资金供给不足使借贷利率趋高。在资金吃紧的时候,尤其是在央行接连提升法定存款准备金后,民间借贷利率也随着公开市场利率上涨。当然,在民间借贷市场中,借贷人的亲疏远近、投资方向的风险大小也对利率的高低有影响。

民间借贷对于创业者短期困难的解决有很大帮助。民间借贷手续灵活、方便,利率通过协商决定,借贷双方都能接受,因此对资金供给方与需求方都有好处。但是另一方面,民间借贷的风险非常大,这主要是因为它的不规范性所造成的。在借贷时,如果是找亲戚朋友借钱,往往缺少一份正式、规范的借贷合同,这样,一旦借贷双方出现问题,很容易造成纠纷,难以保证双方的利益。

3)发行债券融资

债务性融资还有一种方式是发行债券融资。债券融资与股票融资一样,同属于直接融资。在发行债券融资方式中,企业需要直接到市场上融资,其融资的效果与企业的资信程度密切相关。显然,在各类债券中,通常政府债券的资信度最高,也最容易融得资金,大企业、大金融机构也具有较高的资信度,而刚刚创立的中小微企业的资信度一般较差。

因此,从我国金融市场的发展现状来看,中小微企业或者新创企业采用发行债券的方式进行融资的操作空间较小,往往是政府部门、大型企业、大金融机构具备得天独厚的优势。但是同时也应当看到,随着政策的逐步放开和调整,企业债务市场也会逐渐成为中小微企业融资的重要渠道。创业者也应当做好准备,积极面对未来可能的融资机遇。

1.2.3 中小微企业债务性融资的困境

1)中小微企业自身特点所带来的债务性融资方面的困难

首先,中小微企业财务制度不健全,企业信息透明度差,导致其资信不高。与大企业相比,中小微企业财务行为极其不规范,财务报告随意性大,财务信息失真严重,大都存在信息不透明的问题。其次,中小微企业技术水平低,抵御市场变化能力差。中小微企业大多数为民营企业,而且大多都是技术和市场已经比较成熟的产业,这样的产业入场门槛低,衰落压力大,易受经营环境的影响,变数大,风险大,难以吸引投资者的注意。最后,中小微企业抵押担保不足、抵押担保落实难,是当前中小微企业融资,特别是申请金融机构贷款过程中遇到的最大难题之一。

2)金融行业的特殊性对中小微企业融资的不利影响

其一,金融行业实行的谨慎原则,不利于风险性较高的中小微企业的融资。谨慎原则对国民经济的健康发展非常重要,但在客观上也给风险性较高的中小微企业的融资带来极为不利的影响。金融机构出于自身风险的考虑,对中小微企业债务融资进行了一定的限制,使一些非常有前途的中小微企业丧失好的发展机会。其二,金融行业存在规模经济效益,使中小微企业融资处于不利地位。我国金融机构,特别是国有商业银行,主要以大企业、大集团为主要的经营服务对象。对中小微企业实施贷款与大企业相比,虽然中小微企业要求的每笔贷款数额不大,但每笔贷款的发放程序、经办环节,如调查、评估、监督等都大致相同。银行对中小微企业放贷,最终会带来经营成本和监督费用的上升。

1.2.4 提高中小微企业债务性融资的对策

从前面的分析我们可以看出,阻碍中小微企业债务性融资发展的阻力,主要来自于中小微企业自身的特点以及金融行业的特殊性。要解决中小微企业债务性融资困难,必须从以下两个方面入手,不断改进。

1)企业自身

首先,从企业自身情况出发,制订企业发展的计划,不断向集约型经营方式转化,加强企业经营管理,降成本提质量,增加产品技术含量,提高产品附加值,从核心上提升自身竞争力,从而为吸引外部投资奠定基础。其次,完善企业治理结构和机制,特别是对内健全企业财务制度,提高企业信息透明度,对外树立诚信形象,也是解决中小微企业债务性融资问题的重要方面。健全的企业财务管理制度是提高企业融资能力的根本方面,诚实信用是一切市场主体发展壮大的必要条件,以此为基础用活、用好有限的资金,发挥出最大效益,使资金真正循环起来,达到财务效益最大化。

2)金融行业

对于中小微企业来说,金融机构是最主要和最方便的债务性融资来源,与此同时,立足国情,充分发挥政府在中小微企业与金融机构之间的协调促进作用。首先,建立有利于中小微企业融资发展的金融监管框架。其次,建立灵活的抵押担保贷款制度。这一点也要结合中小微企业特点,同时需要借鉴国外的成功经验。另外,在政府主导下,建立为中小微企业提供融资服务的专门金融部门,并建立金融机构的中小微企业贷款激励机制。鼓励国有商业银行为中小微企业提供必要的金融服务,可开设中小微企业融资专门服务渠道,提供一揽子授信额度,满足中小微企业的流动资金贷款、开立保函、承兑贴现、贸易融资等多种融资要求。尽快建立起对创造优质信贷资产的激励机制,鼓励信贷管理人员向有发展潜力的中小微企业放贷。

1.3 权益性融资

权益性融资是指向其他投资者出售公司的所有权,即用所有者的权益来交换资金。这将涉及在公司的合伙人、所有者和投资者间分派公司的经营和管理责任。权益性融资可以让企业创办人不必用现金回报其他投资者,而是与他们分享企业利润并承担管理责任,投资者以红利形式分得企业利润。

1.3.1 权益性融资的作用

第一,权益性融资筹措的资金具有永久性特点,无到期日,不需归还。项目资本金是保证项目法人对资本的最低需求,是维持项目法人长期稳定发展的基本前提。

第二,没有固定的按期还本付息的压力,股利的支付与否和支付多少,视项目投产运营后的实际经营效果而定,因此项目法人的财务负担相对较小,融资风险较小。

第三,它是债务性融资的基础。权益性融资是项目法人最基本的资金来源。它体现着项目法人的实力,是其他融资方式的基础,尤其可为债权人提供保障,增强公司的举债能力。

1.3.2 权益性融资的主要方式

1)天使投资者

天使投资者直接将个人资本投资于新创企业。天使投资者的原型可能是50岁左右、具有很高收入和财富、受过良好教育、作为创业者很成功,而且对企业初创过程感兴趣的人。

天使投资者很有价值,因为他们愿意进行相对小额的投资。这使仅需要5万美元的初创企业能获得权益性融资,而不是多数风险投资家要求的最低100万美元投资。

但是天使投资者很难寻找。大部分天使投资者仍然不为人所知,他们通过介绍人来筛选创业者。为了找到天使投资者,创业者应该分散地利用他的熟人网络,看是否有人能给予适当引见。

有一些组织起来的天使投资者团体,如美国天使联盟(Band of Angles),这是一个拥有150位前任或现任执行官与创业者的团体,为初创企业提供建议和资本。天使联盟每个月都要集会,考虑3家初创企业的投资。它位于硅谷地区,已运营8年多,对148家早期初创企业投资了将近1亿美元。

2)风险资本

风险资本是风险投资公司投资于新创企业以及有非凡成长潜力的小企业的资本。因为风险投资行业的盈利特性,也因为风险投资家过去为那些引人注目的成功企业提供过融资,如Google公司、思科系统公司、易趣网以及雅虎网站,该行业引起了极大关注。

但实际上,相对于天使投资者以及需要融资的企业而言,风险投资家仅为很少的企业提供了资本。请记住:美国拥有这么大量的风险投资家,每年仅投资三四千家企业,相比而言,天使投资者要为3万家企业提供融资。而且,风险投资家每年仅有大约一半资金投向新企业,其余则投向需要追加融资的现存企业。

风险投资家的投资偏好也非常狭窄。例如,2002 年,20% 的风险资本投向电脑软件产业。

风险投资家知道,他们正在进行有风险的投资,有些投资将不会成功。实际上,多数风险投资公司预期,大约 15% ~25% 的投资会获得巨大成功,25% ~35% 的投资会获得一定成功,25% ~35% 的投资能盈亏平衡,15% ~25% 的投资会失败。从获得巨大成功的企业处取得的投资收益,必须足以弥补盈亏平衡企业和失败造成的损失。

然而,对于合格企业来说,风险资本是权益性融资的可行选择。获得风险资本融资的优点在于,风险投资家在商业界联系极其广泛,可向企业提供超出投资的许多帮助。合格企业按照与自己的发展时期相适应的阶段获取资金。风险投资家一旦投资于某家企业,随后投资就会按轮次(或阶段)投入,这称为后续投资。

获得风险资本融资的重要部分是通过尽职调查过程。尽职调查过程指的是调查潜在初创企业价值并核实商业计划书中关键声明的过程。

3)首次公开上市

权益性融资的另一种来源是,通过发起首次公开上市向公众出售股票。首次公开上市是企业股票面向公众的初次销售。当企业上市后,它的股票要在某个主要股票交易所挂牌交易。首次公开上市是企业重要的里程碑。

尽管企业上市有许多益处,但它是一个复杂而成本高昂的过程。首次公开上市的第一步是企业要聘请一家投资银行。投资银行是为企业发行证券充当代理商或承购商的机构,如瑞士信贷第一波士顿银行(CSFB)。投资银行担当企业的保荐人和辅导者的角色,促成企业通过上市的整个过程。

1.3.3 中小微企业加强权益性融资的必要性

1)中小微企业的商业模式决定了其融资应以股权融资为主

很多中小微企业的商业模式具有高风险、高回报的特点。这些企业投资一旦成功,企业可以赚很多钱,但债权人只能得到固定回报;相反,它们投资失败,损失可能就会转嫁给债权人。这种高风险、高回报的特点决定了中小微企业的融资应该以股权融资为主,而不是以债权融资为主。股权融资通常有两种途径:一是内源融资,就是自己赚钱、滚雪球,中国的民营企业绝大多数就是这样发展起来的;二是外源融资,即上市或者吸引别的投资者入股。

2)当前的金融体制也决定了中小微企业必须开拓股权融资的渠道

在我们现有的金融体系中,商业银行特别是大中型商业银行占据着主导地位,以银行为媒介的间接融资是企业融资的主要方式。出于贷款安全性和盈利性的考虑,大中型商业银行没有也不可能对中小微企业融资给予足够重视,这是商业银行作为营利性企业的天性所决定的。“嫌贫爱富”这个词对商业银行来说,并不是贬义,而是它必须恪守的游戏规则。这里面真正出问题的不是商业银行,根源在于我们的金融服务体系脱胎于计划经济时代,主体架构仍然瞄准了大型企业,并非针对中小微企业而设计。

3)加大股权融资可以进一步完善中小微企业的公司治理

众所周知,众多急需资金的中小微企业因其公司治理落后、财务信息不透明、财务结构不合理等原因被商业银行排除在优质客户之外,难以受到商业银行的青睐。中小微企业要想做大做强,首先应改善公司治理结构,提高财务管理水平。从这个意义上,企业选择在创业板上市或者引进战略投资者,都可以从根本上完善中小微企业的公司治理,建立现代企业制度。这为企业的长远发展奠定了坚实的基础,也为企业扩大融资渠道提供了保障。

1.3.4 中小微企业权益性融资的模式选择

1)充分利用好创业板市场

自2009年3月31日凌晨起,中国证监会正式批准了《首次公开发行股票并在创业板上市管理暂行办法》,并于2009年5月1日起正式实施。这成为金融海啸肆虐全球当中一个非常利好的消息,引起社会各界尤其是海内外媒体的广泛关注。其中,关注最多的是该办法中规定的“最近2年连续盈利,最近2年净利润累计不少于1 000万元,且持续增长;或者最近1年盈利,且净利润不少于500万元,最近1年营业收入不少于5 000万元,最近2年营业收入增长率均不低于30%。净利润以扣除非经常性损益前后孰低者为计算依据”、“最近一期期末净资产不少于2 000万元,且不存在未弥补亏损”、“发行后股本总额不少于3 000万元”的准入门槛。从全国来看,达到这个入门标准的企业何止千万家,只是苦于在主板上市的要求太高,使很多中小微企业难以在主板上市。另外,有很多中小微企业因为资金的问题,难以将企业快速做强做大,而手中有很多剩余资金的风险投资商和个人由于目前主板市场股市低迷,也不敢在主板市场大规模投入,只好将闲置的资金放在银行里躺着睡觉。因此,此时推出创业板市场,是中国在应对全球金融风暴过程中在资本市场的一个重大举措,这个办法出台得正是时候。

对于创业板市场,还有两点建议。第一,对中小微企业的准入应该实行宽口径,让更多有发展潜力的中小微企业能进入这一融资平台。国家可以根据专家的报告指定产业发展方向,让更多从事相关行业的中小微企业能够进入创业板,哪怕有些企业资信条件不太高,或者其资产是无形的,甚至它只有设计图纸,也给它们进入融资平台的机会。至于投资者愿不愿意将钱投给它们,那就由市场上的专业化投资团队来作选择了。第二,对创业板市场上的投资者要实行严口径,要严格审查投资者的资质。这一点可以借鉴美国的做法。美国在创业板市场上大量培育专业化的投资团队,如让私募基金、慈善基金、风险投资家和企业家等加入到投资的团队中,由他们去挑选优质的中小微企业,把宝贵的资金投资到那些有技术含量但缺乏良好融资条件的中小微企业身上。同时我们要借鉴日本创业板失败的教训,防止大量散户冲进创业板过度炒作,最终让新生的创业板走向歧途。创业板需要有慧眼识金的投资团队进来,要将大量追涨杀跌的散户排除在外。

2)引进战略投资者实现共赢

创业板的开设确实是为中小微企业提供融资服务的,但并不意味着所有的中小微企业都可以进来融资。作为一个市场,创业板的容量是有限的,能在创业板上市的公司都是中小微企业中的佼佼者。毕竟在创业板上市是有门槛限制的,实际上,仅凭“企业最近一期期末净资产不少于2 000万元”这一条,就可以将目前中小微企业中的绝大多数企业拒之于创业板的大门之外。也正是因为存在着诸多条件的限制,对照创业板上市标准,目前适合在创业板上市的中小微企业为3 000 ~5 000家,而保守估计,我国的中小微企业超过4 000万家,也就是说,能在创业板上市的中小微企业真的是“万里挑一”。可见,能在创业板上市的公司只是中小微企业里的极少数,更多的公司还是被排斥在了创业板的大门之外。

即便是符合上市条件的3 000 ~5 000家中小微企业,也存在一个上市的时间安排问题。如A股主板市场开设了19年,但目前主板市场上的上市公司只有1 600余家。中小板的新股发行是比较迅速的,但推出5年来也只是诞生了270余家上市公司。因此,就算创业板推出来了,要将当前符合上市条件的3 000 ~5 000家中小微企业安排上市,即便每年上市500家,也需要10年的时间才能安排完毕。而10年对于一家中小微企业来说又是多么漫长,这其中又要发生多少变故?毕竟目前我国中小微企业的寿命大多数也只有3 ~5年的时间。因此,对于绝大多数中小微企业来说,创业板并不是它们的救命稻草。如果把所有的希望都寄托在创业板上,这肯定贻误了中小微企业的发展。

综上所述,当前的创业板市场只能解决小部分中小微企业的股权融资问题,对于大部分中小微企业而言,吸引战略投资者入股是一条更为踏实和便捷的路。而引进战略投资者首先就需要解决一个观念问题,即我们发现很多民营企业一方面急需资金,另一方面却不愿与别人分享信息,更不愿与别人分享权力,总想让别人承担出资风险,却不愿与别人分享企业控制权。这一问题背后反映的就是中小微企业公司治理的不健全,经营观念的落后。

第 2 章 中小微企业留存盈余融资

留存盈余融资是企业内源融资的重要方式之一。它是指对企业税后利润进行分配,确定企业留用的金额,用于自身的扩大经营、增强流动性、偿还债款,为经营中可能发生的损失预先做好准备,或者为投资者的长远增值目标服务。

留存盈余融资渠道是否可行与顺畅,主要取决于这个企业的股利分配政策,也就是公司股东大会或董事会对一切与股利有关的事项,所采取的较具原则性的做法。比如说,今年公司盈利 100 万元,那么到年底我们给不给公司的股东发放股利呢?如果发的话,发放多少比较合适呢?是年底发比较合适,还是过了春节之后再发呢?是一次性发完,还是分成三次发呢?这些问题所涉及的主要是公司对其收益进行分配还是留存以用于再投资的策略问题。毕竟股利政策实施的终极目标是如何使股东财富最大化。因此企业在确定股利政策之前应权衡各种因素的利弊得失,结合自身实际制定出较为理想的股利政策。

本章将从中小微企业如何制定合适的股利分配政策入手,分析利用留存盈余融资时,企业应该注意哪些细节问题。

2.1 留存盈余融资中的股利分配政策

所谓留存盈余,是指企业缴纳所得税后形成的、所有权属于全体股东的这部分资金。企业的税后利润,主要用于两方面的分配:一是向投资者发放股利,二是企业保留部分盈余。企业保留的这部分盈余就叫留存盈余,它的主要作用是为投资者的长期增值目标服务。当企业面临资金紧张、经营困难,就正是留存盈余发挥作用的时候了。

2.1.1《公司法》关于公司利润分配顺序的规定

根据《中华人民共和国公司法》(以下简称《公司法》)及有关规定,公司应当按照如下顺序进行利润分配:

(1)用税前利润弥补以前年度的亏损,但不得超过税法规定的弥补期限;

(2)缴纳企业所得税;

(3)弥补在税前利润弥补亏损之后仍存在的亏损;

(4)提取法定公积金,提取比例为净利润扣除弥补前述亏损后的 10%,法定公

积金累计达到注册资本的50%时,可不再提取;

(5)提取任意公积金,具体比例根据公司章程或股东(大)会决议确定;

(6)向股东分配利润,当年净利润扣除前述项目后,再加上以前年度的未分配利润,即为当年可供分配利润,具体分配比例根据公司章程或股东(大)会决议确定。

按照以上《公司法》所要求的流程,如果一个企业一年经营下来,亏损也弥补了,公积金、公益金也均已计提,就可以向股东进行利润分配了。不同的企业在进行股利分配时,所采取的政策存在着很大的区别。

2.1.2 企业股利分配政策的主要形式

股利支付的形式,可以是现金,其前提是公司要有足够的累计盈余,有足够的现金;可以是财产股利,如公司手中有其他有价证券(如债券、股票等);也可以是负债股利,如应付票据;还可以是股票股利,就是以增发的股票作为股利支付方式。一般而言,企业常见的股利分配政策有以下几种方式:

1)剩余股利政策

这种政策是典型的内部融资行为,因为它以首先满足公司资金需求为出发点,最大限度地使用留存收益来满足公司未来一段时间的资金需求量。一般而言,这种情况下企业未来有良好的投资机会,对资金需求比较大,而且投资收益率高于股票市场必要报酬率。与此同时,公司的股东也都不缺钱,也不急于将上一年的利润分配掉。那些初创和成长中的中小微企业,那些需要投资进入新行业的中小微企业,以及那些高速成长阶段公司分配股利的压力比较小的中小微企业,都可以采取这种股利政策进行内部融资。

2)固定或稳定增长的股利政策

这种政策利于维护企业与股东的关系,树立公司良好的形象,提高公司的信誉,同时,稳定的股利分配数额给市场和公司股东一个稳定的信息和稳定的收入来源,进而吸引和稳定部分投资者的投资。它比较适合那种没有太多扩张需求、盈利比较稳定且成长性较好的公司。因为如果企业盈利不稳定,每年都要按照固定数额支付股利则会对财务的压力较大。实行这种股利政策的企业实际上并没有太多可以从留存盈余中进行融资的空间,对于那些投资机会比较丰富、资金需求量相对较大的公司而言,这并不是一个适合融资的股利政策。

3)固定股利支付率政策

这种政策是按固定的比例从税后利润中支付给股东现金股利,不管今年是赚了30万元还是1 000万元,公司都会按照利润的一定比例(比如说30%)支付股利。虽然说这是一种真正稳定的股利政策，但是毕竟由于它导致公司股利每年的绝对值可能会发生较大的变动，因此，容易传递给外界一种不稳定的感觉。而且这种固定的股利支付率对那些需要进行融资的中小微企业也没有太大的帮助。

4）低正常股利加额外股利政策

实行这种政策的企业正处于高速增长阶段，为了快速扩张地盘需要进行大量的融资，但是，股东又有分配股利的需求，那就可以通过这个政策平衡资金需求和股利分配。当企业盈利较低的时候，只支付正常的股利；当盈利较高的时候，就可以向股东发放高于一般年度的正常股利额的现金股利。另外，如果企业是一家上市公司，也可以采取低现金股利加配送股票的政策。这也是目前我国大部分上市公司所采用的股利政策。送股是指公司将利润转为股本，按增加的股票数比例送给股东。配股是指公司在增发股票时以一定比例按优惠价格配售给股东股票。一般净资产收益率大于 10% 可采用送股加配股政策。这项政策可便于公司保留现金、扩大股本、稀释流通在外的股票价格。

2.1.3 企业制定股利分配政策时需考虑的问题

股利政策是指企业如何在留存盈利和股利支付之间进行选择以达到资源的最优配置。适度的股利政策有利于公司股权结构的稳定以及经营的稳定，实现公司价值最大化并增强企业的内源融资能力。适度的股利政策是一个周期概念，而不是一个年度概念，即对于任意一家公司，应当在其产业周期内保持相对稳定。但股利政策又不是一成不变的，而是随着公司发展阶段的更替而作相应的调整。

从理论上讲，什么样的股利政策最好，没有统一标准，它的终极目标是股东利益最大化。其一般原则有以下几点：

第一，当企业具有收益率较高的投资机会时，会采用剩余股利政策。也就是说，当税后利润满足了所有投资项目的需要，如果还有剩余，就分配给股东，如果没有剩余，当然也就没什么可分的了。

第二，当公司的税后利润每年有变动时，采取固定股利政策，即每年都按照实现净利润的一定百分比给投资者分红。

第三，当公司每年的利润起伏较大时，采取固定股利加额外股利政策，这时候能够调节的当然主要就是后者。

第四，如果是一家上市公司，一般采取低现金股利加送配方案的股利政策。

同时，对于处于不同发展阶段的企业来说，其股利分配政策也可以有所不同。

处于初创期的企业比较适宜采取低现金股利加额外股利的高弹性股利政策。因为初创期的企业投资目标已经确定，不用立即去寻找其他投资机会，利润留存比例可适当小一些，大部分用于分发红利，以吸引投资者关注本企业，树立企业在公众中的形象。

处于成长期的企业适宜采取剩余股利政策，即企业的税后利润在满足所有可行的投资项目之后，若有剩余则进行股利派发，否则就不派发股利。处于成长期的企业由于经营得当，企业规模扩张的要求比较强烈，并且面临的投资机会较多，如果能获得充足的资本，企业发展速度就会更快。此阶段企业需要集中力量，竭力以最低成本获取足够多的资金，最有效的措施便是大量留存利润，利用自有资本来避免举债或多分股利。处于成长期的企业在获得大量利润的情况下，如果提高利润留存比例会相应降低股票利息率，从而减少企业利润外流。巨额利润以利润留存形式进行再投资，能够优化企业的资本结构，进而促进其高速发展。

处于成熟期的企业适宜采取固定数额股利政策。处于成熟期的企业在本行业的经营经验丰富，已有稳定的市场占有率，获利能力稳定，有能力维持比较稳定的股利发放额。同时，由于企业生产的产品已趋成熟，所以需要开发新的产品或服务项目，以便调整经营结构来寻求新的利润增长点。因此企业就必须保证有一定的研发资金投入。企业可从利润拨出一部分资金满足股利政策需求，将剩余资金用来满足研发的资金需求。许多作为长期投资者的股东（包括个人投资者和机构投资者）希望企业股利能够成为其稳定的收入来源，以便安排消费和其他各项支出，固定数额股利政策有利于企业吸引和稳定这部分投资者的投资。采取固定数额股利政策要求企业对未来的支付能力作出较好的判断。一般来说，企业确定的固定数额股利不应太高，要留有余地，以免形成企业无力支付的困境。

2.2 中小微企业留存盈余融资应注意的问题

从我国中小微企业的发展现状来看，很多中小微企业处于初创阶段，没有资本的积累，也没有较大的规模，更没有可以抵押的固定资产，获取银行等外部融资渠道的资金比较困难。因此，留存盈余融资是这种初创型中小微企业的首选融资方式。

2.2.1 留存盈余融资的优缺点

从构成上看，留存盈余包括盈余公积和未分配利润两部分。由于它是属于企业所有的，所以使用起来非常方便灵活，使用成本也最低。下面将企业利用留存盈余进行融资的主要优点与缺点进行简单描述。

1）留存盈余融资的优点

（1）不发生实际的现金支出。不同于负债筹资，不必支付定期的利息，也不同于股票筹资,不必支付股利。同时还免去了与负债、权益筹资相关的手续费、发行费等开支。但是这种方式存在机会成本,即股东将资金投放于其他项目上的必要报酬率。

(2)保持企业举债能力。留存收益实质上属于股东权益的一部分,可以作为企业对外举债的基础。先利用这部分资金筹资,减少了企业对外部资金的需求,当企业遇到盈利率很高的项目时,再向外部筹资,不会因企业的债务已达到较高的水平而难以筹到资金。

(3)企业的控制权不受影响。增加发行股票,原股东的控制权分散;发行债券或增加负债,债权人可能对企业施加限制性条件。而采用留存收益筹资则不会存在此类问题。

2)留存盈余融资的缺点

(1)期间限制。企业必须经过一定时期的积累才可能拥有一定数量的留存收益,从而使企业难以在短期内获得扩大再生产所需资金。

(2)与股利政策的权衡。如果留存收益过高,现金股利过少,则可能影响企业的形象,并给今后进一步的筹资增加困难。利用留存收益筹资需要考虑公司的股利政策,不能随意变动。

2.2.2 留存盈余融资成本

根据西方的"啄食顺序理论",企业融资渠道的首选是内源融资,然后依次是债务性融资、权益性融资。其中最主要的原因是内源融资成本低。

通常情况下,融资成本由筹资费和资金占用费两部分构成。筹资费是企业在筹资过程中为获取资金而支付的费用;资金占用费是企业为获得资金使用权而向资金所有者支付的费用。留存盈余直接来源于企业内部,不需要向证券商及其他利益主体支付证券印刷费、发行费、手续费等筹资费。从法律规定看,企业也不需要向股东支付股息、红利等资金占用费,因此留存盈余被认为是一种既无筹资费又无资金占用费的零成本融资方式。其实这种观点是非常片面的。事实上,留存盈余融资是一种高成本的融资方式,只不过它的融资成本比较隐性。

在现行财务管理类书籍中对留存盈余融资成本(有的解释为机会成本)的确定均是参照普通股融资成本的确定方法进行的,只是不考虑筹资费,该做法本身就表明留存收益是仅次于普通股的高成本融资方式。

从表面上看,企业的确没有为留存收益直接支付任何费用,但从留存收益的来源分析,在企业经营效益一定的情况下,留存收益的多少取决于企业所采用的股利政策,而股利政策的决策者是大股东,也就是说,是股东自己决定将一部分投资收益再投资于企业,而作为一个理性的投资者,怎么可能无偿地将这部分资金让渡给企业使用呢?站在股东的角度,这部分资金投入与原来的普通股资金投入没有不同,他们会要求获得同样的投资回报,这种投资回报要求是通过提高每股收益进而增加每股股利间接实现的。因此,留存收益虽然没有筹资费,但有资金占用费,而且不是机会成本,是现实的股利成本。

【链接】

留存盈余融资的成功案例

某软件开发咨询有限公司绝对可以称得上是 IT 界的一颗新星。作为一家上市公司,成立几年来,发展势头迅猛。但是在 2005 年年初,公司 CEO 林先生一直比较烦,因为在股东大会上提出的留存盈余融资方案被否决,让他感到十分困惑。

根据公司财务总监的汇报,截至 2004 年 12 月 31 日,公司股价比前一年提高了 143.12%,主营业务收入达 102 亿元,同比增长 49.6%;净利润高达 2.74 亿元,增长 90.03%;每股收益 2.03 元,其中每股未分配利润达到 3.28 元。同时,公司账面的货币资金为 6.02 亿元,其中未分配利润为 3.81 亿元,股东权益为 9.74 亿元。

从自我维持增长率(在不增加外部权益时,公司销售额的最大增长率就是自我维持增长率,这个数值等于留存收益除以所有者权益)来看公司的未来发展,截至 2004 年 12 月 31 日,自我维持增长率为 39%(3.81 ÷ 9.74)。也就是说,如果不能从外部获得资金,那么公司 2005 年的最大增长率只有 39%。如果公司要想在 2005 年实现 60% 的销售增幅,其 2005 年的资金缺口至少在 2.03 亿元(9.74 × 60% − 3.81)。换句话说,2005 年该公司的融资需求总额为 5.84 亿元(2.03 + 3.81)。

公司的高管们都明白,目前公司虽然发展前景很好,但如果资金缺口全部通过银行来解决,融资成本太高。当时的资金计划部刘经理提出:"西方企业融资都是根据'啄食顺序理论',遵循这样的先后顺序,内部融资—外部债务融资—外部股权融资。因此,应将 2004 年的未分配利润全部留存,这样可以获得低成本的资金,而剩余的 2.03 亿元的缺口则可以通过外部融资来解决。"低成本融资的诱惑和公司美好的前景让这一提议得到了管理层的一致认可。

但在股东大会上,公司管理层一致认可的融资方案并未获得通过,这无疑让公司管理层感到极大的困惑。在股东大会上,当企业管理层宣布,公司计划将股利分红留存作为资本金时,部分股东提出了异议:中小股东提出自己购买公司股票就是因为公司的业绩良好,希望年终分得红利,现在公司决定不分红就是在损害他们的利益,并对公司控股股东的道德产生质疑;有一个大股东则提出自己在 2005 年有一项新的投资计划,指望红利来填补资金缺口,坚决要求企业管理层尊重股东权益,实施分红计划。结果,该企业内部融资的计划在第一次股东大会上被否决。

按照融资的顺序,在公司能靠自有资金实现持续发展时,留存收益融资无疑是最好的融资方案,因为留存收益融资的成本最小,相应地,股东利润会最大,这样在以后分红时股东会有更大的进项。然而,管理层的这一决定却遭到了股东大会的否决。公司要发展,必须尽快填补发展所需资金缺口,市场上的机遇瞬息万变,是重新制订新的融资方案还是回过头来做好股东的工作,让他们转而支持管理层的留存收益融资方案呢?

姑且不说重新制订新的融资方案需要很长的时间,而且外部融资的额度、规范和要求对企业都是极其苛刻的,这必然导致融资成本上升,说不定还会失去融资的最佳机会,等融到资金的时候,企业发展的最佳时机已经过去了。在经过慎重考虑之后,林先生和管理层决定从他们制订的融资方案的细节入手,调整和完善融资方案,考虑股东的合理诉求。在协调公司整体利益和股东利益的基础上,争取大部分缺口资金来自内部融资,降低融资成本。

林先生对先前制订的融资方案进行了反思,决定召开高层管理者会议,再次讨论和修改融资方案。林先生在公司高层管理者会议上说:"这次的融资方案之所以失败,在于融资计划没有顾及股东的短期利益。长期利益固然美好,但是我们在股东大会之前并没有跟股东作充分沟通,没有说清楚长期利益有比短期利益更加美好的前景,这就好比钓鱼,鱼儿是不会自动上钩一样,股东在没有明确长期利益大于现在的短期利益之前,又怎会主动放弃目前唾手可得的短期利益呢?所以,我们现在要做的就是主动出击。"随后,在充分考虑股东长短期利益期望的情况下,该企业管理层制订了新的股利分配方案:每10股派5元(含税),转增10股。这意味着该公司实际融得内部资金3.14亿元,发行公司债券2.1亿元,银行借款6 000万元。

之后的一个星期,公司管理层逐一走访了投反对票的大股东,向他们分析了公司未来的盈利趋势,说服他们继续将资金投入企业以获得比新项目更大的收益率。同时,公司管理层还走访了部分中小股东,向他们解释公司发展的目标和股东利益的一致性,树立起他们对公司未来业绩的信心,并保证如果他们继续投资该公司,他们2005年将拿到比2004年翻一番的红利。

正是基于林先生对留存收益融资难度和处理方式全面准确的理解,通过前期一系列的准备工作,在该企业的第二次股东大会,新的融资方案最终获得股东大会通过。由于获得了成长期最重要的一笔资金,该公司在2005年发展更加迅速,销售额增长60%的计划只用了三个季度就提前完成了。

作为一个高速增长的高科技企业,当时选择了以留存盈余融资的策略是完全正确的。在企业发展过程中,融资是必不可少的,融资的渠道和方法也是多种多样的,但是不同的融资渠道和方法反映了不同的战略思维。从企业本身来说,当时可以采用的融资渠道有三大类,即债权融资、股权融资和企业内部融资。无论是采取债权融资还是采取股权融资,要想融得5.84亿元的资金都不是太大问题,只是时间和融资成本的问题。该企业的管理层之所以提出留存盈余融资计划是有其充分考虑的,因为:

第一,如果采用股权融资,比如说股权出让、产权交易、引进风险投资等,对于新的投资者来说,都需要了解考察、项目论证、企业资产评估、投资额度与持股比例等一系列的考察谈判的复杂过程。这个过程短则半年,长则几年的时间,即使资金顺利地进入企业,也将稀释原有股东的持股比例,削减了原有股东未来投资收益,同时增大了融资成本,降低了企业的经济效益和每股收益率。

第二,如果采用债权融资,无论是银行贷款还是民间借贷以及发行企业债券等,借款的期限都比较短,且贷款手续比较烦琐。发行大量企业债券的审批工作也很困难,并且周期较长,即使融到资金也可能错过商机,同时增大了企业融资成本和债务风险。

第三,如果采用内部融资,企业有自主权,具备融资手续简便、速度快、融资成本低、风险小、保护股东权益等优点。留存盈余融资是该企业的最佳融资方案,它完全符合企业融资的八项基本原则,即收益与风险相匹配原则、融资规模量力而行原则、控制融资成本最低原则、资本结构合理原则、融资期限适宜原则、保持企业股东利益原则、把握融资机会最佳原则和选择最佳融资方式原则。

第3章 中小微企业民间借贷融资

不要以为企业外源融资就只能与正规金融机构打交道,民间借贷同样是一种可取的融资方式。如果实在走投无路,同时你的资金需求量又不是很大,民间借贷方式更快捷,也更容易满足需求。

民间借贷就是通常所说的私人借款,是指中小微企业及其老板向个人的借贷。由于中小微企业基本上是私人企业,而私人企业老板的身份与企业法人代表合二为一,有时候很难区分开来。这就导致了这时候的企业融资往往表现为个人行为;或者反过来说,老板是可以通过个人借款来缓解企业资金困难的。虽然这种做法不可能长久,但却能在缓解燃眉之急方面起到很大的作用。

民间借贷在各地普遍存在,越是经济富裕、市场化程度高的地区,民间借贷越活跃。道理很简单:一方面,这些地方的个人有钱,这些富余资金需要寻找回报率高的投资渠道;另一方面,这些地方的经济活跃,经济活动需要更多资金参与,可是正规融资渠道又无法满足需要。两者一拍即合,民间借贷的规模就上去了,甚至出现了许多高利贷。在民间借贷中,借贷双方是平等的民事主体,双方签订的借贷合同和抵押合同以及公证保证事项,应当是双方意愿的真实表达。由于民间借贷直接发生在债务人和债权人之间,所以这是一种最直接的融资方式。

本章介绍了民间借贷融资的特点,中小微企业民间借贷融资的主要方式,以及中小微企业民间借贷融资时应该注意的细节问题。

3.1 民间借贷融资的特点

民间借贷作为一种古老的融资方式,其存在由来已久,即使在市场经济高度发达的现代社会中,民间借贷仍然大量存在。在我国,随着经济转轨及市场经济的发展,这种现象日益增多,尤其是在一些经济较发达、市场化程度较高的地区。这些地区经济活跃,资金流动性强,个人和企业对资金的需求量大,民间借贷有很大市场需求,因而长期存在。

3.1.1 民间借贷的概念

民间借贷是指公民之间、公民与法人之间、公民与其他组织之间的,区别于金融机构贷款业务的借贷。只要借贷双方当事人意见表示真实,借贷即可认定有效,同时因借贷产生的抵押相应有效,但利率不得超过中国人民银行规定的相关利率。

民间借贷资金的来源主要有三种渠道:一是向个人借贷。企业凭借其多年在商场上建立的良好资信,向亲朋好友或者其他企业的人士筹措资金。这种方式手续简单、快捷方便,但是,这种借贷只有那些资信比较好的企业才可以做到。二是商业味很浓的借贷。这种民间借贷相对成本比较高,利率往往远远高于银行利率,而且时限性强,财务风险大。三是民间担保。担保公司以自己的资产以及在银行方面的信用,为急需用钱的中小微企业担保,以赚取担保费用。

狭义的民间借贷是公民之间依照约定进行货币或其他有价证券借贷的一种民事法律行为。广义的民间借贷除上述内容外,还包括公民与法人之间以及公民与其他组织之间的货币或有价证券的借贷。现实生活中的民间借贷通常指的是狭义上的民间借贷。我国民间借贷的存在由来已久,近年来,随着经济的发展,资金供求矛盾也日益突出,民间借贷市场更趋活跃,呈现出借贷规模扩张化、借贷用途多样化的特征,对金融业的影响日渐加深,已引起社会尤其是金融管理部门的广泛关注和高度重视。

民间借贷不仅是一种经济现象,同时又是一种法律现象。民间借贷活动目前来讲只是需要很好地去规范,但不涉及违法问题。民间借贷和非法集资有着本质的区别。其主要的区别如下:一是民间借贷募集资金的对象是确定的;非法集资是向公众募集资金,募集对象是不确定的。二是民间借贷的对象一般都是同乡或认识的人,而且周期短、数额小,利率都是在当地大家认可的。而非法集资就不同,被集资者与集资人原来绝大多数都是不认识的,非法集资时间长,利率高,金额大,而且用途不固定。三是民间借贷一般的运营活动都是合法的,而非法集资来的集资款往往是用来进行非法运营活动或挥霍、转移等。

3.1.2 民间借贷的主要特征

与其他融资方式相比,民间借贷手续简便,时效性强,能够满足中小微企业在生产经营中对资金的临时需求,因此,受到中小微企业的广泛认可。与其他融资方式不同,民间借贷的特点主要表现在以下几个方面:

1)民间借贷是正规金融机构融资的补充

中小微企业尤其是民营企业快速发展,对资金需求旺盛,但金融机构为了规避金融风险,大都严格管理贷款的发放,使许多中小微民营企业难以取得充足、及时的贷款。在正规金融机构融资无法满足这些中小微企业发展的需求时,他们自然转而向民间筹措资金。作为对正规金融机构融资的必要补充,民间融资一直是不可忽视的重要融资方式。

2）民间借贷手续简单、灵活，效率高，成本低

中小微民营企业对资金需求普遍具有“小、急、频”的特点，民间借贷手续简易、效率较高，正好满足了中小微民营企业的这种资金需求。与银行贷款相比，民间借贷具有以下特点：一是手续简便。民间融资不像银行贷款需要提供营业执照、代码证书、会计报表、购销合同、负责人身份证件、验资报告等一大堆材料，也不用经过签订合同、办理公证等程序，一般只是利用人际关系的信誉，由借款人向放贷者打个借条即可办理。二是资金随需随借。按银行的正常贷款程序，企业从向银行申请贷款到获得贷款，期间大约需要一个月，即使是长期合作客户，最快也需要 10 天左右；而民间借贷一般仅需要 3 ~ 5 天甚至更短的时间即可获得所需资金。三是获取资金条件相对较低。中小微企业贷款风险大、需求额度小、管理成本高，银行在发放贷款时普遍要求中小微企业提供足够的抵押担保物；而民间借贷普遍以信用为依据，90% 以上的民间借贷不需要抵押物，显然更加适合中小微企业。四是资金使用效率较高。银行贷款期限一般以定期形式出现，而民间借贷可以即借即还，适合中小微企业使用频率高的特点。五是节省费用。由于民间借贷省去了公证、鉴定、验资、抵（质）押登记等手续，也就节省了不菲的中介费用。民间借贷融资正是具备了这些比较优势，才使得民间借贷市场趋于活跃。

3）民间借贷是出借人和借款人的合约行为

借贷双方通过签订书面借贷协议或达成口头协议形成特定的债权债务关系，这种关系一旦形成便受法律保护。借贷双方是否形成借贷关系，以及借贷数额、借贷标的、借贷期限等取决于借贷双方的书面或口头协议。只要借贷协议内容合法，都是允许的，受到法律的保护。

4）民间借贷种类和用途呈多样性，融资主体多元化

目前，民间借贷的借贷种类和用途呈多样性，有信用放款、保证放款和质押放款等。借款用途有用于生产经营、临时资金周转、归还银行贷款（目的是还旧借新）、个人消费和急需等，几乎与银行贷款用途相一致。民间借贷的用途已由以往的生活急需为主变为投向生产和流通领域；借贷的期限以短期为主，兼向中期延伸；借贷的目的也由无偿互助向有偿借贷和盈利性发展。在借贷种类和用途呈多样性的同时，融资主体也呈现多元化的特点，有个人之间、个人与企业之间、企业与企业之间的融资，出资人有工人、干部、个体工商户、企业等，甚至有的地区参与民间融资的还有金融机构的工作人员，涉及面较广。

5）民间借贷由“地下”“浮出水面”，逐步呈现出专业化趋势

由于民间借贷融资的种种便利和在社会经济生活中普遍发挥的现实作用，这一行为已获得了社会公众的广泛认同，使得其逐渐由“地下”“浮出水面”。特别是

一些商业银行个人委托贷款业务的推出和宏观调控措施实施后,中小微企业资金严重紧张,客观上促进了民间借贷更加活跃,并由过去遮遮掩掩的“地下金融活动”逐渐转向半公开或公开。

当然,任何事物都具有两面性,民间借贷在具有灵活、方便、利高、融资快等优点,运用市场机制手段,融通各方面资金为发展商品经济服务,满足着生产和流通对资金的需求的同时,也伴有消极因素的出现。在实践中,首先,由于法律的不明确、体制的不完善以及认识的不统一,致使一些地方的民间借贷处于“非法状态”或“放任失控状态”,它们更多地是以地下活动或半地下活动进行的,这无疑为一些不法分子乘机进行金融诈骗活动提供了方便。其次,民间借贷虽具有灵活、方便的特点,但带有盲目性,风险系数极大,往往投资于高风险事业而受危害,在借贷双方和存款者之间产生连锁反应,造成社会不安定因素。再次,信贷经营者往往经营管理能力差,亦无严密的财会、簿记制度,一旦大宗金融交易失败,对金融市场、生产和流通是个冲击。最后,借贷手续过于简便,一不考虑资信,二无财产担保,每每发生纠纷无法解决,而借贷直接用现金交易,使其难以在更大范围内为商品经济服务,并且有些借贷已脱离了生产流通领域,一些人借机放超高利息,进行高利贷活动,违背了借贷宗旨,干扰了金融市场,凡此种种,都需要从立法上加以研究解决。

3.2 中小微企业民间借贷融资的主要形式

3.2.1 低利率互助型借贷

低利率互助型借贷也就是民间常见的“帮困济贫”,主要是城乡居民、个体私营企业主之间用自有闲置资金进行的无偿或有偿的相互借贷行为。相互熟悉、相互信任的借贷双方直接见面,约定借款金额、期限、利息,由口头约定或打个借条,用于个人之间,主要是亲友之间临时性资金调剂,金额从几百元到数万元,企业之间金额由数万元到数百万元,有的甚至单笔达上千万元。此种借贷借款期限灵活,有不定期、几天、几个月,借贷双方私交好时期限可以长达几年。互助型借贷基本不考虑盈利或只有微小利益。借款主要是解决生活、生产急需。

3.2.2 企业集资型借贷

企业集资型借贷主要分为企业集资和社会集资。企业集资,主要是企业向股东、职工借债或以入股的方式筹措资金,以满足生产经营的需要;也有部分企业向员工收取所谓“工作保证金”,一方面稳定员工工作和防范经营风险,另一方面也达到集资的目的;还有些企业委托职工以个人名义,用个人房产作抵押取得贷款后由企业使用,利息由企业支付;企业集资的利率、股息一般相当或略高于银行同期贷款利率。社会集资,主要是一些规模较大的民营企业由于暂时资金周转不灵,面向社会进行季节性集资;也有个别房地产开发企业,为逃避一些正规的规费,或因为不具有开发资质,将社会购房者编造为本企业职工,进行虚假集资建房,购房者所交首付款成为建房的集资款项。还有基层政府出面融资,是指为保证行政区域属下的重点项目建设正常进行,以政府名义向特定对象集资。

3.2.3 发放高息型借贷

发放高息型借贷的融资主体主要是个体及民营中小企业,以关系和信誉为基础,筹措资金多用于生产资金的周转。资金相对比较富裕的个体户和中小微企业主,在暂时没有新的资金投向的情况下,为了给闲置资金寻求新的"出路",向一些资金匮乏且又急需资金的企业及个人提供高息借贷。这种以信用交易为特征、利率水平较高的借贷是民间借贷的最主要方式。这种借贷利率根据借款的主体、借款的用途、借款的时间长短、借款的急缓程度而定,大部分在商业银行同期利率四倍以内。

3.2.4 不规范的中介借贷

这些中介公司对外公开的身份是投资咨询公司、投资顾问公司、投资管理公司、财务管理公司和财务顾问公司等,它们借助正规中介机构的融资行为,或以非正规中介机构为依托进行民间借贷。另外,民间注册成立担保公司,为企业(多为中小企业)、个体私营业主、自然人借款提供担保。

3.3 中小微企业民间借贷融资应注意的问题

3.3.1 资金需求者应注意的问题

民间借贷作为一种资源丰富、操作简便灵活的融资手段,在市场经济不断发展的今天,在一定程度上缓解了银行信贷资金不足的矛盾,促进了经济的发展。但是显而易见,民间借贷的随意性、风险性容易造成诸多社会问题。对于中小微企业这些资金需求者来说,虽说民间借贷是风险最小的一种融资方式,但近两年来民间借贷纠纷层出不穷,甚至引发了一系列社会问题。那么,中小微企业在民间借贷过程中需要注意哪些问题呢?归纳起来,主要有以下几点:

(1)债务清偿的履行能力。这种能力首先取决于企业的财务实力,其次取决于企业和老板的信誉度。换句话说就是,是不是还得起?肯不肯归还?

(2)要说明投资项目。因为从事非法活动的借贷行为不受法律保护,所以要以借款人能够接受的方式,向出借人解释资金用途,让出借人放心地把钱借给你使用。

(3)要有借款凭证。这是避免将来发生纠纷的最重要凭据,凭证上面应该载明借款人姓名、金额、用途、利率和还款时间等内容,并由双方签字画押。哪怕双方关系再好,也要有借款凭证,这既是对对方负责,也是对自己负责。

(4)履行保证手续。正常的借款手续应该有担保人,尤其是大额借款,更要主动向对方提供担保或抵押,既是为取信于出借人,也是为以后自己无法偿还债务时提供解决方案。

(5)利息标准适当。所谓适当,一是要符合法律规定;二是要随行就市,不要用过高的利率标准来吸引投资,这样对自身的财务压力就不会太大。在计算利息时,利息是不能计入本金计算复利的(俗称利滚利),利滚利不受法律保护。

(6)约定还款期限。要在借款凭证中约定什么时候还款。如果约定了还款期限,根据《中华人民共和国民法通则》规定,超过两年有效诉讼期就不受法律保护了;如果没有约定还款期限,出借人随时(但最长不超过20年)可以向你主张权利。

(7)要避免无效借贷。法律规定,一方以欺诈、胁迫等手段或者乘人之危,使得对方在违背真实意愿的情况下形成的借贷关系无效。如果这种无效的借贷是因为对方引起的,你只要归还本金就行;而如果是因为你引起的,除了返回本金以外,还必须按照银行同类贷款利率支付利息。

(8)明确担保人和介绍人。在民间借贷关系中,介绍人并不需要承担保证责任;只有在协议中明确了保证人,并且经保证人签字确认,保证人才需要将来对债务的履行承担保证责任。

(9)对利率纠纷的处理。民间借贷最容易出现的纠纷是利率计算,其一般处理原则是:没有约定利率的,按银行同类贷款利率计算;原来约定不计利息的定期借款,出借人要求偿还逾期利息的,逾期利息按银行同类贷款利率计算;原来约定不计利息的不定期借款,出借人催讨后要求支付利息的,按银行同类贷款利率计算,期限从催讨之日起开始算起;有约定利率但无法提供证明的,按不高于银行同类贷款利率的四倍计算。

3.3.2 资金提供者应注意的问题

向私人借钱,大多是半公开甚至秘密进行的资金交易,借贷双方仅靠所谓的信誉维持,借贷手续不完备,缺乏担保抵押,无可靠的法律保障,一旦遇到情况变化,极易引发纠纷乃至犯罪。由此看来,民间借贷也必须规范运作,逐步纳入法制化的轨道。为了避免借贷双方发生不必要的纠纷,保护债权人的经济利益,在借贷前后应注意以下事项:

1）借贷前需了解的事项

（1）借给什么人。民间借贷最忌见利忘“险”。对于他人提出的借款要求，出借人务必首先考虑对方的信用程度和偿还能力，选择那些有还款保证和来源且信誉良好的人。同时，要问明对方的借款用途，千万不能将款项借给从事非法经营或活动的人。如果出借人明知借款人是为了进行赌博、走私、买卖毒品或贩卖枪支等非法活动仍出借款项的，则属于违法借贷，其借贷关系不受法律保护。

另外，非金融企业以借贷名义向职工或向社会非法集资、向社会公众发放贷款的，其借贷关系无效。这种“表面上很安全，其实风险很大”的借贷一定不要参与。

（2）借多少。如果是利用借贷进行投资的，借款的数额要以借款者的信誉、所借款项的用途及其盈利前景来定。

（3）期限多长。要通过权衡收益与风险来确定借款期限。若是该笔借款利率较高，且长期限对于借款收回的影响不是很大，就可将借款期限定得长一些；反之，则要选择短期限。

2）借贷中需明确的事项

（1）注意订立书面协议。在现实生活中，民间借贷大多发生在亲戚朋友之间，由于关系比较密切，出于信任或者碍于情面，民间借贷关系往往是以口头协议的形式确定，无任何书面证据。在这种情况下，一旦一方予以否认，对方就会因为拿不出证据而陷入“空口无凭”的境地，即使诉至法院，出借人也会因无法举证而败诉。所以，借贷双方应该就借贷的金额、利息、期限、责任等内容签订书面借据或协议；必要时，还可以办理公证。书写借据时，要用稳定性能较好的碳素墨水，切忌用圆珠笔，以免时间长了字迹不清。

（2）利率不能超过法定范围。法律明确规定民间借贷的利率可适当高于银行贷款利率，但最高不得超过银行同类贷款利率的四倍；超过此限度的部分被称之为高利贷，不受法律保护。

（3）避免借贷关系无效。自然人之间的民间借贷必须出于自愿。根据法律规定，一方以欺诈、胁迫等手段或者乘人之危，使对方在违背真实意愿的情况下所形成的借贷关系，应认定为无效。若无效借贷关系由出借人引起的，出借人只需返还本金；由借款人引起的，借款人除了返还本金外，还应参照银行同类贷款利率给付利息。

（4）担保行为的规定。在借贷关系中，仅起介绍作用的人，是不承担保证责任的。对债务的履行确有保证意思表示的，才认定为保证人，承担保证责任。借贷有保证人进行担保的，应在借款协议中明确并经保证人签字确认。

3)出现争议应依法处理

由于民间借贷多属私人交易行为,缺乏必要的法律约束,一旦产生争议或纠纷,一定要依法进行处理。

(1)注意催讨。有句俗话叫"有借有还,再借不难",然而,在现实生活中,仍然存在着不讲信用的人,他们有的是到期不还,有的是借整还零等。因此,凡借出的款项已经超过双方约定期限,但仍未归还的,出借人就要考虑催讨,提醒借款人,催告其在合理的期限内返还借款。

(2)及时起诉。借贷双方任何一方权利受到侵害,被侵害者应从知道或者应当知道权利被侵害之日算起的两年内向法院提起诉讼。如果超过两年的诉讼时效,人民法院就会不予受理,出借人的债权就失去了法律保护。为了防止超过诉讼时效,出借人可以在诉讼时效届满前让借款人写出还款计划,从而使诉讼时效中断。根据我国法律规定,新的诉讼时效就可以从中断之日起重新计算,这样,出借人不仅拥有了起诉权,而且可以继续拥有胜诉权,从而有利于保护出借人的合法权益。

【链接】

民间借贷融资案例

1998年,浙江省泰顺县的董老板看准当地教育资源匮乏的现实,联合6名股东,共同出资60万元,租用一家陶瓷厂场地,创办了一家民办高中;随后又相继开办了初中、小学和幼儿园。

显而易见的是,教育需要大投入,而回报期则较长,所以开头几年董老板一直是亏损的。正因如此,2003年董老板在原有基础上组建了一家教育集团,经营范围涵盖教育类投资与建设、房地产开发、专业市场开发与管理、矿业投资等,注册资金3.2亿元人民币。董老板组建这家集团的目的,就是要抓住当时矿产、房地产行业暴热的机会,赴内蒙古鄂尔多斯、江苏淮安等地开发矿产和房地产,走"以矿补教"、"以房补学"之路。

可回避不了的是,开发矿产和房地产同样需要大量的投入,但这在董老板及其成立的集团公司看来并不是什么难事。明星企业、明星企业家的光环和良好信誉,以及高额的借款利率,很快就高高垒起了民间借贷的宝塔。刚开始,董老板向民间借贷开出的利息是每月1.2%~1.5%,2011年时每月高达3%~6%。13年来该集团没有贷到过一分钱的银行贷款,全靠民间借贷支撑着,终于在2011年年末再也无法继续下去了。在此期间,集团累计欠债45亿元左右,债权人超过7 000人,欠债总额超过全县GDP规模。

在这个案例中,董老板及其创立的集团之所以会走到这一步,与民间借贷的

“功过并行”是分不开的。

一方面，根据有关规定，学校的土地、固定资产等是不能作为抵押向银行贷款的，所以董老板在13年间从来没有从银行得到过一分钱贷款；否则，这样一家经营良好的企业也不至于负债累累，最终走上一条不归路。另一方面，民间借贷亟待进行法律规范；否则，当现行金融体制和现实需求产生严重脱节，中小微企业难以顺利融资时，民间借贷市场的庞大需求量必然会助推利率水平的水涨船高，冲击勤劳致富的优良传统，并最终使企业之船搁浅在沙滩上。

第4章 中小微企业资产典当融资

中小微企业的短期资金需求往往具有额度比较小、频率高、需求急等特点，不少需要流动性资金的中小微企业都有体会：银行的大门虽然敞开着，但门槛高，令创业者望而却步。因此，对于大部分有意创业的人来说，“找米下锅”是创业的头等大事。银行放贷需要有资信和担保抵押，可是中小微企业恰恰缺少这两项。有些中小微企业刚刚成立，根本没有资信考核；另外一些中小微企业虽然口碑很好，可是从来就没有人对它们进行过信用评定，因为它们的规模太小，以至于被社会和许多部门“忽略不计”。同时，中小微企业前来借钱，本身就是因为缺少资金和人脉关系才来的，所以它也没有实力找到担保。

可是自从有了典当融资之后，这个问题就解决了。与其他融资方式的烦琐过程相比，典当融资最大的特点就是来钱快，可以做到一手交货、一手交钱，没有什么比它更快的了。正因为如此，典当融资在解决中小微企业资金周转困难中，发挥着越来越重要的作用。数据表明，我国从2006年起，整个典当业务中服务中小微企业的典当融资比重就超过典当总额的一半，广泛地被用在应急支付货款、盘活存量资产、个人创业等方面，范围涵盖房地产、机械加工、建筑装潢、服装加工、流通贸易、商业服务、高科技等50个行业。

本章从分析典当融资的特点与优势入手，介绍中小微企业进行典当融资需遵循的业务流程以及应注意的细节问题。

4.1 资产典当融资的特点与优势

典当是指当户将其动产、财产权利作为当物质押或者将其房地产作为当物抵押给典当行，交付一定比例费用，取得典金并在约定期限内支付典金利息、偿还典金、赎回典当物的行为。典当作为一种融资手段，指短期资金需求者利用典当行救急的特点，以质押或抵押的方式，从典当行获得资金的一种快速、便捷的融资方式。正因为典当行能在短时间内为融资者提供更多的资金，目前正获得越来越多创业者的青睐。

4.1.1 典当融资的特点

1)具有较高的灵活性

典当融资方式的灵活性主要表现在以下四个方面：

(1)当物的灵活性。典当行一般接受的抵押、质押的范围包括金银饰品、古玩珠宝、家用电器、机动车辆、生活资料、生产资料、商品房产、有价证券等，这就为中小微企业的融资提供了广阔的当物范围。

(2)当期的灵活性。典当的期限最长可以半年，在典当期限内当户可以提前赎当，经双方同意可以续当。

(3)当费的灵活性。典当的息率和费率在法定最高范围内灵活制定，往往要根据淡旺季节、期限长短、资金供求状况、通货膨胀率的高低、当物风险大小及债权人与债务人的交流次数和关系来制定。

(4)手续的灵活性。对一些明确无误、货真价实的当物，典当的手续可以十分简便，当物当场付款；对一些需要鉴定、试验的当物，典当行则会争取以最快的速度为出当人解决问题。

2)融资手续的简便性

通过银行申请贷款，手续繁杂，周期长，而且银行更注重大客户而不愿意接受小额贷款。作为非主流融资渠道的典当行，向个人及中小微企业提供的质押贷款手续简单快捷，除了房地产抵押需要办理产权登记以外，其他贷款最快可以达到一小时放款，比如股票典当、汽车典当在华夏典当行、民生典当行等大型典当行都可以实现。这种经营方式也正是商业银行不愿做而且想做也做不到的。

3)融资限制条件较少

典当融资方式对中小微企业的限制较少，主要体现在以下几个方面：

(1)对客户所提供的当物限制条件较少。中小微企业只要有值钱的东西，一般就能从典当行获得质押贷款。我国自 2005 年 4 月 1 日起施行的《典当管理办法》对典当行收当财产的限制较少，不得收当的财产包括四个方面：①依法被查封、扣押或者已被采取其他保全措施的财产；②易燃、易爆、剧毒、放射性物品及其容器；③赃物和来源不明物品或者其他财物或者财产权利；④法律、法规及国家有关规定禁止买卖的自然资源或者其他财物。中小微企业所拥有的财产，只要不在上述范围之内，与典当行协商，经后者同意，便可作为当物获得典当行提供的质押贷款。

(2)对企业的信用要求和贷款用途的限制较少。通常，典当行对客户的信用要求几乎为零，对贷款用途的要求很少过问。典当行向企业提供质押贷款的风险较少。如果企业不能按期赎当和交付利息及有关费用,典当行可以通过拍卖当物来避免损失。这与银行贷款情况截然不同。银行对中小微企业贷款的运作成本太高,对中小微企业贷款的信用条件和贷款用途的限制较为严格。

4.1.2 典当融资的优势

目前,我国对发行债券、股票融资实行严格控制,对发行主体、资产规模、经营状况、融资额度等都有严格的限制条件。我国中小微企业暂时还很难从资本市场上直接融资。一些非正规融资渠道如地下金融不仅费用高昂,而且可能引发一些不安全的后果。因此,银行便成为众多中小微企业的主流融资渠道。然而,由于受银行本身的贷款偏好以及相关政策倾斜等因素的影响,再加上中小微企业本身规模偏小、可抵押物少、管理不规范、信息不透明、难以找到担保人等因素的客观存在,使得中小微企业向银行借款难上加难。典当融资作为一种以实物为抵押,以实物所有权转移的形式取得临时性贷款的特殊的融资方式,与银行贷款相比,虽然其融资成本相对较高、贷款规模偏小,但典当也有银行贷款所无法相比的优势。

1)手续简便,速度快捷

中小微企业经常有临时性或应急性的融资需求,一般具有贷款额度小、资金需求急、需求频率高等特点。如果向银行借款,往往需要经过借款申请、信用调查、贷款审批等环节,手续烦琐,时间跨度较长(少则几周,多则几个月),很可能会贻误商机,无法解决企业的燃眉之急。而典当行在这方面比银行有着明显优势:只要提供符合规定的当物,相关证件材料齐备,经典当行或有关评估机构估价后,即可取得典金,时间跨度很短(最短几分钟,最长不过六七天)。因此,与银行贷款相比,典当融资更能满足中小微企业对周转资金的急需。与银行对借款人的资信条件近乎苛刻的要求相比,典当行对客户的信用要求几乎为零,典当行只注重典当物品是否货真价实。一般商业银行只做不动产抵押,而典当行则可以动产与不动产质押两者兼为。

2)信贷门槛低,对企业资信能力没有要求

银行在向企业发放贷款之前,一般都会对企业的资信能力进行调查,而中小微企业的资信能力普遍较差,难以达到银行放款的要求。而典当行在发放贷款时并不关注企业资信状况,这是因为如果企业在当期届满后,五日内不赎当或续当的,作绝当处理,典当行可以自行变卖处理或者拍卖绝当物。由于典金一般要低于当物在二级市场上的流通价,因此对典当行来说,基本上不存在信用风险,典当行也就没有必要关注企业的资信能力。这对资信状况普遍不佳的中小微企业是很有利的。

3）贷款用途不受限制，企业经营不受干预

在银行的一些专项贷款中，对所用资金是有专门使用要求的，否则，银行有权收回贷款，进行制裁。而典当贷款的用途不受限制，典当行对所融通资金的用途也从不过问。因此，典当是一种不干预企业经营的融资方式，企业借款后可以自由支配。

4）当期灵活，可以减少不必要的利息支出

银行贷款一般期限较长。而典当期限由当户和典当行双方约定，最长不超过6个月。因此，典当融资能够很好地满足中小微企业对短期资金的需求，减少不必要的利息支出，从而降低融资成本。

5）抵押或质押范围广泛，可以充分利用企业资源

银行一般不接受价值较小的抵押品，不开展动产质押业务。中小微企业由于自身规模和实力的限制，通常无法提供充足有效的抵押，难以满足银行对抵押贷款的要求。而典当并不受此限制，中小微企业可以将闲置设备、积压产品、多余原材料等用来典当，可以使死物变活钱，使企业资源得到最充分的利用。

4.2 中小微企业资产典当融资应注意的问题

4.2.1 典当融资的基本程序

如果说银行贷款是为中小微企业发展锦上添花，那么将典当融资比作为中小微企业雪中送炭一点都不为过。典当行的飞速发展顺应了当前民营经济和中小微企业的发展需求，通过正规的典当行进行融资，远比通过民间高利贷进行融资来的健康，最重要的是典当行融资具有手续便利、当物多样化、不限资金用途等特点，能真正为企业解燃眉之急。

首先了解一下典当融资的基本程序。一起标准的典当行为，要分为审当、验当、收当、赎当以及续当等几个步骤。

1）审当

这个环节主要工作是验明当物的归属权。当户必须提供当品合法有效的归属证件，以证明物品归当户所有，其次提交当户身份证明证件（企业提交营业执照、法人代码证等）进行审核建档。

2）验当

验当即核对当物的发票、单据，由专业典当评估人员（古称朝奉）或评估机构对当物进行估值，最终确定典金额度、典当折算率、综合费率、当期（不超过6个月）及

利率。据了解,我国现行的《典当管理办法》规定:典当当金利率,按中国人民银行公布的银行机构6个月期法定贷款利率及典当期限折算后执行。

3)收当

签订当票、典当协议书后,典当行将当品收当入库,扣除综合费后支付典金。至此,企业就能获得流动现金,用于生产经营。根据现行管理办法,典当的综合费用由典当行从典金中扣除。

4)赎当

当户在当票到期后需凭当票到典当行办理赎当手续,在赎当之前必须结清典金及利息,才能办理出库手续,典当行将当品及发票归还当户。

5)续当

曲当期内或典当期限届满后5日内,经双方同意可以续当,当户需凭当票至典当行办理续当手续,同时必须支付本期典金利息,再对当物进行再次查验,签订续当合同及协议。在续当期间的利率、费率不发生改变,但续当一次的期限最长为6个月。

4.2.2 中小微企业典当融资注意事项

中小微企业资金需求的特点就是短、频、快。中小微企业主在融资额度偏低、融资时限迫切的情况下,利用典当融资时需要注意的是,虽然它能解企业燃眉之急,但是,相较银行贷款利率,典当利率约是前者的四倍,几乎算得上是高利贷经营方式。在如此高昂的融资成本下,为了提高中小微企业主的风险防范意识,必须了解典当融资中重点注意的6个事项,以切实保护中小微企业主的自身利益。

1)综合费率、典金利息不同,须货比三家

中小微企业主在进行典当融资时,典当行一般只收取综合费用(包括服务费、典当物保管费等)、典金利息。综合费率、典金利息由于各典当行的业务侧重面(房产、汽车、有价证券等)不同,其收费标准也各有区别,中小微企业主要学会货比三家,对各典当行有基本的了解。

2)不要盲目加高典金

很多中小微企业主在典当融资时,往往特别在乎自己典当物估价的高低。其实这是不必要的,因为典当只是将自己的物品抵押给典当行而不是出售。对于中小微企业主来说,融资才是典当的目的,最好的方法是需要多少就当多少,如果盲目追求更高的估价,加高典金,就要付出更高的综合费用和典金利息。

3）当期以3个月为佳

由于典当行综合费率较高，对于急需短期融资的中小微企业主来说，典当期限设置以3个月为佳，后期如仍有资金周转需要，可在典当期届满时续当。现在很多典当行都有循环贷业务，只要中小微企业主提出申请，不用再走审批流程就能立即拿到资金。

4）巧用“5日计息法”，结合企业生产经营状况决定还款日期

“5日计息法”，是指典当期不满5天的，典当行按5日计算相关费用；如果超过5天，就按一个月收取。这是目前国内典当行普遍采用的利息计算方法，此方法也是为了结合典当行业务特点，缩短利息计算周期。由于典当行综合费率较高，所以中小微企业主应当根据企业生产经营状况巧用“5日计息法”，决定还款日期，以降低融资成本。

5）如果对当票以外事项有特别约定，应补充书面合同

中小微企业主如果与典当行就当票以外的事项有特别约定时，必须补充签订书面合同，以免事后引起不必要的损失。

6）当物赎回和续当

典当期届满或者届满5天内，中小微企业主应该赎回典当物，否则视为绝当。续当时，中小微企业主应结清前期和当期相关费用。

4.2.3 典当融资的三种工具选择

1）汽车典当——短期融资最适用

近期，浙江一名生意人急需用钱，但是银行贷款无望，于是他把自己的奔驰车开进了典当行，当天就得到了60万元。一个月后，他及时还上了典金，赎回了奔驰车。从典当行取得的60万元救急款使他赚了10万元，去掉典当行一个月的综合服务费加利息3万元，这位先生净赚了7万元。

眼下，像这位生意人利用汽车作抵押，临时调头的中小微企业主和个人越来越多。作为老行业中的新兴业务内容，汽车典当业务正在全国范围内红红火火地开展起来。

汽车典当业务何以在如此短的时间内让人们从认知到认同？与银行的汽车抵押贷款相比，汽车典当存在哪些利弊？汽车典当是一种短期融资的好办法。像上面提到的生意人一样，把汽车开进典当行，以解资金短缺燃眉之急的车主屡见不鲜。他们的私营企业在银行没有太好的信誉，即便千方百计寻求到各种条件可以申请银行贷款，也是手续繁杂、遥遥无期。在时间就是金钱的理念指导下，他们毫

不犹豫地将公司或个人的汽车开到典当行，得到贷款后租车或者打车办业务也心甘情愿。

与银行汽车抵押贷款相比，典当行里的汽车质押贷款有它明显的优势。银行汽车抵押贷款需要贷款人具备相应的条件，填写申请表，然后等待审批。而且近几年一些银行已经不再办理此项业务。相形之下，典当行里的汽车质押贷款只要带齐典当机动车的全套手续（包括购车发票、购车附加费证及附加费发票、行车执照、养路费交纳凭证、车船税票、验车合格证、保险凭证、停车泊位证明等），私人车辆要有与行车执照相应的个人身份证，单位车辆需要两张单位介绍信、车辆过户变更表并加盖公章、企业营业执照副本、法人代码证书即可。典当行的相关工作人员根据车况评估出该车的价格，按评估价格的50%～90%付款。最快的两个小时就可以拿到钱，最长时间也不过一天。

尽管汽车典当业内人士看好其发展前景，但许多非业内的旁观人士则纷纷指其为高利贷。以一辆评估价格为10万元的新车为例，如果按90%给付典金，车主可拿到9万元，若综合服务费用（含保险费、仓储费、管理费）每月按典金的4.5%收取，月利率为典金的0.5%，则他每个月要付给典当行4 500元，一年总计5.4万元，60%的年利率高得令人咂舌。典当行虽然规定了最长的当期为三个月，但如果在车市稳定的前提下，他们并不干涉车主做得再长些。但是作为车主一方，时间越长，支付的利息越高，甚至有利息额超过典金的可能。因此，汽车质押贷款只适合于炒股、签合同、订货等短期的融资，不适于长期使用。

2）房地产典当——手续简便、放款快

以前，急需用钱时，人们首先想到银行和亲友。但在今天的北京、上海、深圳以及广州等城市，越来越多的人开始把眼光转向了典当行。

目前，房屋在典当物品中所占比重越来越大，在典当行每月的营业额中，房屋典当占了近30%。据介绍，很多急需资金周转的市民典当房屋获得资金，当期从几天至6个月不等，但一般不到半年就将房屋赎回（如需长期抵押的，可每逢6个月转一次期）。个人典当房屋所获得的抵押贷款金额为房屋市价的50%～90%，即一处市价100万元的房屋典当，业主最多可以获得50万～90万元。在深圳，典当房屋的抵押贷款一般为数万元至数十万元，极少超过100万元，而90%以上的房屋都能按期赎回。

房屋典当对消费者有什么实际利益呢？一是房屋典当中间环节少，放款速度快。与银行贷款相比，房屋典当中间环节少，放款速度快。典当者只需将该房上市时所需的有关资料证明提供给典当行，由典当行专业人员对该房进行评估，根据评估结果决定典当的额度。在签订典当协议后,典当行便可发放现金。房屋典当所需费用较少,只需数百元的公证费和评估费。房屋典当是一种快速的短期融资方式,银行抵押贷款一般期限较长,短则一两年,长则二三十年。而房屋典当的期限较短,一般回赎期是三个月至半年,对于需在短期内周转资金的企业和个人,房屋典当是比较合适的方式。

二是房屋典当贷款用途不受限制。典当法律行为的抵押贷款用途,除法律规定的不作为外,都不受限制。而银行的抵押贷款只能用于申请贷款的用途范围内,银行予以监督,用途不当或挪作他用,银行有权收回,进行信贷制裁。这样就大大地限制了申请人资金所用方向的自主范围。

当然,进行房屋典当要注意以下三项:

一要对赎回能力有十足把握。据介绍,与银行房屋抵押贷款不同的是,房屋典当设立时,一般要将典当房屋转移给典当行占有、使用和收益。典当关系成立后,原业主依约定或法律规定逾期不赎的,可作绝卖处理,由典当行取得房屋所有权。也就是说,房屋典当时,双方可约定典期届满逾期不赎即视为绝卖,如合同中未作此约定,依最高人民法院有关司法解释,有典期的逾期10年、无典期的经过30年未赎的,则视为绝卖。绝卖后,房屋原业主就丧失了该房屋的产权。

二是要征得家属及同住人同意。据介绍,市民典当的房屋必须是没有权属争议的产权房,而且是无人居住的。因此,提出典当时业主需要出具房产证和身份证。而且,除房产所有人外,还需征得年满18岁以上家属或同住人的同意。

三是估价及双方到市国土房管局登记产权转移。从业主提出典当至取得贷款,整个过程一般需两三天时间,最长不超过一周。

根据贷款金额,若典当房屋每月综合费用率为3%,加0.7%的利息率,费用共计为贷款金额的3.7%,业主还需负担评估费、保险费等必要的手续费用。例如,业主需要10万元贷款,则每月至少需向典当行支付3 700元的费用。费用分成综合费率和利息率两部分,前者为3%,是业主在获得抵押贷款之前交纳,后者0.7%则到期赎回时支付。

3)股票典当——机遇与风险并存

由于政策限制,银行和证券公司目前都无法对个人开展股票质押贷款业务,而个人凭信用又很难从银行获得短期资金。因此,如果典当行能提供此类服务,中小微企业投资者自然求之不得。

早在2001年5月,上海的典当行就有推出这一证券质押贷款业务的计划,但一问世,即被上海市商务委员会的一纸禁令叫停。理由是,相关操作在现行法律上找不到明确的依据。同年8月8日,《典当行管理办法》出台,典当行终于具备了开展股票典当业务的法律基础和操作规范。

由于经营股票典当需到中央结算所登记,而到中央结算所登记又缺乏操作可行性,因此有人认为现在的股票典当是在打擦边球。目前北京市商务委员会依《典当管理办法》等相关规定行事,没有对典当行作更多的限制。另据陕西省经济贸易委员会有关人士透露,股票典当刚刚在西安冒头,就呈现出发展迅猛的势头。由于业务量比较大,已有典当公司准备增资扩股,并有投资者打算投资设立资本高达几千万元乃至上亿元的典当公司。陕西省经济贸易委员会采取的态度是不因噎废食,鼓励股票典当业务的开展。

对于股市上的风险爱好者来说,他们倾向于对股票典当作积极的反应。投资者在典当股票时,一定要慎重考虑典当条件,诸如息费、典金、赎回期、提前赎回手续费等相关要素。以北京的金保典当行为例,一般的典金为股票市值的60%,平仓线是典金的120%,月利率在典金的1.25%～1.5%之间。用于非证券投资的股票典当,典金一般只有股票市值的40%,月利率近3%。也就是说,如果你有市值50万元的股票的话,你可以拿到30万元(50×60%)的典金继续炒股,每个月还利息为3 750元到4 500元之间;当你的股票市值跌至36万元(30×120%)时,典当行可以强行平仓。如果用于其他投资,你只能获得20万元(50×40%)典金,每个月需还利息近6 000元。也有的典当行在利率方面没有明确规定,而是通过对投资项目进行具体评估,对前景预期不同的投资设定不同的典金和息费,典金最高可达股票市值的90%。

股票典当具有风险大、息费高的特点。为此专家提醒,投资者一定要衡量综合因素,考虑好风险和盈利的可能,如果典金的投资可能带来高于息费的收入,不妨一试。

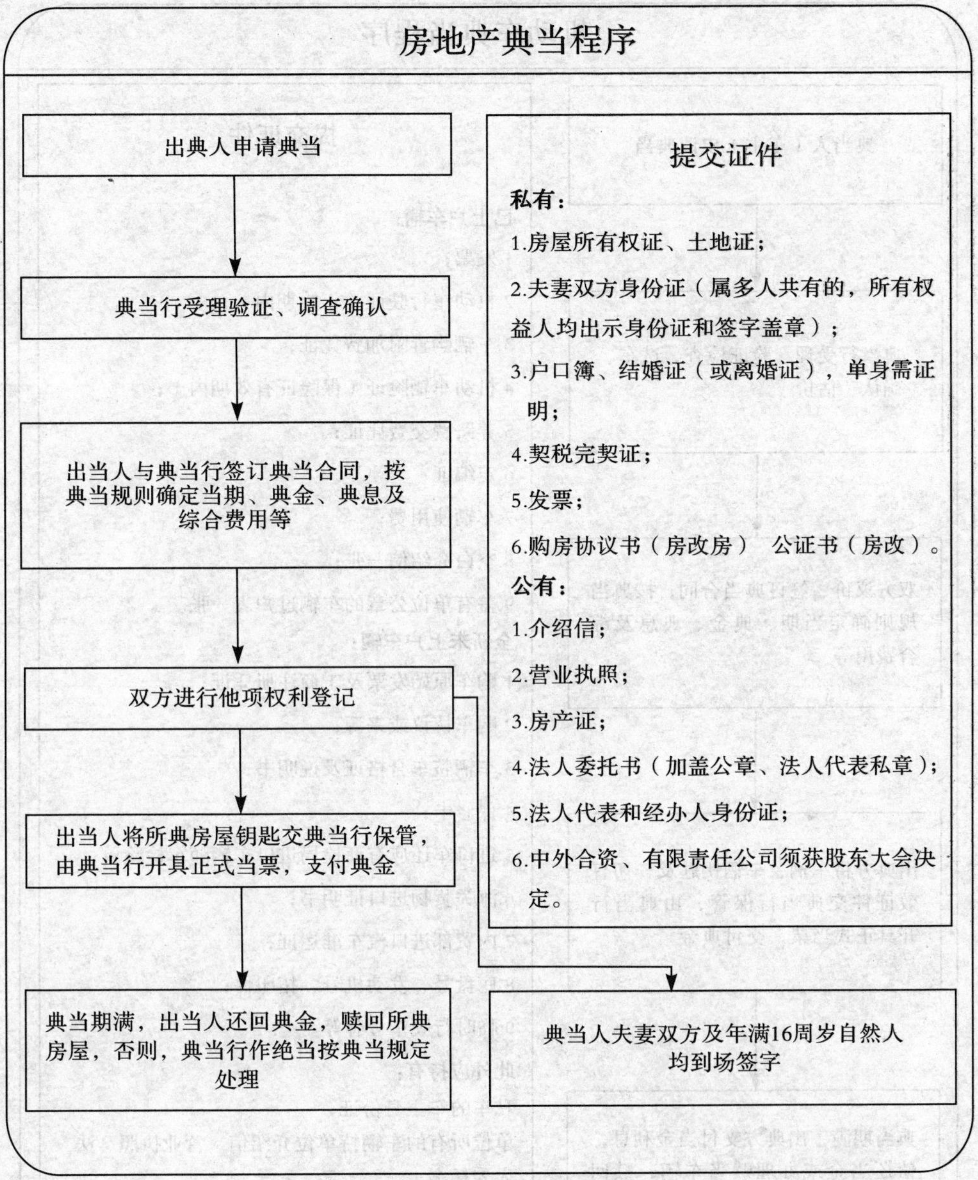
房地产典当程序
出典人申请典当
典当行受理验证、调查确认
出当人与典当行签订典当合同，按典当规则确定当期、典金、典息及综合费用等
双方进行他项权利登记
出当人将所典房屋钥匙交典当行保管，由典当行开具正式当票，支付典金
典当期满，出当人还回典金，赎回所典房屋，否则，典当行作绝当按典当规定处理
提交证件
私有：
1.房屋所有权证、土地证；
2.夫妻双方身份证（属多人共有的，所有权益人均出示身份证和签字盖章）；
3.户口簿、结婚证（或离婚证），单身需证明；
4.契税完契证；
5.发票；
6.购房协议书（房改房）　公证书（房改）。
公有：
1.介绍信；
2.营业执照；
3.房产证；
4.法人委托书（加盖公章、法人代表私章）；
5.法人代表和经办人身份证；
6.中外合资、有限责任公司须获股东大会决定。
典当人夫妻双方及年满16周岁自然人均到场签字

图4－1　房地产典当程序

机动车典当程序

典当人（车主）申请典当

↓

典当行受理、验证检查、试车、确认、估价

↓

双方议价、签订典当合同，按典当规则确定当期、典金、典息及综合费用等

↓

出典方将车辆、车辆钥匙及一切有效证件交典当行保管，由典当行开具正式当票，交付典金

↓

典当期满，出典方支付当金利息，偿还当金或办理赎当车辆，赎回车辆，否则，典当行作绝当按典当规定处理

提交证件

已上户车辆：

1.发票；

2.机动车行驶证（年检期内）；

3.车辆购置附加费凭证；

4.机动车辆险证（保险证有效期内）；

5.养路费交费凭证；

6.定编证；

7.车辆使用费；

8.空白介绍信一张；

9.盖有单位公章的车辆过户表一张。

全新未上户车辆：

1.购车原始发票及工商注册凭证；

2.购车协议或来源；

3.车辆整车合格证及说明书；

4.保修卡；

5.进口车还应有商检局进口车辆随车检验单；

6.海关货物进口证明书；

7.内贸部进口汽车准运证；

8.底盘号、发动机号、拓印件；

9.临时行驶车号牌等。

此外应持有：

私车的车主身份证；

单位所有的车辆持单位介绍信、营业执照、法人委托书；

其他集体、厂矿、合资、股份公司等须持职代会或董事会决议等。

图 4－2　机动车典当程序

物资典当程序

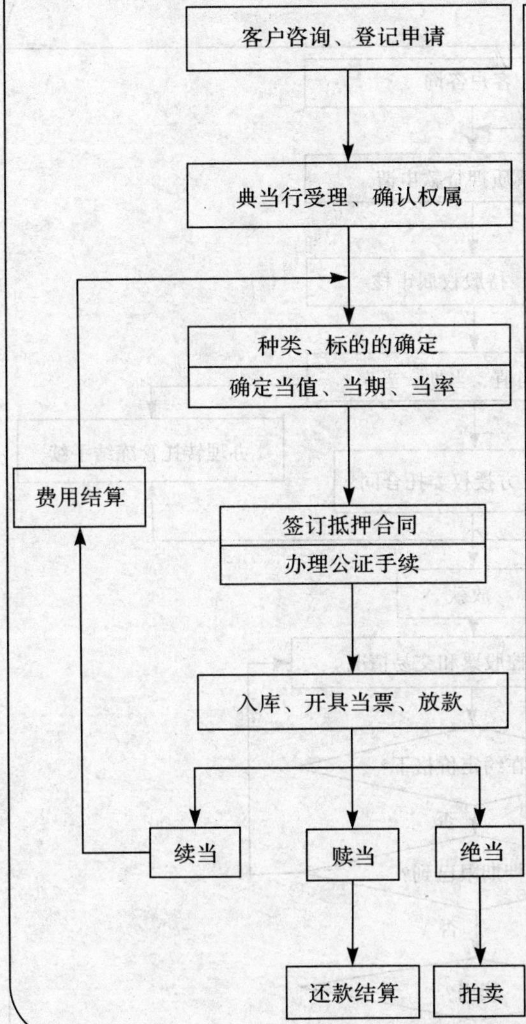

提交证件

身份证明：

- 个人：本人身份证。
- 单位：营业执照、组织机构代码证书、法定代表人（或负责人）签署的授权委托书、经办人身份证及工作证。

处置权利证件：

- 财产共有人的同意文件（共有人指：共同出资人、夫妻等）。
- 授权文件（包括但不限于上级批准书、董事会决议、股东会决议、职代会决议等）。
- 他项权利解除文件（他项权利指：滞留权、抵押权、承租权、期权、保税监管权等）。

权属证件：

- 商品

应具备来源证明或保证（包括但不限于发票、进口货物证明、报关单、完税证明、经营许可证等）。

- 产品

应具备但不限于生产加工许可证、质量鉴定证明、产品合格证书、产品说明书等。

图4－3　物资典当程序

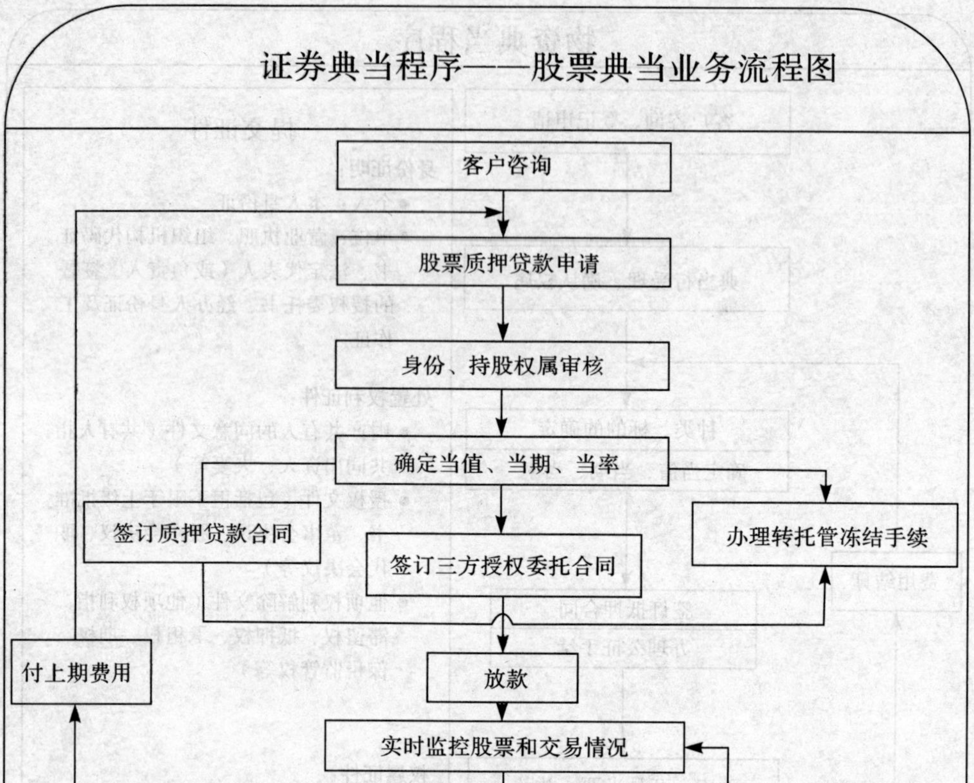

图 4－4　证券典当程序——股票典当业务流程图

第5章　中小微企业应收账款融资

【引例】

蔡老板的“无本生意”

蔡老板在苏州市昆山有一家古典家具制造厂，生产的主要产品是仿古家具。这种家具产品对原材料的要求较高，采购原材料时必须现货付款。而销售产品后，货款回收期较长，一般需要30～90天的付款时间。因为企业自有资金有限，而且没有固定资产可以融资，造成资金非常紧张，无力接受大的订单，同时也阻碍了企业扩大经营规模。就在蔡老板为了融资一筹莫展的时候，一次偶然的机会，他听说了银行有专门针对中小微企业这种情况的信贷业务，随即与银行进行了沟通。

银行对蔡老板企业的融资需求和经营特点进行了调查了解，认为该企业的固定客户均为高档家具的销售公司，与之已有两年以上的业务往来，付款能力较强且均能按时付款，而且一般单笔订单的金额较高。通过这些了解，银行提出了应收账款质押融资的方案。

2008年10月，该企业尝试做了第一笔应收账款质押融资业务，贷款金额500万元。原来，在10月初的时候蔡老板接到了一笔金额为850万元的订单意向。他向银行提交了基本资料、订单的详细信息以及质押融资的书面申请。让蔡老板高兴的是，银行在考察之后很快与之签订了融资协议和应收账款质押合同，并在中国人民银行征信中心的应收账款质押登记公示系统将该笔业务做了登记。随后银行发放了500万元贷款。

蔡老板在获得贷款后随即开始采购原材料，并加班加点生产，在11月中旬时家具便生产完成并交货了，比合同约定期提前了一个星期。12月中旬，客户将款项付给企业，企业在12月中下旬即将银行贷款还清。

对于很多中小微企业来说，应收账款是它们主要的公司资产之一，平均占总资产三至四成。在市场经济发达的国家，利用应收账款质押担保融资已经成为企业融资的一条重要渠道。据世界银行对全球130个国家和地区的调查，83%的国家和地区支持应收账款质押融资。美国借助高效的动产担保制度，包括应收账款在内的动产质押融资已占中小微企业融资的70%；加拿大建立起电子化动产登记系统，保证动产担保物权得以实现。此外，应收账款融资在国际贸易中也得到普遍应用。2001 年联合国国际贸易委员会为此颁布了《联合国国际贸易中应收账款转让公约》。在我国,2007 年全国人民代表大会通过了《中华人民共和国物权法》,将应收账款纳入担保物范围,明确规定应收账款可以出质。在法律上为保护债权人的利益提供了基本保障,并明确信贷征信机构为应收账款质押的登记机构。由中国人民银行开发的应收账款质押登记公示系统 2007 年 10 月 8 日在上海正式上线。同时,交通银行武汉支行成为第一家向中国人民银行应收账款质押登记公示系统提交公示信息的金融机构。

目前,国内中小微企业要取得融资,必要条件之一是提供有效资产抵押或质押。一般来讲,中小微企业缺乏大额的固定资产,其资产构成主要包括应收账款和存货两部分。融资思路只能围绕上述两项资产展开。对于银行而言,企业存货具有以下特点:品种多样、价值评估不准确、跌价及损耗风险较大、变现难度大等,这些特点决定了只有钢材等少数存货品种可以作为银行融资的抵押物。相反,应收账款更适于作为银行融资的担保条件,因此,从应收账款角度设计融资方案,是中小微企业突破融资难题的关键点,也是切实可行的一种选择。

应收账款是企业流动资产的重要组成部分,具有一定的流动性,但始终在动态中保持一定的存量,影响了企业的现金流。通过应收账款融资,企业能够在应收账款到期前取得现金资产,为生产经营提供现金支持,同时改善企业财务结构,避免财务风险,提升企业竞争能力。

2013 年博鳌亚洲论坛小微企业融资发展报告中提出,中国约有 66.7% 的小微企业主在寻找外部资金来源时首选银行。约有四成小微企业主使用私人财产作为抵押,40.1% 没听说过应收账款质押,而应收账款质押和存货抵押的中小微企业主使用率亦分别仅为 5.3% 和 5.5%。如果应收账款质押融资能被广泛应用并稳定健康地发展,这意味着目前以应收账款形式存在的企业资产有望得以盘活,缓解中小微企业融资难的问题,中小微企业动产融资之门将由此打开。

5.1 应收账款融资的申办条件和程序

5.1.1 什么是应收账款质押融资

1)应收账款的界定

按照《应收账款质押登记办法》中所称,应收账款是指权利人因提供一定的货物、服务或设施而获得的要求义务人付款的权利,包括现有的和未来的金钱债权及其产生的收益,但不包括因票据或其他有价证券而产生的付款请求权。

应收账款包括下列权利:

(1)销售产生的债权,包括销售货物,供应水、电、气、暖,知识产权的许可使用等;

(2)出租产生的债权,包括出租动产或不动产;

(3)提供服务产生的债权;

(4)公路、桥梁、隧道、渡口等不动产收费权;

(5)提供贷款或其他信用产生的债权。

应收账款是买卖双方采用赊销结算方式产生的。应收账款的广泛出现,在一定程度上减轻了买方的资金压力,促进了卖方的销售业绩,是企业在日益激烈的市场竞争环境下,为扩大业务量和市场占有率,把产品或服务赊销给客户,为客户垫付短期资金而采取的一种商业促销策略。可以说,应收账款在社会经济活动中的大量产生,对企业的发展、资本运作有一定的积极影响。

2)抵押与质押的区别

所谓抵押是债务人或第三人不转移法律规定的可作抵押的财产的占有,将该财产作为债权的担保,当债务人不履行债务时,债权人有权依法就抵押物卖得价金优先受偿。

质押是债务人或第三人将其动产移交债权人占有,将该动产作为债权的担保,当债务人不履行债务时,债权人有权依法就该动产卖得价金优先受偿。

抵押与质押的区别在于:

(1)抵押的标的物通常为不动产、特别动产(土地、房产等);质押则以动产为主。

(2)抵押要登记才生效,质押则只需占有就可以。

(3)抵押只有单纯的担保效力,而质押中质权人既支配质物,又能体现留置效力。

(4)抵押权的实现主要通过向法院申请拍卖;而质押则多直接变卖。

3)应收账款质押的概念

所谓应收账款质押,是指应收账款的债权人将其对债务人的应收账款作为债权向银行等信贷机构提供质押担保并获得贷款的行为。应收账款质押贷款也是企业以自己的应收账款作为质押向银行申请贷款,当债务人偿还应收账款后,偿还额冲减向银行的贷款。

应收账款质押性质上属于普通债权质押,是企业融资的重要手段之一。而1995年实施的《中华人民共和国担保法》并未将应收账款明确列入质押物范围,从法律角度上企业不能用应收账款作担保向银行融资,银行即使接受了应收账款作担保,其权利也缺乏充分的法律保障。根据《中华人民共和国物权法》(以下简称《物权法》)等法律规定,中国人民银行制定了《应收账款质押登记办法》,经2007

年9月26日第21次行长办公会议通过，自2007年10月1日起施行。中国人民银行征信中心也颁布了《中国人民银行征信中心应收账款质押登记操作规则》，明确规定应收账款可以担保融资。《应收账款质押登记办法》的实施，使中央银行应收账款质押登记系统可以揭示应收账款上存在的担保权益，当中小微企业利用应收账款质押贷款时，商业银行可以在查询后迅速、便捷、清楚地了解应收账款上存在的权利质权，保护质权人和银行的利益，降低信贷风险，促进应收账款融资的发展。中国人民银行提供的数据显示，我国中小企业总资产中大约有60%是应收账款和存货等动产，其中应收账款约为15万亿元。因此，允许应收账款质押贷款，标志动产融资大门的开启，同时也被视为破解中小微企业贷款“坚冰”的开始，对改善中小微企业融资状况具有深远的现实意义。

4）应收账款质押登记的特点

与国内现行的动产担保登记相比，应收账款质押登记有以下特点：

（1）登记产生对抗第三人的效力，以应收账款出质并在该系统登记的，比出质在前但未在该系统登记的，享受优先质权。

（2）按时间优先原则，确定登记获得质权的优先顺位，如果在同一应收账款上设置了多个质权的，谁的登记时间在前，谁的质权就在先。

（3）登记信息由登记当事人录入，登记当事人对登记内容的真实性，包括该笔质权是否真实存在、登记内容是否正确等负责。

（4）除在登记公示系统规定的登记内容外，登记双方还可自行商定是否登记更详细的信息，既保护双方的商业秘密，又能有效公示双方的权益。

（5）登记簿是基于互联网的全国统一的数据库，登记过程简捷，由当事人自主进行，只要登记要素齐备、提供信息的格式符合登记机构要求，就可以完成登记。

（6）查询方便，社会公众可以通过互联网查询质押登记信息。这种电子化的担保物权登记公示系统的建设，在国内尚无先例。

以应收账款作担保的关键问题是如何使贷款银行拥有的质权产生对抗第三人的效力，从而妥善保护质权人等当事人的利益。

为此，《物权法》采用了书面合同加登记的方法，充分利用登记月的公示功能，揭示应收账款上存在的担保权益，使第三人通过查询登记公示系统，能迅速、便捷、清楚地了解应收账款上存在的权利质权，并在信贷决策时给予参考。

这样的制度，能较好地保护质权人和第三人的利益，降低信贷风险，促进应收账款融资的发展。应收账款质押登记公示系统是为应收账款融资业务服务的，但对应收账款质押融资业务中所隐含的商业风险的规避需要商业银行在实践中不断积累经验。

5.1.2 应收账款质押申办条件

1)适用企业

成立时间两年以上、企业主或法人代表从业经验四年以上、无不良信用记录；债务人资金实力雄厚,具有一定资产规模,现金流量充足,具有较强的付款能力,与债权人有长期合作,过去一年中无因产品/服务质量或履约期限等问题而与债权人发生商业纠纷。

基于以上条件,绝大多数正常经营的企业都会有一定的应收账款,所以应收账款质押融资具有普遍的适用性。对具有下列特征的企业而言,应收账款质押融资更能为企业融资带来生机：

(1)有相对稳定的付款群体的；

(2)以信誉良好的大集团公司为交易对象的；

(3)本身正处于高速增长时期,不动产相对匮乏的；

(4)所处行业属于波动性高、季节性强的；

(5)新办的生产型或贸易型中小企业。

2)应收账款质押申办条件

(1)仅接受现存的应收账款质押,不得以将来的应收账款出质,即债权人在产生应收账款的基础合同的义务已经完全充分履行完毕。

(2)仅接受全额质押,原则上不接受部分质押。

(3)债权人应对应收账款拥有完整、合法、有效的债权,无其他抵、质押行为。不存在合同纠纷或其他法律纠纷,产生应收账款的基础合同合法有效。

(4)用于设定质押的应收账款必须是依照法律和当事人约定允许转让的。出质的应收账款基础合同中无禁止或限制转让、限制披露、设定抵销权、可延期付款、账户控制等特殊限制约定。

(5)应收账款到期日应不晚于所担保债务的到期日。

5.1.3 应收账款质押融资申办流程

简单来说,应收账款质押融资就是出质人把应收账款作为质押向质权人申请授信,出质人与质权人签订借款合同以及质押合同后,质权人向出质人提供融资。

通过总结各商业银行的应收账款质押业务办理流程可以发现,虽然在提交的材料、还款方式上略有不同,但是申办程序大致相同。具体流程如下：

(1)借款人向融资行提出应收账款质押融资的书面申请。

(2)银行对借款人的信用状况、质押财产等要素进行审核和评价,以确定是否可以发放贷款。在这个过程中,借款人需要向融资行提供部分材料。由于各银行的要求不同,提交的材料也略有差别。以下列举银行普遍要求提供的材料：

①应收账款融资申请；

②经年审过的营业执照、近期财务报表和贷款卡；

③商务合同、发(送)货凭证或货物单据和商业发票(增值税发票)；

④用于质押的应收账款情况材料；

⑤第三方付款方的名称、地址、账号、开户行名称及生产经营状况以及财务状况等情况；

⑥银行要求的其他材料。

(3)银行确认可以融资后，借款人与银行签订相关信贷合同及对应的《应收账款质押合同》。

(4)合同订立后，借款人与银行就登记事宜与银行达成一致，在中国人民银行征信中心建立的应收账款质押登记公示系统办理应收账款质押登记。

(5)银行为借款人提供融资。

(6)对贷款的风险管理，包括对借款人的经营状况、质押财产的情况等进行监控。

(7)合同到期后，借款人正常偿还贷款或以质押的应收账款偿还贷款。

5.2 中小微企业应收账款融资的方式

5.2.1 如何进行应收账款质押融资

(1)债权人与债务人双方签订销售或服务协议，债权人提供商品或劳务至债务人，应收账款形成。

(2)债权人通过公示系统办理应收账款质押登记，债权人也可以委托他人办理登记，但债权人办理质押登记前应与债务人签订协议，登记内容包括债权人和债务人的基本信息，应收账款的描述，登记期限。双方为单位的，应填写单位的法定注册名称、注册地址、法定代表人或负责人姓名、组织机构代码或金融机构代码、工商注册码等；双方为个人的，应填写有效身份证件号码、有效身份证件载明的地址等信息。

(3)债权人因资金紧张，向商业银行提出贷款申请，并以应收账款作为贷款质押。商业银行审查和确定合格的应收账款额，合格的应收账款额 = 总的应收账款额 - 不合格的应收账款额。一般情况下，最高融资额度 = 合格的应收账款总额 × 85%。

(4)商业银行对用于质押的应收账款额有一定的限制。比如应收账款项下的产品已发出并由购买方验收合格；购买方(应收账款付款方)资金实力较强，无不良信用记录；付款方确认应收账款的具体金额并承诺只向销售商在贷款银行开立的指定账户付款;应收账款的到期日早于借款合同规定的还款日等。银行同意应收账款质押担保的方式授信,要求债务人出具"应收账款质押确认函",明确三方各自的责任和权利。

(5)商业银行与债权人签订质押合同后,银行发放贷款给债权人,贷款到期日早于应收账款到期日。

(6)应收账款到期后,债务人付款至债权人在贷款银行的指定监控账号。

(7)银行贷款到期,债权人以回笼资金偿还银行债务。

(8)债务人或其他利害关系人认为登记内容错误的,可以要求质权人变更登记或注销登记。质权人不同意变更或注销的,出质人或其他利害关系人可以办理异议登记。

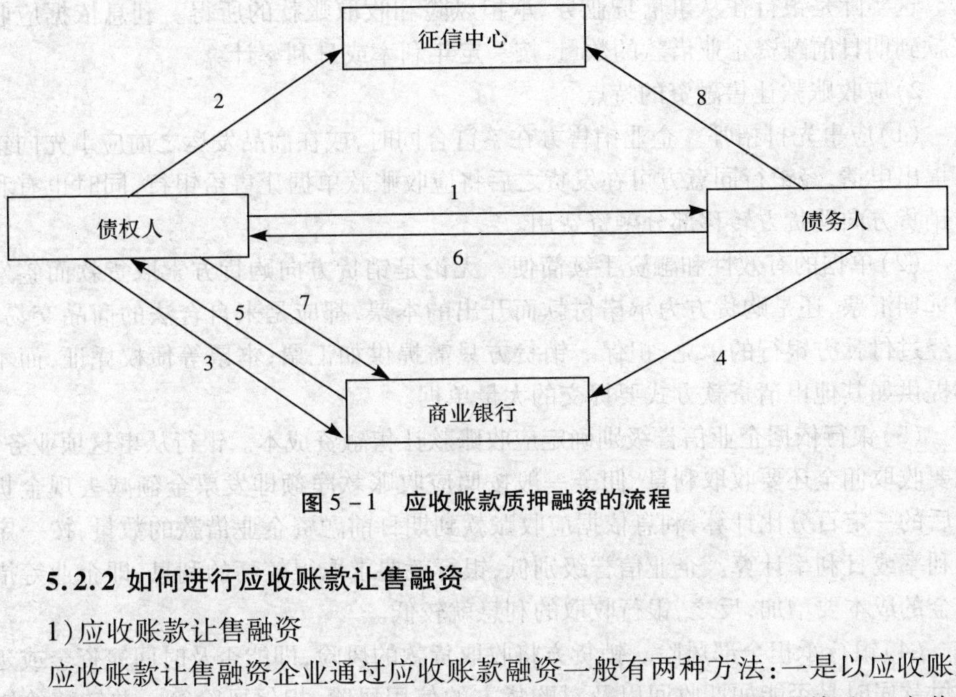

图5-1　应收账款质押融资的流程

5.2.2 如何进行应收账款让售融资

1)应收账款让售融资

应收账款让售融资企业通过应收账款融资一般有两种方法:一是以应收账款质押来获得银行贷款,二是将应收账款出售给银行以换取所需要的资金。应收账款让售融资就是第二种融资方法。在商业信用发达的市场经济中,因企业经济交往而产生的应收账款越来越多,作为企业流动资金的组成部分,如何提高其经济效益,加速资金的周转是关键。企业(作为债权人)将自己在经济交往中产生的应收账款(本票、汇票等)按一定的折扣比例无追索权地出售给银行或专门以购买应收账款为业的应收款托收售贷公司,以换取自己迫切需要的资金。这种融资形式有点类似于典当，也可将其称为卖方信贷。企业可于商品发运出去之前向银行申请贷款，经同意后，可在商品发运之后将应收账款让售给银行，银行依据发票金额减去允许购货方扣去的现金折扣、银行佣金，以及主要用于冲抵销货退回和销货折让扣款后，将余额支付给融资企业。扣款占应收账款的比例由双方协商确定，一般为货款的10%，待预计不会再发生销货退回、销货折让或其他足以减少应收账款数额的情况后，扣款的余额即由银行退回给融资企业。让售账款后，企业要通知购货客户，由他们将账款直接支付给银行，若有拖欠，也由银行进行催收。一旦客户坏账，让售企业无须承担责任，责任应由银行承担。

银行或应收账款信贷公司从事代理业务，主要有收取佣金和利息两种报酬。佣金按应收账款净额即发票金额减去现金折扣后的一定百分比（约1%到2%）计算。这实际是银行在从事信贷业务、承担风险和收取账款的所得。利息依据应收账款到期日前融资企业借款的数量，按一定年利率或日利率计算。

2）应收账款让售融资的特点

（1）应事先打招呼。企业销售方在签订合同时，或在商品发运之前应事先向银行提出申请，经银行同意方可在发货之后将应收账款单据让售给银行，同时也有利于销货方向购货方转移部分融资费用。

（2）单据的有效性和融资手续简便。无论是销货方向购货方索取货款而签发的远期汇票，还是购货方为承诺付款而开出的本票，都应是来自合法的商品交易，应经过付款方银行的承兑、担保。销货方只需提供如汇票、本票等债权凭证，而不必提供如其他申请贷款方式要提交的大量单据。

（3）银行依据企业信誉级别确定应收账款让售融资成本。银行从事这项业务，既要收取佣金还要收取利息，佣金一般按照应收账款净额即发票金额减去现金折扣后的一定百分比计算，利息依据应收账款到期日前融资企业借款的数量，按一定年利率或日利率计算。企业信誉级别低，银行就要求取得较高的利息，即企业筹措资金的成本要增加；反之，银行收取的利息就较低。

（4）银行承担全部风险。销货方将收取货款的风险，即能否及时回笼资金或延期付款届时是否能如期收回以及对购货方的信用风险、担保风险等一并转移给银行，由银行承担全部风险。自然，银行要求得到较高的利息作为风险补偿也是理所应当的。一旦债务人到期无力偿付债务，销货方即让售企业就可避免债权的追索或向法院提出诉讼等既费时间又费精力的过程，而银行将不得不承担全部损失。当然，企业利用应收账款融资的成本完全可用产品提前销售、加速资金周转以及采用新技术来消化。

5.3 应收账款融资注意事项

1)应收账款占用了企业正常的流动资金

随着市场竞争日益加剧,目前的市场已成为买方市场,购货方基本采用赊销方式:赊销账款短则3个月,长则6个月到一年,大量的应收账款不仅影响企业资金流动,不利于正常的生产经营,而且有产生呆账和坏账的可能,使企业的财务状况恶化,对中小微企业特别是成长型企业影响更大。目前,不仅中小微企业的应收账款居高不下,即使规模较大的上市公司,应收账款数额所占的比例也比较大。销售收入的增长只给这些企业带来了账目利润,不能带来维持经营、扩大生产规模所必需的现金流入,企业持续发展因应收账款的增加遭遇不必要的困扰。

2)应收账款直接增加了企业的经营风险

随着应收账款数额的持续增加、平均账龄的不断增长,可能出现的坏账损失也会越来越大,给企业生产经营带来了巨大的潜在风险。尤其是参与国际市场的中小微企业,由于难以对国外买家有准确的信用评估,面临更大的风险,同时世界经济多变性更增加了卖方企业的风险。

3)企业对买家的信用评估手段有限,风险控制能力较弱

由于国内信用体系不健全,没有公开的企业信用资料借鉴,因此企业只能依靠自身经验来辨别赊销的对象及对应的赊销规模,潜在风险难以避免。目前国内企业对应收账款的风险控制能力主要在以下几方面存在漏洞:

(1)企业并没有树立正确的应收账款管理目标,片面追求利润最大化;

(2)没有应收账款管理的责任部门,责任在财务部门与市场部门之间推诿;

(3)对应收账款的会计监督及催收相当薄弱;

(4)企业未对应收账款按风险程度进行信用管理;

(5)企业没有能力对客户进行全方位的信用评估,赊销规模主观臆断。

4)买方市场形成,赊销成为国际贸易惯例,增加了国内中小微企业资金压力

近年来,随着国际贸易买方市场的形成以及向全球化方向的发展,出口竞争日趋激烈,出口商为了促进销售被迫大范围接受赊销的贸易规则。联合国贸易和发展会议的统计资料显示,在国际贸易结算中,信用证的使用率已经降至16%以下,保理方式基本上取代了信用证而成为最主要的结算融资方式。然而,国内保理业务并不成熟,给我国中小微企业带来了巨大的商业障碍和资金压力,同时更增加了其参与国际市场不可避免的收款风险。

第6章　中小微企业银行贷款融资

【引例】

拿着中标通知书办贷款

刘先生的公司是一家房屋建筑施工企业,2004 年成立,注册资金人民币 3 000 万元,以大型工业建筑与民用建筑施工总承包、房地产联合开发建设、综合配套施工等为主营业务,目前取得工程总承包一级资质。

该企业 2009 年初次与政府采购中心建立合作关系,主要合作单位是省内的一些科研院所及大学。2011 年度该企业累计实现销售收入 6 300 万元,其中在省、市政府采购招标项目中累计中标 5 次,累计中标金额近 2 400 万元。2012 年 5 月初,企业参加了一次省政府采购招标项目的投标,投标金额 800 万元。

因该企业主要从事工业建筑类施工建设,而该行业一般按照工程施工进度进行回款,账期一般在 6 个月左右,体现在企业账面的应收账款较大。同时,企业 5 月初参加投标的项目如成功中标,对于银行能够提供适合其经营周期特点的融资产品有着较为强烈的需求。

在招商银行,小企业部的信贷经理结合刘先生企业的特点,启动了"采购贷"贷款的审批流程,帮助刘先生解决了燃眉之急。

刘先生通过"采购贷"申请贷款,可分为两个步骤,即确定授信总额和单独项目提款需求。

步骤一:凭企业 2011 年度中标通知书总额的 70% 为其提供"采购贷"授信额度,即 1 680 万元(2 400 ×70%),且授信额度有效期一年。

步骤二:凭企业当年新获取中标金额的 70%,可实现企业在已获得授信额度内的用款需求,即 560 万元(800 ×70%)。提款后,企业在招商银行的剩余授信额度为 1 120 万元(1 680 - 560)。

企业在授信额度内提款时需提交:

(1)政府采购项目招标文件;

(2)政府采购项目中标通知书;

(3)政府采购招标网站中标公告;

(4)贸易及应收账款质押合同。

该企业在2012年5月初参加的省政府采购招标项目已成功中标，该企业随即向招商银行提出资金需求申请，招商银行通过“采购贷”业务，及时为其注入了流动资金。现在，刘先生的企业已经用这些资金，在建筑行业市场上大显身手了！

步入2013年，在资金流动性更加紧张和通胀压力更加持续的形势下，中小微企业资金紧张的状况普遍加剧，盈利空间有所缩小，中小微企业融资难题再次成为焦点。调查结果显示，31.6%的被调查企业认为资金紧张是造成企业生产困难的主要因素之一。

数据显示，银行信贷资金仍是中小微企业融资的首要渠道。调查数据表明，以银行信贷资金作为首要融资渠道的中小微企业占比达到21.9%，其次为自有资金，占比为6.4%。在被调查的294家有贷款的企业中，28家企业在一家银行有贷款，109家企业在两家银行有贷款，157家企业在三家或三家以上银行有贷款。由此可以看出，银行信贷资金仍然是中小微企业融资渠道的首要选择。

6.1 银行贷款融资的流程与条件

6.1.1 申请银行贷款的基本条件

1）基本条件

根据中国人民银行2012年最新颁布的《贷款通则》的规定，借款人应当是经工商行政管理机关（或主管机关）核准登记的企（事）业法人、其他经济组织、个体工商户或具有中华人民共和国国籍的具有完全民事行为能力的自然人。企业申请贷款，必须具备以下条件：

（1）企业须经国家工商管理部门批准设立，登记注册，持有营业执照。一般来说，经县以上工商行政管理部门批准设立，依法登记注册，持有营业执照的企业，都可以取得银行贷款。

（2）实行独立经济核算，企业自主经营，自负盈亏，即企业有独立从事生产、商品流通和其他经营活动的能力，有独立的经营资金、独立的财务计划与财务报表；能依靠自身的收入补偿支出，独立地计算盈亏，独立地对外签订购销合同。只有这样，公司才有偿还能力，使贷款安全流回银行。

（3）有一定数量的自有资金。这是企业从事生产和经营活动的重要条件。自有资金水平的高低，是企业自我发展能力大小的决定性因素之一，也是提高企业经营风险承受能力和偿还债务能力的重要条件。如果企业没有一定量的自有资金，一旦发生损失，必然危及银行贷款，使信贷资金遭受损失。

（4）遵守政策法规和银行信贷、结算管理制度，并按规定在银行开立基本存款账户和一般存款账户。

(5)产品有市场。企业所生产经营的产品必须是市场需要的、适销对路的短线产品,以加快资金的周转,不能是长线产品。

(6)生产经营有效益。企业使用银行贷款投资的项目必须能给社会和企业带来效益,从而提高信贷资金的使用效率。

(7)不挤占挪用信贷资金。企业应按借款合同中规定的用途使用贷款,不得随便改变用途或挤占挪用信贷资金。

(8)恪守信用。企业取得贷款后,还必须严格履行贷款合同规定的各项义务,如按规定用途使用贷款,按合同规定的期限、利率还本付息等。

除上述基本条件外,企业申请贷款,还应符合以下要求:有按期还本付息的能力,原应付贷款利息和到期贷款已清偿;没有清偿的,已经作了贷款人认可的偿还计划;除自然人和不需要经工商部门核准登记的事业法人外,应当经工商部门办理年检手续;已开立基本存款账户或一般存款账户;除国务院规定外,有限责任公司和股份有限公司对外股本权益性投资累计额未超过其净资产总额的50%;借款人的资产负债率符合贷款人的要求;申请中长期贷款的,新建项目的企业法人所有者权益与项目所需总投资的比例不低于国家规定的投资项目的资本金比例。

2)流动资金贷款

中小微企业在生产经营过程中,由于种种原因,会出现资金短缺的现象。流动资金贷款是为满足中小微企业在生产经营过程中临时性、季节性的资金需求,保证生产经营活动的正常进行而发放的贷款。

(1)贷款的对象与条件。

流动资金贷款流动性强,适用于有中短期资金需求的工商企业。在一般条件下,银行根据“安全性、流动性、盈利性”的贷款经营方针,对企业信用状况、贷款方式进行调查审批后,作出贷与不贷、贷多贷少和贷款期限、利率等决定。

中期流动资金贷款适用企业为生产经营正常、成长性好、产品有市场、经营有效益、无不良信用且信用等级较高的企业。对能提供全额低风险担保的企业,不受信用等级限制。

根据《贷款通则》,贷款对象应是经工商行政管理机关(或主管机关)核准登记的企(事)业法人、其他经济组织、个体工商户或具有中华人民共和国国籍的具有完全民事行为能力的自然人。

借款人应具备的基本条件包括:

①恪守信用,有按期还本付息的能力,原应付贷款利息和到期贷款已清偿;

②除自然人外,应当经工商行政管理机关(主管机关)办理年检手续;

③已经开立基本存款账户或一般存款账户;

④除国务院规定外,有限责任公司和股份有限公司对外股本权益性投资累计额不超过净资产的50%;

⑤资产负债率符合贷款人的要求;

⑥申请中长期贷款的,新建项目的企业法人所有者权益与项目所需总投资的比例不低于国家规定的投资项目的资本金比例。

(2)银行流动资金贷款的主要方式。

①流动资金循环贷款。流动资金循环贷款是指贷款人与借款人一次性签订借款合同,在合同规定的有效期内,允许借款人多次提取贷款、逐笔归还贷款、循环使用贷款的贷款业务。

②流动资金整贷零偿贷款。流动资金整贷零偿贷款是指客户可一次提款,分期偿还的流动资金贷款。

③法人账户透支。法人账户透支是指根据客户申请,核定账户透支额度,允许其在结算账户存款不足以支付时,在核定的透支额度内直接透支取得信贷资金的一种借贷方式。

④中期流动资金贷款。中期流动资金贷款是指商业银行对借款人发放的、期限为一至三年(不含一年含三年)的流动资金贷款,主要用于企业正常生产经营。

3)中长期贷款

中长期贷款又可称为项目贷款,是指商业银行发放的,用于借款人新建、扩建、改造、开发、购置等固定资产投资项目的贷款,房地产贷款也属于中长期贷款范畴,但所执行的政策不同于项目贷款。

(1)贷款的对象和条件。

中长期贷款的对象和流动资金贷款的对象相同,基本条件也与流动资金贷款的条件一致,但同时需具备:

①申报项目符合国家产业政策、信贷政策和银行贷款投向;

②项目具有国家规定比例的资本金;

③需要政府有关部门审批的项目,须持有有权审批部门的批准文件;

④借款人信用状况良好,偿债能力强,管理制度完善,对外权益性投资比例符合国家有关规定;

⑤能够提供合法有效的担保。

(2)主要特点。

与其他贷款相比,中长期贷款具备以下特点:

①贷款支持的项目本身需要按照国家规定的审批程序进行审批。固定资产投资项目一般要经过立项、可行性研究、初步设计和开工等几次审批,才能进入施工建设。项目建成后还要由政府有关部门组织竣工、决算、验收等工作。

②固定资产贷款必须考虑其他建设资金的配套。国家规定建设项目必须具有资本金,即投资人的非债务资金。不同行业的项目所要求的资本金占总投资的比例不同。银行贷款不能作为项目资本金。银行通常掌握的项目资本金在30%以上。

③固定资产贷款期限较长。往往是一次审批,多次发放贷款,利率一年一定。固定资产贷款以整个项目全部资金需求为评审对象,一次审批、承诺。而放款阶段是根据工程进度和年度贷款计划,逐年、逐笔发放贷款。固定资产贷款合同期限是指对项目发放第一笔贷款起至最后一笔贷款还清为止的期限。合同利率为贷款第一年利率,以后每年要根据中国人民银行的利率变动进行调整。

④固定资产贷款是一次性的。一笔固定资产贷款只能用于借款人的一次固定资产投资活动。从项目建设时投入,项目竣工投产产生效益开始归还借款,到银行逐步收回全部贷款本息,贷款即退出企业生产活动。新的固定资产投资活动需要按规定重新立项报批。

⑤固定资产贷款的还款来源主要是借款人的税后利润、固定资产折旧,以及其他自有资金。

⑥固定资产贷款专业性强,管理过程复杂,对客户经理的素质要求较高。

(3)中长期贷款的种类。

中长期贷款按项目性质、用途、企业性质和产品开发生产不同阶段划分,主要可分为以下几种贷款:

①基本建设贷款。基本建设贷款是指用于经国家有关部门批准的基础设施、市政工程、服务设施和以外延扩大再生产为主的新建或扩建等基本建设而发放的贷款。

②技术改造贷款。技术改造贷款是指用于现有企业以内部扩大再生产为主的技术改造项目而发放的贷款。

③并购贷款。并购贷款是指针对境内优势客户在改制、重组过程中,有偿兼并、收购国内其他企事业法人、已建成项目及进行资产、债务重组中产生的融资需求而发放的贷款。并购贷款是一种特殊形式的项目贷款,一些银行目前处于尝试阶段。

④房地产贷款。房地产贷款包括法人房地产业务和个人住房消费贷款业务。法人房地产业务包括商品房开发贷款、法人商业用房贷款、学生公寓建设贷款、建筑安装企业的设备投资贷款。

(4)固定资产贷款意向书与承诺函。

根据企业的申请或业务竞争的需要,银行一般对申请贷款企业出具固定资产贷款意向书、有条件的贷款承诺函和贷款承诺函。

①固定资产贷款意向书

固定资产贷款意向书(简称贷款意向书)一般应在项目报批建议书阶段、贷款正式批准前向企业出具。出具贷款意向书需要注意的问题有:一是贷款意向书主要是在企业审批项目建议书时,向国家有关部门表明银行有支持意向的文件,而不是约定贷款额和责任条款,不具有法律效力;二是出具贷款意向书不要求进行贷款评估,在初步审查同意的基础上即可办理。

②有条件的贷款承诺函

为了满足项目报批的需要,可根据项目情况,在贷款审批工作完成前先出具有条件的贷款承诺函,作为项目资金落实的依据,待项目可行性研究报告经政府有关部门批准后,再对项目贷款进行全面的审查、审批,通过后出具正式的贷款承诺函。

有条件的贷款承诺函审批流程按照信贷审批流程,执行银行只有在特殊情况下,对少数优质企业、优质项目才可以使用有条件承诺。银行出具有条件承诺后,仍然要按照正常的固定资产贷款审批程序进行审批。审批通过后,才能出具正式的贷款承诺函。

6.1.2 申请银行贷款的一般流程

1)借款人提出贷款申请

借款人若需要向银行贷款,应当向银行或其经办机构直接提出书面申请,填写贷款申请书。贷款申请书的内容应当包括贷款金额、贷款用途、偿还能力及还款方式。同时还须向银行提交以下材料:

(1)借款人及保证人基本情况;

(2)财务部门或会计师事务所核准的上年度财务报告,以及申请贷款前一期财务报告;

(3)原有不合理占用贷款的纠正情况;

(4)抵押物、质押物清单和有处分权人的同意抵押、质押的证明及保证人拟同意保证的有关证明文件;

(5)项目建议书和可行性报告;

(6)银行认为需要提供的其他有关材料;

(7)固定资金贷款要在申请时附可行性研究报告、技术改造方案或经批准的计划任务书、初步设计和总概算。

2)银行的审批

(1)立项。该阶段的主要工作是确认审查目的、选定主要考察事项、制订并开始实施审查计划。

(2)对借款人进行信用等级评估。信用等级是根据借款人的领导者素质、经济实力、资金结构、履约情况、经营效益和发展前景等因素来评定的。评级可以由贷款人独立进行,内部掌握,也可以由有关部门批准的评估机构进行。

(3)进行可行性分析。这一阶段包括发现问题、探究原因、确定问题的性质及可能的影响等程序。其中,对企业的财务状况的分析最为重要,因为它是银行掌握和判断企业偿还能力的依据。

(4)综合判断。审查人员对被调查人员提供的材料进行核实,判断企业目前的状况、中期的盈亏和长期的发展,复测贷款的风险度,提出意见,按规定权限审批。

(5)进行贷前审查,确定能否贷款。银行贷款审查的方式多种多样,主要有直接调查、侧面调查等。贷前审查结束后,由银行经办人员写出贷款审查报告进行审批,并明确能否给予贷款。

3)签订借款合同

若银行对借款申请进行审查后,认为各项均符合规定,并同意贷款,便与借款人签订借款合同。在借款合同中约定贷款种类、贷款用途、贷款金额、贷款利率、贷款期限、还款方式、借贷双方的权利和义务、违约责任、纠纷处理及双方认为需要约定的其他事项。借款合同自签订之日起即发生效力。

4)贷款的发放

借款合同签订后,双方即可按合同规定核实贷款。借款人可以根据借款合同办理提款手续,按合同计划一次或多次提款。借款人提款时,由借款人填写银行统一制定的提款凭证,然后到银行办理提款手续。银行贷款从提取之日起开始计算利息。借款人取得借款后,必须严格遵守借款合同,按合同约定的用途和方式使用贷款。

5)银行贷后检查

贷后检查是指银行在借款人提取贷款后,对其贷款提取情况和有关生产活动、经营情况、财务活动进行监督和跟踪调查。

6)贷款的收回与延期

贷款到期时,借款人应按借款合同按期足额归还贷款本息。通常,银行在短期贷款到期前一个星期、中长期贷款到期前一个月,向借款人发送还本付息通知单。借款人应及时筹备资金,贷款到期时,一般由借款人主动开出结算凭证,交银行办理还款手续。对于贷款到期而借款人未主动还款的,银行可采取主动扣款的办法,从借款人的存款账户中收回贷款本息。

借款人如因客观原因不能按期归还贷款,应按规定提前向银行申请,按规定填写有关资料,交由银行审核办理。

6.2 中小微企业银行贷款融资应注意的问题

6.2.1 建立良好的银企关系

1)企业要讲究信誉

企业在与银行的交往中,要使银行对贷款的安全性绝对放心。如何使银行对企业放心呢?

首先,企业要注意抓好资金的日常管理。因为银行在对企业进行考察时往往是从企业资金的使用、周转和财务核算等方面入手。

其次,企业应经常主动地向银行汇报公司的经营情况,使银行在与企业经常性的沟通中,加强对企业的信任度。

最后,企业还应真正提高企业的经营管理水平,用实际行动建立良好的信誉。

2)企业要有耐心

在争取贷款时要有耐心,充分理解和体谅银行的难处,避免一时冲动伤和气,以致得不偿失。

3)要主动、热情地配合银行开展各项工作

如积极配合银行开展各种调查,认真填写和报送企业财务报表;贷款到期主动按时履行还款或展期手续,以取得银行对企业的信任等。

6.2.2 写好投资项目可行性研究报告

投资项目可行性研究报告对于争取项目贷款的规模大小,以及银行贷款的优先支持,具有十分重要的作用,因此,中小微企业在撰写报告时,要注意解决好以下几个问题:(1)报告的项目要符合国家的有关政策,重点论证在技术上的先进性、经济上的合理性以及实际上的可行性等问题。(2)要把重大问题讲清楚,对有关问题作出有力的论证。如在论证产品销路时,必须对市场对该产品的需求、当前社会的生产能力及将来的趋势等作出分析和论证。(3)把经济效益作为可行性的出发点和落脚点。

不同的项目都有各自内在的特性,根据这些特性,银行贷款也有相应的要求。

选择合适的贷款时机要注意既有利于保证中小微企业所需要资金及时到位,又便于银行调剂安排信贷资金、调度信贷规模。一般来说,中小微企业如要申请较大金额的贷款,不宜安排在年末和每季季末。

6.2.3 争取中小微企业担保机构的担保

机构的支持。中小微企业由于自身资金少,经营规模小,很难提供银行需要的抵押、质押物,同时也难以取得第三方的信用担保,因而要取得银行的贷款非常困难。投融资专家张雪奎认为,这些固然是不利条件,但如果能和各方面搞好关系,融资工作提前做到位，得到中小微企业担保机构这些专门机构的支持，向商业银行贷款就容易得多。

6.3 商业银行中小微企业贷款业务介绍

6.3.1 宁波银行中小微企业贷款业务

宁波银行一直致力于中小微企业的信贷业务，近年来不断加大放贷额度，依靠江浙一带成熟的中小微企业发展机制，宁波银行选择中高端零售客户和个体经营业主作为零售业务的目标客户。通过几年的探索和实践，宁波银行针对中小微企业推出了贸易融、便捷融、友保融、诚信融、贷易融、专保融、业链融、定期融等多种贷款业务。

1）贸易融

贸易融是为中小型外贸企业或具备自营进出口权的生产型企业提供的，以真实贸易背景为基础的贸易融资类授信业务。贸易融业务具有以下特点：

（1）适用广：适用于出口信用证项下押汇、托收项下押汇、打包贷款等，满足小企业多元化的贸易融资需求。

（2）流程短：额度一次审批一年有效，额度下业务审批流程短，到账快。

（3）电子平台支持：网上银行自助押汇、打包贷款申请，方便快捷。

2）便捷融

便捷融是向小企业提供的企业自有房地产抵押项下的公开授信额度。额度可用于贷款、承兑汇票、贸易融资等各类授信产品，一次授信，三年有效。采用循环授信额度，额度内随借随还，审批时间通常为 2 至 3 天，回复后能够自助提款，无须再次审核，立等可取。

3）友保融

友保融是向小企业发放的一般企业保证项下的循环授信额度，额度内随借随还，大大节省财务费用。采用企业保证的方式，无须另行提供抵押物。可用于贷款、承兑汇票、贸易融资等各类授信业务。

4）诚信融

诚信融是根据小企业的信用记录、还款能力及业务合作情况，向其发放的信用授信额度。其具有以下特点：

（1）手续简单：无须提供任何抵押或企业保证，只需追加业主夫妇保证即可；

（2）额度灵活：根据客户在银行日常结算和存款来确定信用额度；

（3）审批高效：流程短，到账快；

（4）适用范围广：额度可用于贷款、票据承兑、贸易融资等各类授信产品。

5)贷易融

贷易融是向小企业提供的房地产抵押项下的公开授信额度。其具有以下特点:

(1)抵押比例高:抵押率最高可达100%,提高房产融资效能;

(2)授信期限长:授信期限最长可达8年;

(3)贷款入账快:审核提款,无须逐笔签订借贷合同;

(4)账户费用省:循环额度授信,额度内随借随还,大大节省财务成本;

(5)适用范围广:额度可用于贷款、承兑汇票、贸易融资等各类授信产品。

6)专保融

专保融是向小企业提供的由宁波银行签约担保公司保证的授信业务。其具有以下特点:

(1)采用专业担保公司保证,无须另行提供抵押物;

(2)审批速度快:通常2至3天内可回复;

(3)适用范围广:可用于贷款、承兑汇票、贸易融资等各类授信产品。

7)业链融

业链融是向为优质大中企业、政府机关、事业单位提供商品和服务的小企业提供的,以应收账款进行质押并作为主要还款来源的短期流动资金贷款。其具有以下特点:

(1)额度高:单笔贷款最高可达应收账款80%;

(2)期限长:额度最长达1年,单笔贷款最长达6个月;

(3)费用省:应收账款随到随还,大大节省财务成本;

(4)审批快:流程短,到账快。

8)定期融

定期融是指符合银行小企业授信条件的法人单位向宁波银行申请的用于企业自用的固定资产购置需求,以企业购置的固定资产(办公楼、商铺、工业用房)抵押给宁波银行,在贷款期限内分期还款的贷款业务。其具有以下优势和特点:

(1)贷款期限长,最长可达10年;

(2)贷款期限灵活,允许借款人提前还款;

(3)解决企业投资过程中的融资需求;

(4)适用范围广,期房和现房都可用。

6.3.2 招商银行小微企业贷款业务

招商银行在深入研究小微企业经营特点的基础上,结合传统的个人经营性贷款业务,逐步丰富完善贷款品种和担保方式,推出了全新小微企业贷款产品体系,担保方式多样,充分满足各类小微企业的融资需求。

1)抵押贷款

如果能够提供可供抵押的住房或商用房,可以办理抵押贷款,贷款额度最高可达房产价值的180%,贷款期限最长5年,并可以享受最长2年期按月付息到期还本的待遇。

2)信用贷款

如果是招商银行持卡客户,可以办理信用贷款,最高额度300万元。

3)POS信用贷

如果已经安装了POS收款机,可以办理POS信用贷,最高额度150万元;企业资质优异可办理普通信用贷款,最高额度100万元。

4)配套经营贷款

如已经在招商银行办理过各类房产抵押贷款,可以办理配套经营贷款,最高额度300万元。

5)联保贷

对于商会、协会、专业市场、工业园区内、同一知名品牌经销商等客户,可以办理联保贷,批量解决融资需求。

除此之外,为小微企业量身定做了专属的“生意一卡通”卡片和“周转易”功能。办理了小微企业贷款的客户,可以申请开通“生意一卡通”卡片,作为客户专属卡,不仅可以享受招商银行中高端客户服务,还可以实现网上汇款免手续费。同时,客户可在贷款时开通“周转易”功能,贷款额度通过网上银行转账使用,实现7×24小时“随借随还”,方便快捷。

第7章　中小微企业风险投资融资

【引例】

风险投资为搜狐策马扬鞭

大家对搜狐网可能再熟悉不过了，因为它是互联网上最有影响的中文网上搜索站点之一。搜狐网之所以能够迅速发展壮大，与搜狐的母公司爱特信公司（ITC）引入大量海外风险投资是密切相关的。

爱特信公司的创办者张朝阳在美国麻省理工学院（MIT）学习、工作的几年，深受硅谷创业文化的熏陶，他很希望能获得硅谷风险投资家的"天使"基金来创办自己的公司。1996年，张朝阳利用回国作美国互联网络商务信息公司（ISI）首席代表的机会了解国内市场状况。他发现1996年中后期，美国的互联网发展得非常快，而中国却几乎是一片空白，只有国联在线、高能所、瀛海威等几家刚起步的小公司。当时，中国网络建设面临许多问题，其中最突出的问题是中文信息严重匮乏，国内真正能提供中文信息内容服务的ISP（Internet服务提供商）寥寥无几，90%以上的ISP只能提供简单的Internet接入服务。

张朝阳看好国内市场的发展前景，并决心在国内创业。他首先遇到的问题是没有资金。他向美国著名风险投资专家爱德华·罗伯特求援，两人共同分析了中国市场，并写了一个简单的商业计划提交给催生Intel的风险投资人——尼葛洛庞帝，不久即争取到数百万美元的起步投资，由此成立了ITC。

公司运营一年后，已走过了谨小慎微运作的初创阶段，于1997年取得Intel公司的技术支持，推出了"SOHOO"网上搜索工具，并独家承揽"169"北京信息港1998年整体内容设计和发展的任务，发展速度很快，甚至比一般的美国风险投资公司的成长速度还要快。ITC又与世界最负盛名的几家风险投资公司接洽，他们踊跃投资，顺利达成了第二期风险融资意向。从1999年开始，ITC已积极筹划申请到纳斯达克上市。

目前，在世界范围内风险投资越来越受到人们的关注，这是因为一个国家或地区风险投资发展的状况，在某种程度上直接关系到这个国家或地区高新技术的发展水平和实际生产能力的高低，并进而在一定程度上影响该国或该地区的经济实力和国际竞争力。风险投资(Venture Capital,简称VC)是由职业金融家投入到新兴的、迅速发展的、有巨大竞争潜力的企业中的一种权益资本。风险投资从20世纪60年代末70年代初开始出现和发展,现在已经成为主流的资本,在机构投资和企业投资组合中占有重要地位。风险投资是一种风险大、专业性强的投资活动,它的运营主要分为风险资本的形成、风险资本的投资和风险资本的退出三个阶段。风险投资作为一种长期投资,一般要经历企业的种子期、创业期、成长期和成熟期。

7.1 风险投资的概念及构成要素

7.1.1 风险投资的概念

风险投资是指投资人将风险资本投资于新近成立或快速成长的新兴公司(主要是高科技公司),在承担很大风险的基础上,为融资人提供长期股权投资和增值服务,培育企业快速成长,数年后再通过上市、兼并或其他股权转让方式退出投资,取得高额投资回报的一种投资方式。广义的风险投资泛指一切具有高风险、高潜在收益的投资;狭义的风险投资是指以高新技术为基础,生产与经营技术密集型产品的投资。从投资行为的角度来讲,风险投资是把资本投向蕴藏着较大风险的高新技术及其产品的研究开发领域,旨在促使高新技术成果尽快商品化、产业化,以取得高资本收益的一种投资过程。从运作方式来看,风险投资是在专业化人才管理下,向具有潜能的高新技术企业投入风险资本的过程,也是协调风险投资家、技术专家、投资者的关系,利益共享、风险共担的一种投资方式。有的人将风险投资归为直接融资,有的人把它归为间接融资,风险投资属于哪类并不重要,重要的是风险投资是中小型高科技企业的主要资金来源。也就是说,它们是风险投资的主要投资目标。因此,风险投资对中小型高科技企业的发展起着重要的推动作用。我国把风险投资翻译成“创业投资”,其含义是:向创业企业进行股权投资,以期所投资创业企业发育成熟或相对成熟后,通过股权转让获得资本增值收益。

7.1.2 风险投资的构成要素

风险投资是由风险资本、风险投资人、投资对象、投资期限、投资目的和投资方式六要素构成的。

1)风险资本

风险资本是指由专业投资人提供给快速成长并且具有很大升值潜力的新兴公司的一种资本。风险资本通过购买股权、提供贷款或既购买股权又提供贷款的方式投入这些企业。

2)风险投资人

风险投资人大体可以分为以下四类:

(1)风险资本家。他们是向其他企业投资的企业家。与其他风险投资人一样，他们通过投资来获得利润，但不同的是，风险资本家所投出的资本全部归其自身所有，而不是受托管理的资本。

(2)风险投资公司。风险投资公司的种类有很多种，但是大部分公司通过风险投资基金来进行投资，这些基金一般以有限合伙制为组织形式。

(3)产业附属投资公司。这类投资公司往往是一些非金融性实业公司下属的独立风险投资机构，它们代表母公司的利益进行投资。这类投资人通常主要将资金投向一些特定的行业。和传统风险投资一样，产业附属投资公司也同样要对被投资企业递交的投资建议书进行评估，深入企业作尽职调查并期待得到较高的回报。

(4)天使投资人。天使投资是自由投资者或非正式风险投资机构对原创项目或小型初创企业进行的一次性的前期投资。天使投资是风险投资的一种，是一种非组织化的创业投资形式。

3)投资对象

风险投资的产业领域主要是高新技术产业，包括通信产业、医疗保健产业、生物科技产业、新能源产业、环保产业等。

4)投资期限

风险资本从投入企业起到撤出企业为止所间隔的时间长短就称为风险投资的投资期限。作为股权投资的一种，风险投资的期限一般较长，其中，创业期的风险投资通常在7~10年内进入成熟期。

5)投资目的

风险投资虽然是一种股权投资，但投资的目的并不是为了获得企业的所有权，不是为了控股，更不是为了经营企业，而是通过投资和提供增值服务把投资企业做大，然后通过公开上市、兼并收购或其他方式退出，实现投资回报。

6)投资方式

从投资性质看，风险投资的方式有三种：一是直接投资；二是提供贷款或贷款担保；三是提供一部分贷款或担保资金，同时投入一部分风险资本购买被投资企业的股权。不管是哪种投资方式，风险投资人一般都附带提供增值服务。

7.1.3 风险投资的特征

风险投资是由资本、技术、管理、专业人才和市场机会等要素所组成的投资活动，具有以下四个特点：

1)风险投资是一种长期性、高回报的投资

与银行贷款不同，银行贷款追求安全性，回避风险，而风险投资则积极面对风险,防范和控制风险,寻求在尽可能减少风险情况下的最大投资回报。初创的高新技术企业或处于萌芽状态的高新技术产品,面临的技术、管理、市场、政策等风险都非常大,成功率并不高。即使在发达国家,高新技术企业的成功率也只有20%~30%。而投资一旦成功,其经营收益和上市后的资本收益要远远高于传统方式的投资收益。

2)风险投资不是一种借贷资本,而是一种权益资本

风险投资虽然是一种股权投资,但投资的目的并不是为了获得企业的所有权,而是通过投资或参与一定的管理,或者提供增值服务,共同把企业做大,然后寻求退出,实现资本增值。

3)风险投资是一种组合投资

为了分散风险,风险投资通常投资于一个包括多个项目的项目群,利用成功项目的高回报弥补失败项目的损失,并获得收益。

4)风险投资是一种金融与科技、资金与管理相结合的专业性投资

风险投资从筹资、筛选项目、投资直至退出,是一项复杂的系统工程。风险投资家向风险企业注入资金的同时,为降低投资风险,必然介入该企业的战略决策、经营管理,以降低投资风险、提高投资成功率,必要时风险投资家还会亲自接管公司,尽全力帮助该企业获得成功。因此,风险投资不只是单一的投融资,而是集资金融通、企业管理、新品开发等因素于一体,综合性的经济活动。

7.2 企业如何寻找风险投资

7.2.1 风险投资对企业的“考核”

很多企业不理解,自己企业这么好,风险投资听了看了怎么都没有反应?在风险投资的眼中,企业被视为产品,这个产品在未来一段时间内需要增值,才能在转手卖掉时获得更多的价值。从私人企业变成一家公众的上市公司,企业在公司治理方面往往还存在诸多限制。因此,私人企业在上市之前,需要风险投资的帮助,而风险投资对中小微企业融资的介入则更像在和企业“谈恋爱”。他们会从几方面对企业进行考核,从而判定企业是否具有投资价值。

首先,检验企业的商业模式,过去的成功代表一个企业选对了商业的时机,赚到了钱,但这不能代表这个企业未来还有一个更好的发展,很可能现在的运营模式会成为未来企业失败的原因。在这场“恋爱”中,风险投资会与企业探讨总结在过去生意发展过程中积累下来的可复制的、可持续的模式,并找出特定商业周期里可以预计的东西加以利用。

其次,考核企业的短板。风险投资根据企业存在的短板、在行业的发展趋势,

以及未来面临的压力帮助企业进行定位,并且制定一个未来发展的战略规划,这在上市之前是必要的。如果这个企业具有多元的业务,则需要对这些业务进行整合,尤其针对眼前利益大,而从长远规划看却缺乏后劲的项目、资源进行有效规划。企业的资源管理都是有限度的,如何去分配管理、资金等资源,逐步加重投放到企业未来重点发展的业务上,就是不同业务之间的管理模式。面对具有上市需求、需要风险投资帮助的企业,在发展过程的不同阶段会面临不同的问题。在实际与风险投资接触过程中,很多企业没有理清公司结构就急于上市。而与风险投资接触时,已临近上市,企业资源整合不清,无疑会增加融资成本,使企业付出昂贵的代价。

7.2.2 除了钱,风险投资还能给企业带来什么

风险投资除了钱以外,还能带给企业很多价值,即所谓的增值服务。投资者是企业的一面镜子,若企业处于快速发展过程中,可能没有时间也很难从一个全面的角度,来审视企业的业务以及团队。

投资者很挑剔,通常会要求企业解释一些看来习以为常的做法,譬如会问"你为什么这样做?""你这样做的原因是什么?""你们企业的高毛利能维持吗?""如果多加一点市场渠道的投入,会不会把你的竞争优势巩固得更好?"等。风险投资更看重的是企业三五年内的价值是否值得投资,而不是仅看眼前。风险投资利用这种见微知著的方式帮助企业从各个角度审视企业的管理与运营,因此,不管企业与风险投资的这场"恋爱"会不会走到"婚姻",都会给企业带来非常大的帮助。风险投资因提供了资金,使得其与企业形成了一个中长期战略合作关系,这种关系使彼此变成利益共同体。风险投资一旦进入企业之后,最快退出也需要三年,慢的需要五六年,在这段时间内,风险投资必须与企业共担风险,共享收益,因而在双方的共同努力下一定会把企业做得很健康,把价值释放出来,获得好的收益。

7.2.3 风险投资感兴趣的企业

有很多企业主动去找风险投资,风险投资却不感兴趣,与之接触十分钟就觉得不会投资;而另一方面,风险投资们却整天请某些企业主吃饭,希望对方能够接受风险投资的钱。这里面有一个角度的问题。

风险投资在选择目标企业时,非常注重团队建设。也就是说,风险投资看重企业的管理团队,即所谓人的因素。尤其在一些新兴行业、消费者行业、IT 或者是技术行业等一些经济领域,企业团队的好坏基本上决定了 80% 的成功率。一些成立时间非常短的公司,在行业里面也有非常好的经验,在三五年内创造了很多奇迹,是很多企业家努力二三十年都没有办法达到的。在很多成功的中小企业融资案例中,企业规模很小,利润也少,但团队的背景却很好,可以拿到上亿美元的投资,一段时间之后就真的成了行业的领袖。因此,风险投资更看重核心团队的能力,在风

险投资为企业打分时,人的得分所占比例非常高,人才是可遇不可求的。

而在传统行业,企业家的风格相对保守稳健,传统行业本身的发展规律也是一个稳健的过程,这个过程有一些硬性的规律,很难快速地超越,这就决定了风险投资要以比较务实的角度去看待他们,将他们与同行比。比如对农业的投资,该行业从业人员的素质和商业成熟度相对比较弱,但是只要企业在这个行业里面是最好的,这个行业的机会更多会被企业把握,其得到风险投资青睐的机会就更多。

7.2.4 企业要有“秘密武器”

商业模式始终是企业跳不开的重要话题。如果企业的商业模式经常变,说明企业不成熟,很难做大。企业在经营中要坚持发展方向,当遇到困难时,要学会选择有弹性的躲避和调整,这点是非常关键的。在不同的细分行业,尤其是电子行业,竞争非常激烈,如果没有足够的定力就很难成功。企业在发展中随波逐流,一味地模仿,最终会成为追随的受害者。

如果企业想谋取长远的利润,在同行中要争取更高利润水平,更持续地高水平成长,则企业一定要有“秘密武器”。这个武器往往会体现在技术上。目前,大多数的中国公司只是进行一些技术应用的开发,这很容易被模仿和抄袭。即便这样,如果企业能结合自身的产品和渠道模式,将其巧妙组合在一起,再加上特定的行业在特定的阶段,便会保住机遇,再通过一段时间的发展和固化来强化自己的竞争力,那么对手也很难将该企业打败。所谓的竞争力,就是企业吸引人才的能力非常强,行业顶尖的人都愿意加入企业,并且具有更宽的客户渠道等。

我国的市场结构相对比较复杂,造成了很多产业链的某一个节点上会存在一些一直没有被解决的问题。有的是技术问题,有的是客户服务方式的问题,如果能处理好这些问题,往往也能获得机会。例如过去有些行业被国有企业控制资源,效率低,产业价值链存在服务的缺失,后来民营企业在这一块成为主流的力量,这样的机会在未来仍然存在。在中国的经济快速转型成长的过程中,很多市场随之扩大,或者使尚待解决的问题得以解决,从这个角度看企业也能找到机会。

7.2.5 企业引进风险投资的法律风险

海外风险投资机构对创新型企业进行风险投资,普遍采取的是“对赌方案”,投资方对被投资方设立严格的条件,一旦被投资方不能按照投资合同的约定实现既定目标,被投资方的原始股东便面临股权被强化稀释甚至被收购的风险。

鉴于此,国内企业引进风险投资普遍不喜欢采取“对赌”的方式,而是要求投资方提供一部分资金,双方约定对公司的盈利按照一定比例进行分配,同时给予风险投资机构一定的股权作为对价。

7.3 引进风险投资的运作流程

7.3.1 风险资本的形成

在不同的国家,风险资本的来源不同。有的来自政府,有的来自银行,有的来自大公司,有的来自民间的私人资本。风险资本的主要来源包括:

(1)富有的个人。作为个人投资者而言,主体主要由两类人组成:一是具有风险投资经验的投资人;二是创业企业家,曾得到过风险投资的支持,从自己的创业投资企业中获得了巨额的回报。

(2)政府。出于产业政策以及宏观经济发展规划的考虑,政府会给予风险投资支持,主要有财政拨款、政府直接投资、政府担保的银行贷款等形式。政府起到的作用既是巨大的,但又是有限的,只能起到信用担保、放大资金的作用,不可能成为风险投资的主要资金提供者。

(3)企业。企业是风险投资的主要参与者,企业介入风险投资主要是出于发展战略目标的考虑,为企业寻找到新的利润增长点,甚至是二次创业。在美国,企业的风险投资资本占风险投资基金来源的30%。

(4)机构投资者,包括保险公司、慈善基金、养老基金、信托投资公司。

(5)商业银行,主要是商业银行的控股公司提供资金或者是从银行员工管理的资金池中取得资金。由于银行天生谨慎,因此不可能成为风险资金的主要提供者。

(6)境外投资者,主要包括境外个人投资者和机构投资者。

7.3.2 风险资本的投资

风险资本形成以后,风险投资就开始进入投资运作阶段。投资过程一般分为以下几个步骤:

1)搜寻投资项目

建立风险投资基金后,下一步的重要工作就是寻找投资项目。寻找投资项目是一个双向的过程。企业可以主动向风险投资机构提交项目投资申请,再由风险投资机构进行评审遴选。另外,风险投资机构也可以主动去寻找投资项目。

2)项目筛选

由于资金与风险的因素,风险投资公司并不是对所有申请项目都进行投资,而是要对申请的投资项目进行最初的甄别和筛选。最初的筛选过程趋向于风险资本家所熟悉的投资领域,企业的财务状况及其筹资阶段也是评价的重要标准。一般来说,获得风险投资机构青睐的企业项目必须具有以下特点:

(1)巨大的市场潜力。该项目产品必须具有巨大的市场潜力,包括会被未来的市场普遍认同,并能够接受其价格。

(2)先进的技术。公司拥有的技术必须是先进的甚至是革命性的、独一无二的,通常是一国或多国的专利技术,或获得了行政保护、被定为商业秘密的技术等。

(3)持久的竞争优势。该产品的成本、性能、质量必须具有持久的竞争优势,起码在企业上市之前或上市之后的几年间,具备这种优势。

3)项目评价

一旦某一项目通过了最初的筛选,风险资本家就得对该项目进行更详细的评估。评估项目是一个复杂的综合评价过程,它涉及项目的技术水平、市场潜力、资金供给、经营管理团队的素质乃至政策、法律等因素,需要由各方面专家组成的项目组一同完成。

在挑选项目的标准中,技术固然是重要的,但更重要的是产品的市场和管理团队的素质。在技术方面,主要包括技术的独特性、掌握技术的人员情况和技术的成熟性。在市场方面,主要是市场的定位、市场的大小、市场的渗透率及市场的竞争度。对经营管理团队的考察,主要侧重于管理者在经营一个处于成长阶段的公司方面的经验如何,在所从事行业的技术水平有多高,以及在管理工作中是否有过成功的记录等。当然,风险投资者在选择项目时,要求风险企业有清楚的业务计划、明确的行政管理纲要、对公司现状和经营的准确报告、对产品或服务的详细说明、具体的市场战略、条理清晰的管理背景情况和清楚详细的财务分析。

4)谈判阶段

当项目经过评价后认为是可行的,风险资本家和潜在的风险企业就会在投资数量、投资形式和价格等方面进行谈判,确定投资项目的一些具体条件。这一过程在国外被称为"协议创建",协议包括协约的数量、保护性契约和投资失利协定。

风险投资公司和风险企业作为两个独立的实体,各自追求自身利益的最大化,因此该阶段要确立相互协作的机制,平衡各自的权益。一般来说,风险投资公司关注的问题是:在一定风险情况下投资回报的可能性;对企业运行机制的直接参与和影响;保障投入资金一定程度的流动性;在企业经营绩效不好时对企业管理进行直接干预,甚至控制。而风险企业关注的则是:保障一定的利润回收;基本上可以控制和领导企业;货币资本能够满足企业运转的要求。因此谈判阶段所要解决的问题是确定一种权益安排,以使双方互惠互利,风险共担,收益共享。

谈判的最终结果,即未来的操作安排及利益分享机制,体现在双方商定并共同形成的契约上。契约条款一般包括:投资总量;资金投入方式及组合,包括证券种类、红利、股息、利息及可转换债券的转换价格;企业商标、专利、租赁等协议;投资者监督和考察企业权利的确认;关于企业经营范围、商业计划、企业资产、兼并、收购等方面的条件确认;雇员招聘及薪酬确定;最终利润分配方案。

5)投资生效后的监管

风险投资公司和风险企业之间达成某种协议以后,风险资本家就要承担合伙人和合作者的任务。风险投资的一个重要特点就是其参与性,这种参与性不仅表现在对风险企业的日常运营进行监督管理,还表现在风险投资者对风险企业的经营战略、形象设计、组织结构调整等高层次重大问题的决策上。

风险投资公司对风险企业的监管主要通过以下方式进行:

(1)委派在行业中经验丰富的经营管理专家加入董事会,参与企业重大事项的决策及经营方针、战略和长期规划的制定。

(2)定期审阅公司的财务报表。

(3)向风险企业推荐高水平的营销、财务等专业管理人员。

(4)向风险企业提供行业发展分析报告。

(5)协同风险企业寻求进一步发展所需的资金支持,并为公开上市创造条件、进行准备。

7.3.3 风险资本的退出

风险投资者对风险企业进行风险投资的目的不是对风险企业的占有和控制,而是为了获取高额收益,因此,风险投资者会在适当的时机变现退出。退出方式可以等到企业上市发行股票,为了降低风险收回部分资金,风险投资者 3~4 年后将股权转出一部分,不能要求一个投资者“死跟到底,不能退出”。总之,风险投资者的目的不是为了经营企业,经营企业是企业家的事,风险投资者的使命是促进产权流动,在流动中实现利润。

7.4 风险投资融资案例

深圳金蝶软件公司引入风险投资

金蝶软件公司是一家于 1993 年成立的财务软件公司,是目前国内最大的财务和商务管理软件制造商之一。1998 年 5 月 6 日,深圳金蝶软件公司宣布其已与国际数码集团签订了协议。在信息行业,国际数码集团是世界著名的跨国集团。金蝶软件公司将从广东太平洋技术基金责任有限公司(国际数码集团在中国成立的风险投资公司)得到人民币 2 000 万元,金蝶软件公司将利用这笔资金来进行项目研发以及在国际市场上拓展其业务。在国内 IT 行业中,这是自北京四通利方信息技术有限公司之后的最大一笔风险投资,同时也是中国财务软件行业中第一笔国际风险投资。

金蝶软件公司成为了第一个“吃螃蟹的人”,它的成功在社会上引起了好评。人们情不自禁地想要知道,为什么国际数码集团会选择投资这样一家小公司?中小微企业尤其是一些中小型高新技术企业在发展中引入风险投资的意义何在?

1)引进风险投资的必要性

20世纪90年代,政府虽然在拓宽中小微企业融资渠道方面做出了很大努力,但是国家对中小微企业的支持还是有限的,尤其是民营的高科技企业。这样就产生了一个有争议性的问题:一方面,大部分国有企业拥有较多的现金和投资额,因此,资产负债率居高不下,净回报率变得越来越低;另一方面,许多民营高新技术企业拥有明晰的产权关系和巨大的潜力却无法得到贷款,这是由于国家商业银行在提供贷款时对非国有企业添加了许多正式或非正式的限制。此外,由于我国证券市场的门槛较高,中小微企业很难在证券市场上进行股权融资。种种因素导致的资金缺乏使很多颇具潜力的中小科技企业无法快速发展。

对于一个企业来说,自筹资金是一项长期而且必要的活动。但如果企业仅仅依靠自筹资金来再投资,那么它将很难在竞争激烈的市场中生存。依照市场发展趋势,只有那些拥有高起点和巨大投资额的企业才能够将它们的产品投入市场。对于大部分企业来说,完全依靠自筹资金来得到巨大的投资额是不可能的,没有资助的筹资往往效率较低。如果局限于产品和管理上所获的部分收益,资金将是相当有限的。为了追求快速发展,它们不得不在筹资方式上开拓新视野。

事实上,不是所有的企业都有能力取得快速发展,也不可能在任何阶段都取得快速发展。市场在向企业提供取得快速发展机会的时候是非常谨慎的,企业能否抓住机会取决于它们自身及其投资环境。目前,我国市场经济体系还在进一步完善中,限制企业快速发展的因素不只是企业家自身的素质,还包括融资环境和市场环境。市场经济规则有着无形的力量来推动企业的市场化。金蝶软件公司的主要负责人完全意识到了这一市场原则:在海里,大鱼吃小鱼。尽管金蝶软件公司在近年来得到了快速的发展,但是它仍然还是一个规模较小的企业,即使它在中国发展成为大型企业,但面对那些国际巨头,它仍然还是“小鱼”。在市场竞争中的生存原则使得这些企业从不满足现状,并且促使它们大胆地采用风险投资以求长期发展。

2)金蝶软件公司为何能够吸引风险投资

国际数码集团是一家综合出版、信息网络、展览、市场研究和咨询于一体的国际大型公司,它的业务涉及全世界80多个国家和地区,年销售收入达17亿美元。为何这样的国际公司会与金蝶软件公司合作风险投资呢?作为一家软件公司,金蝶软件公司拥有何种独特的魅力呢?

金蝶软件公司是一家于1993年成立的财务软件公司。在其初创阶段,财务软件市场中已有许多公司在竞争,包括用友软件、万能软件和安易软件公司等,它们已有相当规模且在国内市场上已占有很大份额,作为一个新企业,金蝶软件公司若无其独特的个性,将很难找到自己的位置。徐少春,金蝶软件公司总裁,同时也是中国第一代电子计算专家之一,他提出了"打破传统商业会计,开创全新财务管理"的新理念。强调新产品的开发要符合国际标准。1993 年,金蝶软件公司推出了 V2.0 和 V3.0 财务软件。1995 年年底,金蝶软件公司再次通过其敏锐的市场意识展示了其竞争力,并以此赢得了对手。金蝶软件公司在发展新 Windows 系列产品中取得了领先地位,同时在此领域中也引起了轩然大波。1996 年 4 月,金蝶软件公司开发的新 Windows 系列产品通过了相关部门的严格测试,并且被誉为"中国最佳 Windows 版财务软件"。从此以后,金蝶软件公司以其不懈的努力来缩短产品更新周期,在技术上始终领先于其他财务软件,同时不断地推出策略支持软件。在不断革新的过程中,金蝶软件公司在其企业发展中完成了三次飞跃。为了吸引国际目光,金蝶软件公司基于先进的开发理念推出了三层结构式的财务软件。同时,针对大型企业的企业资源配置项目的软件正在孕育之中。面对机遇,一次次的磨炼使得企业的管理能力不断提高。随着销售额的剧增,金蝶软件公司开始与微软公司进行多方位的合作,于是,其发展潜力再次得到了深入的挖掘。

作为新兴的高科技企业,革新是其最重要的基石。在相同的外部环境下,革新决定未来,尤其对于 IT 企业来说,革新显得尤为重要。就像国际数码集团董事会主席在调查金蝶软件公司时所说的:"金蝶除了在市场上取得的成就和优秀的组织以外,在产品和服务上拥有独特的技术。它是中国发展步伐最快的财务软件公司。"虽然风险投资比起其他投资享有更多的额外利益,但是同时也将承担更多的风险。许多风险投资者往往要在避免风险和追求最大利益中寻求平衡。若资金被投资于经济快速发展的国家,诸如中国,投资在具有巨大潜力的信息技术行业中,诸如金蝶软件公司这样拥有良好的市场资质的企业中,这样的两难向题将会得到很好的解决。

3)后续融资发展

2001 年 2 月 15 日,金蝶软件公司在香港创业板上市发行股票(IPO)。上市为金蝶软件公司打通了融资通道,为企业的长期发展奠定了基础。此次 IPO 的招股价为 1.03 港元,筹资额约为 9 000 多万港元。按照招股说明书披露,此次集资中约 1 800 万港元用于广告及市场推广、扩充销售网络,100 万港元用于改善技术、支持系统和增加技术人员,200 万港元用于开发应用服务商供应平台产品,余额则用作集团一般营运资金。这大大增强了企业在内地的软件开发和拓展能力。金蝶软件公司总裁徐少春介绍,企业上市集资除了按部就班地发展软件业务外,也会利用并购等超常规发展手段与其他有潜力的企业合作。

至于选择什么样的企业,徐少春的标准是:将并购对金蝶软件公司业务有补充的公司,如行业应用软件。

金蝶软件公司在上市前路演过程中所展示的颇具潜力的业务、巨大的中国软件市场和企业年轻的风格，深深地吸引了香港、东南亚及欧洲的投资者们。由于当时香港创业板市场的行情低迷，金蝶软件公司 IPO 集资有些不够理想。但金蝶软件公司抢先进入国际资本市场后，加快其发展速度，为其跻身国际软件市场奠定了基础。

4）案例述评

从金蝶软件公司融资发展的过程可以看到，风险投资在企业的创业阶段对企业的发展起到巨大的作用。建立风险投资体制将为高新技术企业带来巨大收益，与此同时，高新技术企业的发展将大大地促进中国经济的发展。创业企业要成功地吸引风险投资应该具备的基本条件有：一是项目要有自主知识产权和良好的发展前景，特别是具有国际竞争力。二是持久的竞争优势。该产品的成本、性能、质量必须具有持久的竞争优势。起码在企业上市之前或上市之后的几年间，具备这种优势。三是企业的融资计划清晰。一份完备的商业计划书，不仅是企业成功融资的关键，也是创业企业今后发展的纲领性文件。四是有一支优秀的管理团队，企业管理的好与坏直接决定了企业经营风险的大小，高素质的管理团队是企业发展的重要保证。

第8章 中小微企业上市融资

【引例】

动漫"烧钱" 玩具"赚钱" 奥飞动漫成功上市

广东原创动力制作出当红动画片《喜羊羊与灰太狼》,其制作资源部总监李家贤在2009年首届国家级动漫博览会的座谈会上称"资金有难度",因为被盗版和打击盗版导致缺钱,因为缺钱,打击盗版不力。在座的动漫企业表示,其实这是不少动漫人心中共同的痛。

曾担任过东莞市动漫协会秘书长的刘莹介绍,中国动漫的盈利模式受日本模式影响。在日本,所有的动画片在电视台播出都是没有收益的,利润全部出在动漫衍生品上;而中国动漫上线播出的收益微薄,70%甚至百分之八九十的收益都只能靠动漫衍生品收回。

"如果山寨产品横行,会大大损害正品衍生品带来的收益。"广东省文化产业促进会动漫专业委员会秘书长郭有为分析道。据估计,在国内制作一分钟动画片,平均成本在1万元以上,如果动漫公司不能靠衍生品或者其他方式尽快回笼资金,只会"做得多亏得多"。

在大部分企业为钱叫苦的时候,作为中国动漫第一股的奥飞动漫,却在中小板上市后的短短3个月中,市值发展到69.30亿元,每股申购价格22.92元,首日开盘就涨到42元。筹备来的资金,足以帮助新项目启动。

动漫股在中国上市尚属首次,此前东莞天狼软件开发公司曾在2007年提出到美国纳斯达克上市,却以悄然倒闭告终。奥飞动漫之所以能够成功上市融资,在业内看来,是因为走了"动漫和产品并行发展"的道路。

郭有为将奥飞动漫的经验作为成功案例推荐:"它的做法是,从做玩具起家,转而做动漫设计,最后动漫和玩具公司一起强强联合上市。"

8.1 国内创业板上市条件及程序

8.1.1 我国中小板上市条件与流程

2004年5月17日,对中小企业是个值得纪念的日子,这一天在深圳证券交易所下的中小企业板(即中小板)开市了。深圳建立中小板,使上海、深圳两个交易所的功能定位更加明确,上海、深圳证券交易所功能互补、遥相呼应,有利于构建多层次的资本市场体系,丰富资本市场层次,改善资本市场结构,从而有效发挥资本市场优化资源配置的功能。更重要的是,建立中小板,可以为成长型中小企业和创业型企业搭建融资平台,避免一些中小企业过度依赖银行贷款这一间接融资方式的现象,为中小企业增加直接融资方式,拓宽中小企业的融资渠道,降低银行信贷风险,同时也为建立创业板市场迈出了坚实的一步。

1)中小企业为什么选择公开发行股票上市

公开发行股票上市又称公募股权融资,是指发行人在中介机构的协助下,在证券市场上向不特定的社会公众投资者发售企业的股票募集资金。它包括企业首次发行股票、上市后的增发股票及配售,这些都是利用公开的市场进行股权融资的形式。

(1)公开发行股票上市的特点。

①无须偿还本金。股票是一种无偿还期的有价证券,投资者认购后就不能要求退股,只能在二级市场上转让,股票的转让只意味着公司股东的改变,并不减少公司的资本。只要公司存在一天,股票就存在一天。这能够满足公司对资本的最基本需要,对维持公司长期稳定发展极为有利。

②提高公司的信誉。股权融资能够改善公司的财务结构,降低资产负债率,有利于提高公司的信誉度,为利用更多的债务资本提供强有力的支持。

③没有还本付息的风险,但有提高公司业绩的压力。虽然股利支付与否或者支付多少,视公司经营及盈利情况而定,但如果企业的业绩没有达到预期的效果,投资者的信心就会受到影响,企业股价就会下跌,进而影响企业的长远发展。

④每增发一次新股,就增加一次新股东数量,原股东持有的股份也被稀释一次,对公司的控制权也相应下降。

(2)公开发行股票上市的优势。

①筹集企业发展资金。中小企通过公开发行股票上市,可以筹集到企业发展所需要的资金,有利于企业进行技术和产品升级换代,扩大经营规模,提高市场占有率;同时可以完善企业的资本结构,提高企业自身抗风险的能力,使企业能持续地发展。

②提高企业的知名度。企业上市除了可以筹集企业扩张发展所需的资金外,还可以扩大企业的影响。企业股票交易的信息通过交易平台、报纸、电视台等各种媒介不断向社会发布,投资者给予极大的关注,扩大了企业的知名度,提高了企业

的市场地位和影响力，有助于企业树立产品品牌形象，扩大市场销售量。同时，随着知名度的提高，可以吸引更多优秀人才加入到企业中，使企业实现更大程度的发展。

③规范企业的管理。企业上市是建立健全公司治理结构、提高管理水平的有效途径。尤其是对部分民营企业来说，通过上市，使企业的资产部分公众化，引入强有力的股东大会、董事会来制约企业经理层，有利于摆脱家族成员的干预，将企业的发展与家庭成员的命运相分离，规范法人治理结构，提高企业的管理水平，降低经营风险，增强企业的创新动力。

④建立长期融资平台。企业上市后，在公司的业绩和股票价格表现好的情况下，企业还可以申请再次增发新股融资，或者发行可转换债券进一步筹集资金。同时，企业上市可增强金融机构对企业的信心，使企业在银行信贷等业务方面得到便利，更容易获得金融机构的资金支持。

⑤提高企业的信誉度。上市公司作为公众公司，要及时、准确、全面地披露相关的信息，要受到严格的制度监管以及投资者、媒体的极大关注，企业的内部管理透明度大大提高。企业的透明度高了，企业信誉也就好了，金融机构及供应商的信心就增强了，企业的商业机会也就多了。

⑥有助于企业并购扩张。并购已成为企业资本运作的核心，是企业加速资本集中和资产规模扩张，推动产业升级的有效途径。作为上市公司，当公司实施并购时，可以用股票替代现金实现并购，减少公司现金流的压力。

⑦有助于实现激励机制。激励机制已成为公司规范、可持续发展的关键，企业上市后，利用股票期权等方式实现对员工和管理层的有效激励，有助于企业吸引优秀人才，激发员工的工作热情，增强企业的潜力和后劲。

2）中小板发行股票上市条件

对中小企业而言，公开发行上市，是迅速发展壮大的主要途径。中小企业可以选择在国内的中小板市场和创业板市场上市。两个市场所针对的企业又有所不同，在中小板市场上市须满足以下条件：

根据《中华人民共和国证券法》的规定，公司公开发行新股，应当符合下列条件：

（1）具备健全且运行良好的组织机构；

（2）具有持续盈利能力，财务状况良好；

（3）最近三年财务会计文件无虚假记载，无其他重大违法行为；

（4）经国务院批准的国务院证券监督管理机构规定的其他条件。

企业公开发行股票除了满足上述条件外，还须满足中国证监会规定的合规性要求，如2006年5月17日中国证监会颁布的《首次公开发行股票并上市管理办法》(中国证券监督管理委员会令第32号)。

《首次公开发行股票并上市管理办法》共七十条，对在中华人民共和国境内首次公开发行股票的条件给予了明确详细的界定。其中，第三十三条规定，发行人应当符合下列条件：

(1)最近三个会计年度净利润均为正数且累计超过人民币3 000万元，净利润以扣除非经常性损益前后较低者为计算依据；

(2)最近三个会计年度经营活动产生的现金流量净额累计超过人民币5 000万元，或者最近三个会计年度营业收入累计超过人民币3亿元；

(3)发行前股本总额不少于人民币3 000万元；

(4)最近一期期末无形资产(扣除土地使用权、水面养殖权和采矿权等后)占净资产的比例不高于20%；

(5)最近一期期末不存在未弥补亏损。

3)中小板上市流程

在中小板发行股票上市的流程一般要经历设立股份公司与改制、保荐机构进行上市辅导、发行申报与审核、股票发行与挂牌上市等阶段。上市流程见图8－1。

(1)设立股份公司与改制。

根据《公司法》的规定，企业申请发行股票，必须先设立股份有限公司。企业依据自身的状况，通过改制或者设立来完成主体资格的转变。拟订改制重组方案后，聘请中介机构对拟改制的资产进行审计、评估，或签署发起人协议、起草公司章程等文件，设置公司内部组织机构，以取得上市资格。

在实际操作中，企业虽有多种改制方式，但不管如何改制，都应达到以下要求：具有独立的运营能力；主营业务突出；规范和完善公司法人治理结构；企业改制后的财务制度应符合相关法规、规章的要求。

企业在改制的过程中，应重点关注业绩连续计算问题。根据中国证监会颁布的《首次公开发行股票并上市管理办法》规定：发行人申请首次公开发行股票并上市，应当自设立股份有限公司之日起不少于三年，但国有企业整体改制设立的股份有限公司，有限责任公司依法整体变更设立的股份有限公司或经国务院批准豁免前款期限的发行人，可不受前款规定期限的限制。同时，还规定：公司最近三年内应当在实际控制人没有发生变更和管理层没有发生重大变化的情况下，持续经营相同的业务，因重大购买、出售、置换资产、公司合并或分立、重大增资或减资以及

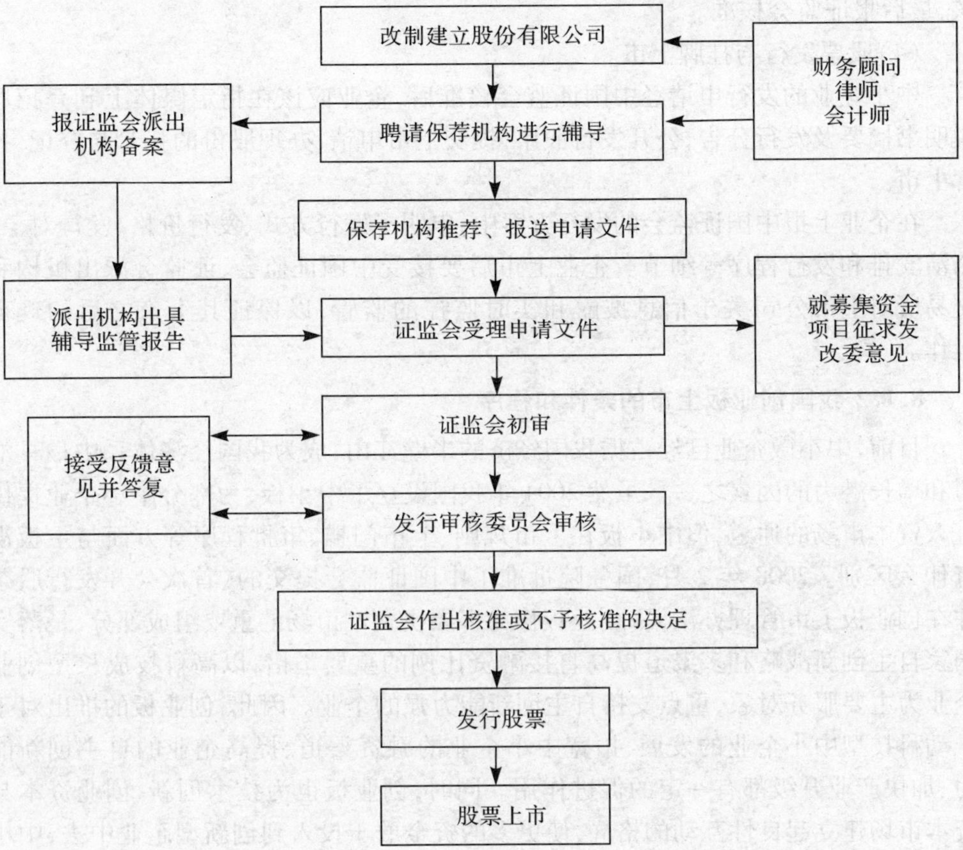

图 8－1　中小板股票发行上市的流程

其他重大资产重组行为，导致发行人的业务发生重大变化的，有关行为完成满三年后，方可申请发行上市。

(2)保荐机构进行上市辅导。

2004 年 2 月实施的《证券发行上市保荐制度暂行办法》规定：保荐机构在推荐发行人首次公开发行股票前，应当按照中国证监会规定对发行人进行辅导。目前，中国证监会对上市辅导虽然不作硬性要求，但实际操作中，保荐机构会在推荐发行人首次公开发行股票前，对其进行至少 3 个月的辅导，辅导的目标、内容与主板上市相同。

(3)发行申报与审核。

企业和所聘请的中介机构，按照中国证监会的要求制作申请文件，保荐机构向中国证监会推荐并申报，证监会对申请文件进行初审，提交股票发行审核委员会审核，最后报证监会核准。

(4)股票发行与挂牌上市。

中小企业的发行申请经中国证监会核准后，企业应该在指定媒体上刊登招股说明书摘要及发行公告，公开发行股票，提交上市申请，办理股份的托管与登记，挂牌上市。

在企业上报中国证监会的发行方案中，申明了发行方式、发行价格、发行对象、路演安排和发行程序等细节。企业上市后要接受中国证监会、证监会派出机构和交易所对上市公司关于信息披露和实时监控的监管，以保证其上市之后的规范运作。

8.1.2 我国创业板上市的条件和程序

目前，中小微企业已经占据我国经济的半壁江山，成为我国经济体系中最具活力和增长潜力的因素之一。虽然2004年我国设立了中小板，为部分中小企业提供进入资本市场的通道，但中小板在上市规则、上市门槛、审批程序等方面与主板没有什么区别。2008年2月，国务院批准了中国证监会提交的《首次公开发行股票并在创业板上市管理办法》。创业板作为多层次资本市场的重要组成部分，是落实国家自主创新战略和多渠道提高直接融资比例的重要举措，以高科技成长型创业企业为主要服务对象，重点支持自主创新能力强的企业。因此，创业板的推出对于推动科技型中小企业的发展、拓宽中小企业的融资渠道、提高企业的自主创新能力、加快产业升级都有一定的促进作用。同时，创业板也为技术创新、创业资本与资本市场建立起良性互动的格局，使更多的资金敢于投入到创新型企业中去，中小企业融资也将有更多的渠道。

1)中国创业板市场的特点

(1)明确了创业板服务于国家自主创新的市场定位。

创业板市场主要围绕企业创新能力进行定位，具体讲就是符合“三高”、“五新”的要求。“三高”是指高科技、高增长、高附加值，“五新”是指新经济与商业模式、新能源、新材料、新生物医药、新农业。

①高科技。所谓高科技，就是企业从事的行业符合国家中长期科学和技术发展规划纲要的要求，属于省级以上高新技术企业，主要技术或产品获得省部级以上科技奖项，主导或参与行业标准制定，拥有国家火炬计划项目、863计划项目等。一般来说，高科技公司的科技人员与研发人员占员工的比重、研发投入占销售收入的比重显著高于行业平均水平，创新产品或服务的收入在企业销售收入中占有较大比重，无形资产占净资产比例较高。

②高增长。企业具有持续盈利能力，营业收入与净利润具备持续快速增长的

潜力，按《首次公开发行股票并在创业板上市管理办法》的界定，即最近两年营业收入增长率均不低于30%。

③高附加值。所谓高附加值，就是高投入产出比，其技术含量、知识密集度、魅力价值等比一般产品要高出许多。获得高附加值是企业发展的最直接动力，它必然要求企业追求和打造品牌，创造差异化的产品，满足消费者更高层次的需求，提升消费者的认知价值，实现企业的高回报。

④新经济与商业模式。20世纪90年代以来，随着计算机技术、无线通信技术与互联网技术的应用与逐步成熟，世界经济发生了革命性的变化，新经济、新服务和创新商业模式应运而生，并深刻地影响着中国。门户网站、网络游戏、数字动漫、电子商务、移动增值服务、连锁经营、现代物流、品牌与渠道运营等新兴业态及商业模式等创新企业大量涌现。

⑤新能源。当前，建设资源节约型与环境友好型的"两型社会"已经纳入国家发展战略。在这样的大背景下，大力发展循环经济，鼓励节能减排，提倡清洁能源、可再生能源成为经济社会生活的指向标。这就要求企业重点开发和拓展新能源，比如风能、太阳能、海洋能、地热能、生物质能、氢能、核聚变能、天然气水合物等新型能源与绿色能源的存储，以及与之相适应的发电产品设备及技术运用。

⑥新材料。新材料成为高新技术与产业发展的基础性与先导性行业。新型特种金属材料、新型特种无机非金属材料、新型特种有机高分子材料及制品、新型特种复合材料，以及航空航天、地球、空间及海洋工程、核运用技术产品研发与生产等，将日益普及。

⑦新生物医药。伴随着老龄化与银色浪潮，解决重大疾病和重大传染病防治，保障健康，提高生活与生命质量，迫切需要大力发展生物医药，包括防治重大疾病、传染病、流行病的诊断试剂、新型疫苗和药物的生产与应用。新疫苗、生物工程药物、小分子药物、生物医学工程产品，癌症、艾滋病等疑难绝症新药的试验、临床与批量生产，生物病毒、外来有害生物入侵的防御与应对能力，生物克隆技术的应用与推广等，成为新时期人们的新期待。

⑧新农业。推动新农村建设，需要一大批高科技农业、现代农业及农业产业化龙头企业。因此，要高度关注优质、高产、高效、标准化栽培和养殖技术开发应用；要高度关注农副产品深加工与转化增值的规模化生产经营、资源综合利用；要高度关注新型高效农机、农肥、农药及其他支农产品；要高度关注现代农业服务及精准农业、生态农业、品牌农业、创汇农业、休闲观光农业等农业新兴业态。

(2)放宽了对无形资产占比的限制，体现对知识产权与创新的重视与扶持。

2006年《公司法》修改后，取消了无形资产占注册资本不得超过20%的规定，但为了保证公司有一定的流动资金，规定了全体股东的货币出资金额不得低于公司注册资本的30%。目前,我国主板和中小板均要求无形资产占净资产比例不高于20%。而《首次公开发行股票并在创业板上市管理办法》没有对无形资产出资作出规定,就是要执行《公司法》的上述规定,以适应创业企业无形资产出资占比较大的实际情况。

(3)适当放宽股份限售规定,体现对创业投资的鼓励与支持。

目前,在主板和中小板,发行人在首次公开发行前12个月改制重组中增资扩股的,新增股份持有人自持有之日起36个月内不得转让该部分股份。为保持上市公司经营和股权的稳定,对控股股东、实际控制人所持股份,创业板参照主板与中小板的做法,有同样规定。为吸引风险投资等机构加大对创业企业的投资,其他股东的限售政策有望适当放松。

(4)单独设立发行审核委员会,重视审核功能。

即将开通的创业板市场沿用核准制,由保荐人保荐并向中国证监会申报,中国证监会受理申请,相关职能部门进行初审,创业板发行审核委员会做最终审核,中国证监会依法予以核准或者不予核准。在发审机制上,创业板市场将另设独立的发行审核委员会,创业板委员人数较主板会适当增加,且不互相兼任,同时行业专家委员也会适当增多,以发挥科技类专家的咨询作用。这种制度安排,充分考虑到了创业企业与主板企业的不同,旨在进一步改进发行审核,提高发行审核效率,更好地支持自主创新类企业的发行上市。

(5)强化保荐人责任,注重运用市场化的选择机制。

创业板发行上市进一步突出了保荐人的作用,加大市场的约束。

①保荐人应当对发行人的成长性进行尽职调查和审慎判断并出具专项意见;

②发行人为自主创新企业的,保荐人还应当说明发行人的自生创新能力;

③保荐人在发行人上市后三个会计年度内履行持续督导责任;

④保荐人保荐创业板市场的项目,可以不受现有市场两个保荐人保荐一家的限制;

⑤允许创新类券商对创业企业进行"直投"试点。

2)创业板上市发行的基本条件

(1)发行人应当是依法设立且持续经营三年以上的股份有限公司。但有限责任公司按原账面净资产值拆股整体改制为股份有限公司的,经营时间可以从有限责任公司设立之日算起。

(2)发行人主营业务清晰,应当主要经营一种业务,其生产经营活动符合法律、行政法规和公司章程的规定,符合国家产业政策及环境保护政策。

(3)发行人最近两年内主营业务和董事、高级管理人员均没有发生重大变化,实际控制人没有发生变更。

(4)发行人的注册资本已足额交纳。发起人或者股东用作出资的资产的财产权转移手续已办理完毕,发行人的主要资产不存在重大权属纠纷。

(5)发行人的财务指标。《首次公开发行股票并在创业板上市管理办法》中对在创业板上市的企业设置了两套财务指标:

第一套财务指标主要适用盈利水平较高的创业企业,要求发行人最近两年连续盈利,最近两年净利润累计不少于1 000万元,且持续增长;

第二套财务指标主要适用高成长性的创业企业,要求最近一年盈利,且净利润不少于500万元,最近一年营业收入不少于5 000万元,最近两年营业收入增长率均不低于30%。

另外,发行人发行前净资产不少于2 000万元;发行后股本总额不少于3 000万元;最近一期期末不存在未弥补亏损。

3)对创业板上市的其他要求

《首次公开发行股票并在创业板上市管理办法》还对创业企业在公司治理、独立性、规范运作等方面,提出了一些比较严格的标准。

(1)要求发行人依法纳税,股权清晰,不存在重大偿债风险,最近三年内不存在损害投资者合法权益和社会公共利益的重大违法行为。

(2)要求发行人资产完整,业务及人员、财务、机构独立,具有完整的业务体系和直接面向市场独立经营的能力。与控股股东、实际控制人及其控制的其他企业间不存在同业竞争,以及严重影响公司独立性或者显失公允的关联交易。

(3)要求发行人具有完善的公司治理结构,会计基础工作规范,内部控制制度健全且使之有效执行,具有严格的资金管理制度,能够合理保证公司财务报告的可靠性、生产经营的合法性、营运的效率与效果。

(4)要求发行人的董事、监事和高级管理人员了解股票发行上市相关法律法规,符合法律、行政法规和规章规定的任职资格,知悉上市公司及其董事、监事和高级管理人员的法定义务和责任等。

4)在创业板发行股票的程序

(1)发行人董事会、股东会应当依法就本次股票发行的具体方案、本次募集资金使用的可行性及其他必须明确的事项作出决议。决议至少应当包括以下事项:股票的种类和数量、发行对象、价格区间或者定价方式、募集资金用途、发行前滚存利润的分配方案等。

(2)发行人应当按照中国证监会有关规定制作申请文件,由保荐人保荐并向中国证监会申报。

(3)保荐人保荐发行人发行股票并在创业板上市,保荐人应当对发行人的成长性进行尽职调查和审慎判断并出具专项意见。发行人为自主创新企业的,还应当说明发行人的自主创新能力。

(4)中国证监会收到申请文件后,在五个工作日内作出是否受理的决定。

(5)中国证监会受理发行人申请文件后,由相关职能部门对发行人的申请文件进行初审并由创业板发行审核委员会审核。

(6)中国证监会依法对发行人的发行申请作出予以核准或者不予核准的决定,并出具相关文件,发行人应当自中国证监会核准之日起6个月内发行股票,超过6个月未发行的,核准文件失效,须重新经中国证监会核准后方可发行。股票发行申请未获核准的,发行人可自中国证监会作出不予核准决定之日起,6个月后再次提出股票发行申请。

8.2 海外上市的条件及程序

近年来,虽然国家不断出台各种鼓励支持中小微企业发展的优惠政策,但长期以来困扰中小微企业融资难的问题仍没有得到根本解决。中小微企业特别是民营企业因为资产少、规模不大等原因,很难从商业银行获得贷款。自2004年以来,国内证券市场也在加快改革,并相继推出中小板和创业板。但由于国内证券市场上市时间长、容量有限、再融资难,不能满足一些企业上市融资的迫切需求,很多企业将目光投向了国际资本市场。

8.2.1 香港创业板上市条件和程序

1)中小微企业境外上市的优势

(1)相对境内上市而言,时间较短,成功率更高。

在目前A股发行上市审核制下,企业要在国内主板上市,从改制、辅导到通过中国证监会发行审核委员会的审查,再到最后的发行上市,往往需要两年左右的时间。虽然证监会正在制定各项制度,以满足更多符合要求的企业上市请求,但鉴于目前发行上市的通道制尚未完全取消,在今后一段时间内,证券公司推荐企业发行上市仍将受到数量限制,从而影响了中国企业在国内申请上市的积极性和成功率。

而中国企业到境外上市由于上市程序相对简单,准备时间较短,符合条件的拟上市公司一般都能在一年内实现挂牌交易。这非常有利于中国企业及时把握国际证券市场上的商机,在较短时间内完成融资计划,为他们的进一步发展获得必要的资金。

(2)境外上市后再融资的灵活性强。

企业境外上市股票首次发行只是上市融资的开始,而再融资是推动上市公司持续发展强有力的手段,是上市公司一项重要的制度。企业在境内上市后再融资成本相对较高、难度大,有严格的审批手续,通过审批率不高;而企业在境外上市再融资比较容易,只要企业有较好的业绩,市场能够接受,就可以多次增发股票进行再融资,融资成本比较低。因此,有的在境外上市企业通过增发新股获得的融资额,已经大大超过了企业进行首次公开发行获得的融资额,这也是一些企业选择境外上市的一个原因。

(3)提高国际声望,有利于企业的发展。

实现境外上市是企业走向国际化的重要通道,企业在国际化的技术、市场、管理和人才等方面,将得到更多合作机会。这将提高企业的知名度和影响力,对有出口业务的企业更有很大帮助,有利于企业的再融资和发展。

(4)有利于企业实施股票期权。

境外发达国家的证券市场是高度市场化的,股票的价格能反映企业业绩和价值,而且股份是全流通的。企业境外上市后,可以增发新股,也可以出售已有股份,这是企业对高管人员实施股票期权计划的前提条件。尤其在红筹股方式下,可以灵活设置公司高管人员和员工的股票期权等激励机制,对员工和管理层更具有吸引力,增强企业的凝聚力。

(5)境外证券市场交易所市场化运作。

近几年,境外一些主要交易所都实行了公司制改革,如伦敦证券交易所、新加坡交易所等都是上市公司。这些交易所在全球范围内抢夺上市资源,纷纷来国内进行推介,并免费组织企业培训。这些交易所的管理理念和服务质量促使内地更多的中小微企业赴境外上市。

2)香港创业板上市条件

在香港创业板上市一般需要满足以下条件:

(1)业务记录及盈利要求。不设最低盈利要求,但公司须有24个月从事"活跃业务记录"(如营业额、总资产或上市时市值超过5亿港元,发行人可以申请将"活跃业务记录"减至12个月)。

(2)最低市值。无具体规定,但实际上在上市时不能少于4 600万港元。

(3)最低公众持股量。3 000万港元或已发行股本的25%(如市值超过40亿港元,最低公众持股量可减至20%)。

(4)管理层、公司拥有权。在"活跃业务记录"期间,须在基本相同的管理层及拥有权下营运。

(5)信息披露。按季披露,中期报和年报中必须列示实际经营业绩与经营目标的比较。

(6)包销安排。无硬性包销规定,但如发行人要筹集新资金,新股只可以在招股章程所列的最低认购额达到时方可上市。

3)香港创业板上市流程

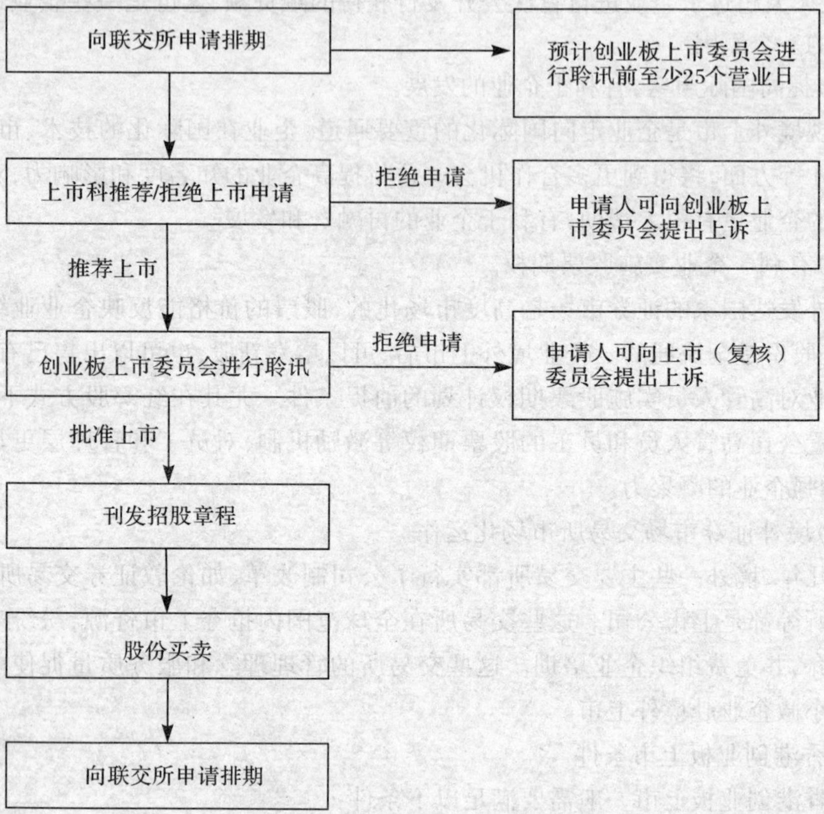

图8-2　香港创业板上市流程

8.2.2 美国纳斯达克上市条件和程序

纳斯达克(NASDAQ)是National Association of Securities Deales Automated Quotation的简称。纳斯达克上市方式和种类基本上分为五种:首次公开发行上市(IPO)、老股公开发行上市(NON-IPO)、存托凭证(ADR)、反并购(Reverse Merger)(买壳上市)以及市场价值(Market Value)。而中国公司在纳斯达克上市运作的形式主要有三种:直接上市、买壳上市、控股合并。

1)在美国纳斯达克上市条件

美国纳斯达克的上市要求分为以下三类:

	标准1	标准2	标准3
股东资产总值	1 500万美元	3 000万美元	无
市值	无	无	获7 500万美元
总资产	无	无	获7 500万美元
总收入			获7 500万美元
净收入 （最近一或两个财政年度）	100万美元	无	无
经营年限	无	2年	无
公众流通股	110万股	110万股	110万股
公众流通股市值	800万美元	1 800万美元	2 000万美元
最低股价	5美元	5美元	5美元
股东（100股以上）	400	400	400
做市商	3	3	4

2）上市流程

（1）采取直接上市方式进行纳斯达克上市运作的流程。

①申请立项。向中华人民共和国证券监督管理委员会等相关部门申请到境外上市的立项。

②提出申请。由券商律师、公司律师和公司本身加上公司的会计师做出S－1、SB－1或SB－2等表格，向美国证监会及上市所在州的证券管理部门抄送报表及相关信息，提出上市申请。

③等待答复。上述部门会在4～6个星期内给予答复，超过规定时间即认为默许答复。

④法律认可。根据中美已达成的上市备忘录，要求上市公司具备在中国有执业资格的律师事务所出具的法律意见书，这意味着上市公司必须取得国内主管部门的法律认可。

⑤招股书阶段。在这一时期公司不得向公众公开招股计划及接受媒体采访，否则董事会、券商及律师等将受到严厉惩罚，当公司在将招股书报送美国证券交易委员会后的大约两三周后，就可得到上市回复，但美国证券交易委员会的回复并不保证上市公司本身的合法性。

⑥路演与定价。在得到美国证券交易委员会上市回复后，公司就可以准备路演，进行招股宣传和定价，最终定价一般是在招股的最后一天确定，主要由券商和

公司两家商定,其根据主要是可比公司的市盈率。

⑦招股与上市。定价结束后就可向机构公开招股,几天之后股票就可以在纳斯达克市场挂牌交易。

⑧保持纳斯达克上市地位,反购并。

(2)采取买壳上市方式进行纳斯达克上市运作的流程。

①决定上市。公司决定在纳斯达克上市。决议可由股东会或董事会作出。

②制订方案。委任金融或财务顾问,制订上市计划及可操作性方案。

③审计评估。委任美方投资银行或金融服务公司,制定详细的日程表,在国内进行公司审计、评估。

④收购方案。设立离岸公司,收购空壳公司(已在纳斯达克上市的公司),通过空壳公司对本公司进行收购。

⑤合并报表。

⑥上市交易。由包销商进行私人配售或公开发行新股。

⑦保持纳斯达克上市地位,反购并。

(3)采取控股合并方式进行纳斯达克上市运作的流程。

①公司决定。公司决定在纳斯达克上市,决议可由股东会或董事会作出。

②制订方案。委任金融或财务顾问,制订上市计划及可操作性方案。

③实现控股。设立离岸公司,通过交叉持股的方式拥有公司部分国内企业的控股权。

④审计评估。委任美方投资银行或金融服务公司,制定详细作业时间表,进行国内的公司审计、评估。

⑤合并报表。通过离案公司收购目标公司(已在纳斯达克上市的公司)增发新股的方式将离岸公司拥有的国内企业部分与目标公司合并报表。

⑥上市交易。由包销商进行私人配售或公开发行新股。

⑦保持纳斯达克上市地位,反购并。

3)借壳上市程序与风险

(1)"壳公司"的来源。在场外柜台交易系统(OTCBB)市场交易的公司,除非不按期披露公司财务信息及重大事项,否则在 OTCBB 市场中一般可以长期不会出现问题。因为由于股价低于 1 美元挂牌公司,变更到 OTCBB 市场交易后,若想重回原证券市场挂牌交易,股票的市场价格须超过原挂牌交易所最低的挂牌价值。

申请回复的方式很简单,只要有证据证明股价及资产相关数据,向美国证券管理委员会及原交易所申请回复即可,如无意外,6 天内就可以回原挂牌市场交易。

有些公司被美国证券管理委员会变更交易场所后,因商誉及形象受损,业绩不佳,最后导致公司停止营业,更无法定期披露财务信息与重大信息,此类公司将一律被美国证券管理委员会贬于粉纸交易市场(Pink Sheet)列管,这就是空壳公司。依照美国证券管理委员会规定,空壳公司只要重新披露财务信息与重大事项信息,即可恢复 OTCBB 交易身份。

所以利用低廉成本借壳上市,该壳大都是指粉纸交易市场名册内的空壳公司。

(2)拟借壳上市的“壳”资源应具有的特点:

①规模不大,股价不高。这样可以降低购壳成本,容易收购成功。

②股东人数在 300 ~1 000 人。300 人以下的公众股东太少,不值得公开交易;而超过 1 000 人,新公司要与这些人联系,并递交资料报告,成本会很高。

③负债一定不能高,另外还要注意或有负债。

④业务与拟上市业务接近,结构简单。

⑤不应涉及任何法律诉讼。

(3)买壳上市操作要点:

①大股东必须取得境外身份。

②注册控股公司。大股东以境外身份,在美国纳斯达克认可的司法地区注册控股公司,用以控股境内产业。这类司法地区有:英属百慕大、开曼群岛、库克群岛、维京群岛。

③实现境外公司控股境内产业。可以采用三种方式:股权置换、现金收购净资产、合资方式。

④合并报表,将利润和业绩注入境外公司。

⑤关注中国外商投资政策。

(4)美国纳斯达克 OTCBB 借壳上市作业整个报备程序如下:

①付订金。

②公告合并意愿。

③公布股权转让,同时付清买壳公司款项。

④公布公司名称变更、营运项目更改。

⑤公布新董事会及高级管理人员名单。

⑥与做市商及投资顾问签订相关协议。

⑦护盘—卖出股票—募集资金。

借壳上市很容易引起诉讼,因为借壳上市公司为了股票交易热络,往往有意或无意地省略借壳上市的历史,根据美国法律规定,无论公司是故意或无意省略行为,都违反法律规定而引起诉讼。根据美国证券交易法规定的反欺诈条款,凡是有下列行为均被认为属欺诈行为:

①利用任何之手段、计划或方式从事欺诈;

②重要事实之不实陈述;

③重要事实之陈述省略；

④从事欺瞒或诈骗交易或营业者。

这些行为将依法承担相应的民事或刑事责任，因此在借壳上市过程中，一定要注意遵循美国法律有关规定，寻求专业财务顾问和律师的专业帮助，制订完善的借壳上市的方案，以期借壳上市顺利完成，达到境外融资的目的。

4）借壳上市和公开发行上市的比较

（1）实质。借壳上市就是一家没有上市的优势公司通过收购债权、控股、直接出资购买股票等收购手段以取得被收购方（上市公司）的所有权、经营权及上市地位。一个壳就是非活跃但其股票在市场上交易的上市公司，成为其他企业期望上市的后门或近道。

（2）手续。借壳上市手续相对简单，大致四个月就能办理完；原始股直接上市需要时间较长，通常要一年左右。同时，借壳上市不受承销商与市场状况影响。原始股上市有时因为承销商不力或市场疲软而遭遇上市困难，长时间无法上市，借壳上市无此问题。

（3）费用。借壳上市的费用比直接上市的费用低得多。通常原始股上市的前期费用至少要150万美元，借壳上市则只需支付借壳费（收购壳公司的费用）及股票推动费等其他有限开支。律师费、会计师审计费、申报费、交易所申请与挂牌费是两种上市方式都必须支付的费用，约50万至90万美元。

（4）融资额度。直接上市费用高，难度和风险都较大，但原始股上市有一定价，一旦登记与发行完成，可以获得预测的资金。借壳上市要在合并后，通过新闻发布、分析师评论及相关的炒作推动股票，筹资的额度难预料。

境外借壳上市可规避政策监控，使境内企业实现境外上市，另外还可利用避税政策，实现合理避税。

借壳上市较直接上市的主要优点有：第一，手续简单。与直接上市相比，借壳上市方式显然没有那么多复杂的上市审批程序。第二，节约时间。操作得当，借壳上市一步到位，会节省许多时间。第三，避免复杂财务、法律障碍。如果拟上市业务采用直接上市难于被市场看到，而公司又有充实的资金，那么选择借壳上市就更有优势。

第二部分

中小微企业纳税实务

第 1 章　税收基本知识

1.1 我国税收现状

1.1.1 什么是税收

1)税收概述

税收是国家为满足社会公共需要,凭借政治权力,按照法律规定,强制地、无偿地参与社会产品分配以取得财政收入的一种方式。

对税收的内涵可以从以下几个方面来理解:(1)国家征税的目的是满足社会成员获得公共产品的需要。(2)国家征税凭借的是公共权力(政治权力)。税收征收的主体只能是代表社会全体成员行使公共权力的政府,其他任何社会组织或个人是无权征税的。与公共权力相对应的必然是政府管理社会和为民众提供公共产品的义务。(3)税收是国家筹集财政收入的主要方式。(4)税收必须借助法律形式进行。

2)税收的特征

税收作为政府筹集财政收入的一种规范形式,具有区别于其他财政收入形式的特点。税收的特征可以概括为强制性、无偿性和固定性。

(1)税收的强制性。税收的强制性是指国家凭借政治权力依法强制征税,纳税人必须依法纳税,否则就要受到法律的制裁。这种法律规范对双方当事人都具有法律上的约束力,任何一方违反税法都要受到法律的制裁。

(2)税收的无偿性。税收的无偿性是指国家征税不支付任何报酬和代价,征收后税款即为国家所有,不再直接归还给纳税人。征税的过程,就是将纳税人所有的部分财产转移给国家所有,形成国家的财政收入,国家不再把这部分财产直接返还给原纳税人。税收的无偿性是由税收的本质决定的,只有无偿征税,税收才能实现其分配的职能。但是,税收对全体纳税人而言又是有偿的。因为国家征税后,利用税款来提供公共产品和服务,而公共产品和服务是由社会全体成员共同享用的,按照“谁受益谁负担”的原则,其成本应由全体成员来补偿,而能使全体成员都参与补偿的形式就只有税收了。即税收的性质是“取之于民,用之于民”。

(3)税收的固定性。税收的固定性是指国家在征税之前,通过法律的形式,预先规定了每个税种的纳税人、征税对象、征收比例及违法处罚标准等基本内容，由税务机关和纳税人共同遵守。纳税人必须依照税法及时足额纳税，税务机关也要按照预定标准进行征税，而不能随意地不征、少征或多征。

税收的固定性包括两层含义：①税收征收总量的有限性。由于预先规定了征税的标准，政府在一定时期内的征税数量就要以此为限，从而保证税收在国民经济总量中的适当比例。②税收征收具体操作的确定性。即税法确定了课税对象及征收比例或数额，具有相对稳定、连续的特点。既要求纳税人必须按税法规定的标准缴纳税额，也要求税务机关只能按税法规定的标准对纳税人征税，不能任意降低或提高。

税收的固定性是财政收入稳定性的客观要求。由于国家所需要的财政收入基本固定，所以作为财政收入最主要来源的税收也应当具有稳定性。需要说明的是，税收的固定性是相对于某一时期而言的，并非永远固定不变。随着客观情况的变化，征税对象、征税标准等也要依照合法程序进行适当的调整。

税收的三个特征是统一的整体，相互联系，缺一不可。无偿性是税收这种特殊分配手段本质的体现，强制性是实现税收无偿征收的保证，固定性是无偿性和强制性的必然要求。三者相互配合，保证了政府财政收入的稳定。

1.1.2 目前我国开征了哪些税

我国现行的税法构成体系是在原有税收的基础上，经过 1994 年工商税制的全面改革逐渐完善形成的多税种、多环节、多层次的复税制体系。目前我国税收分为流转税、所得税、资源税、财产税、行为税、其他税六大类。

具体税种有：增值税、消费税、营业税、车辆购置税、关税、企业所得税、个人所得税、土地增值税、资源税、房产税、城镇土地使用税、耕地占用税、车船税、船舶吨税、契税、印花税、城市维护建设税、烟叶税，共 18 种税。其中，个人所得税、企业所得税是全国人大立法征收的税。

1.1.3 小微企业一般需要交哪些税

对于小微企业，由于所处的行业不同，其应交的税也不相同，具体如下：

(1)在我国境内销售货物或提供加工、修理修配劳务及进口货物的小微企业需要缴纳增值税。

(2)在我国境内生产或销售、委托加工和进口应税消费品的小微企业需要缴纳消费税。

(3)有偿提供应税劳务(包括交通运输业、建筑业、金融保险业等 7 个税目)、转让无形资产和销售不动产的小微企业需要缴纳营业税。

(4)在我国境内的一切小微企业，就其生产经营所得和其他所得依法需要缴纳企业所得税。

(5)小微企业的个人(自然人)取得的各项应税所得(包括个人的工资、薪金所得,个体工商户的生产、经营所得等11个应税项目)需要缴纳个人所得税。

(6)在我国境内开采应征资源税矿产品和生产盐的小微企业,就其应税数量需要缴纳资源税。

(7)在城市、县城、建制镇和工矿区范围内占用土地的小微企业需要缴纳城镇土地使用税。

(8)在我国境内转让国有土地使用权、地上建筑物(包括地上、地下的各种附属设施)及其附着物并取得收入的小微企业,需要缴纳土地增值税。

(9)小微企业在城市、县城、建制镇和工矿区范围内拥有、经营管理、承典、使用房屋的,需要按房产原值一次减除10%～30%后的余值或租金收入缴纳房产税。

(10)小微企业在实际缴纳增值税、消费税和营业税税额时需要缴纳城市维护建设税和教育费附加。

(11)购置汽车、摩托车、电车、挂车、农用运输车等应税车辆的小微企业需要缴纳车辆购置税。

(12)拥有和管理在我国境内依法应当到车船管理部门登记的车辆的小微企业需要缴纳车船税。

(13)小微企业在经济活动和经济交往中书立、领受应税经济凭证需要缴纳印花税。

(14)小微企业在我国境内转移土地、房屋权属时需要缴纳契税。

(15)对在我国境内占用耕地建房或从事非农业建设的小微企业,就其实际占用的耕地面积需要缴纳耕地占用税。

(16)小微企业在收购烟叶(包括晾晒烟叶、烤烟叶)时,要按照收购金额的一定比率缴纳烟叶税。

(17)小微企业进出境的货物和物品需要缴纳关税。

(18)对于中外合营的小微企业使用的中外籍船舶(包括在港内行驶的上述船舶)需要缴纳船舶吨税。

1.1.4 您的税要交给不同的税务机关

目前我国的18个税种中,15个由税务部门负责征收。关税和船舶吨税由海关部门征收,进口货物的增值税、消费税由海关部门代征。

表1－1　　小微企业税款缴纳的税务机关

所属税务机关	缴纳税种
国家税务局	增值税；消费税；车辆购置税
地方税务局	营业税；个人所得税；地方企业所得税；资源税；房产税；城镇土地使用税；耕地占用税；车船税；城市维护建设税；印花税；契税；土地增值税

1.2 税收的一般术语

1.2.1 什么是纳税人

纳税人也称纳税义务人，即纳税主体，是指税法规定的直接负有纳税义务的单位和个人。它主要解决向谁征税或谁有义务纳税的问题。通俗地讲，谁有义务向国家缴纳税款，谁就是纳税人。

纳税人分为自然人和法人两类。自然人，是指依法享有民事权利和承担民事义务的个人，包括本国公民和居住在本国的外国公民。不具备法人资格的独资企业和合伙企业也属于自然人。法人是自然人的对称，是指按照法定程序设立，有一定的组织机构和独立支配财产，并能以自己的名义享有民事权利和承担民事义务的组织。法人负有依法向国家纳税的义务。

与纳税人相关的概念有负税人、扣缴义务人、代征人等。

1）负税人

负税人，是指实际或最终负担税款的单位和个人。纳税人与负税人是两个不同的概念，两者有时一致，有时不一致。如果纳税人能够通过一定途径把将要缴纳的税款转嫁出去，纳税人就不再是负税人。纳税人与负税人不一致的情况经常发生。

纳税人是税法明确规定的，而负税人的确定是一个复杂的经济过程，税法上不便也难以规定。

2）扣缴义务人

扣缴义务人，是指税法中规定的负有代扣代缴税款义务的单位和个人。对税法规定的扣缴义务人，税务机关应当向其颁发代扣代缴证书，明确其扣缴义务；扣缴义务人应当按照规定代扣代缴，并在规定期限内按期足额地缴库。规定扣缴义务人，有利于加强税收的源泉控制，简化纳税手续和环节，减少税款流失，保证国家财政收入。

3）代征人

代征人，是指受税务机关委托，代为收缴税款的单位和个人。税务机关为征收方便，可以委托有关单位和个人代征少数零星的税款并发给委托代征证书。规定代征人，既方便了纳税人缴纳税款，也保证了税款征收的实现，强化了税收征管。

1.2.2 什么是征税对象

征税对象也称课税对象或征税客体，是指对什么征税。这里的“什么”就是征税对象，即征税的目的物。例如，消费税是对消费品征税，“什么”即消费品，因此，消费品就为消费税的征税对象。征税对象规定了每一种税的征税界限，是一种税区别于另一种税的主要标志。它是税法的基本要素之一，体现了征税的广度。通常征税对象主要是所得、商品、财产及行为等。

与征税对象相关的概念有税目、计税依据和税源等。

1）税目

税目也称课税品目或征税品目，是税法规定的征税对象的具体项目，即征税对象的具体化，反映了具体的征税范围，体现了征税的广度。

2）计税依据

计税依据是指税法规定的据以计算应纳税额的依据和标准，也是计算应纳税额的基数。

3）税源

税源是税收的经济来源，是各种税收收入的最终出处。

1.2.3 税率是怎么回事

税率，是指税法规定的应纳税额与征税对象数量之间的比例。它是计算应纳税额的尺度，体现了征税的深度。税率的设计，直接反映了国家的有关经济政策，直接关系到国家的财政收入的多少和纳税人税收负担的轻重。由于税率直接反映了国家与纳税人之间的利益分配关系，因此，税率是税法的核心要素，是衡量纳税人税收负担是否适当的标志。

在实际运用中，税率有比例税率、累进税率和定额税率三种基本形式。

1）比例税率

比例税率，是指对同一征税对象不论数额大小，只规定一个百分比的税率。它不因征税对象数额的变化而变化，一般适用于对流转额的征税。如建筑业营业税的税率为3%，即不管纳税人的营业额是多少，征收比例都为3%，这里的3%即为比例税率。

比例税率在具体运用中，又分为单一比例税率、差别比例税率和幅度比例税率。

2)累进税率

累进税率,是指对同一征税对象,随着数额的增加,征收比例也随之提高的税率。即把征税对象的数额按一定标准划分若干等级,对每个等级由低到高规定相应的比例税率,征税对象数额越大税率越高,征税对象数额越小税率越低。累进税率一般适用于对所得额的征税。累进税率按照累进方式不同可分为全额累进税率和超额累进税率、超率累进税率。

(1)全额累进税率,是指对征税对象的全部都按其相应等级的税率计算征税。当征税对象数额提高一个级距时,对征税对象全额都按提高一级的税率征税。全额累进税率的税款计算相对简单,但税负随征税对象加大而急剧增加,目前基本上不再被采用。

(2)超额累进税率,是指把征税对象的数额划分为若干等级,对每个等级规定相应的税率,分别计算税额。当征税对象超过一个级距时,仅就超过的部分按高一级的税率征税。超额累进税率的税负趋向合理,但税款计算较复杂。我国目前个人所得税采用超额累进税率。

(3)超率累进税率,与超额累进税率的原理相同,只是税率累进的依据不是征税对象的数额,而是征税对象的某种比例。因为其计算更加复杂,所以实际运用的较少。我国目前只有土地增值税采用超率累进税率。

3)定额税率

定额税率,是指按征税对象的一定数量直接规定一个固定的征税数额,也称固定税额。它不是按照征税对象规定征税比例,而是按照征税对象的计量单位规定固定税额,一般适用于从量计征的税种。定额税率在具体运用中,又分为地区差别定额税率、幅度定额税率和分类分级定额税率。

(1)地区差别定额税率,是指对同一征税对象按不同地区分别规定不同的单位税额。

(2)幅度定额税率,是指对同一征税对象,由税法统一规定一个税率幅度,由各地区在此税额幅度内规定本地区具体适用税额。

(3)分类分级定额税率,是指按照征税对象的不同种类和不同级别分别规定不同的征税数额。

税率除了以上三种基本形式外,还有边际税率和平均税率、名义税率和实际税率、加成、加倍等辅助形式。

1.2.4 税和费不是一回事

与税收规范筹集财政收入的形式不同,费是政府有关部门为单位和居民个人提供特定的服务,或赋予某种权利而向直接受益者收取的代价。税和费的区别主要表现在以下几个方面：

1）主体不同

税收的主体是国家，税收管理的主体是代表国家的税务机关、海关或财政部门；而费的收取主体多是行政事业单位、行业主管部门等。

2）特征不同

税收具有无偿性，纳税人缴纳的税收与国家提供的公共产品和服务之间不具有对称性；费则通常具有补偿性，主要用于成本补偿的需要，特定的费与特定的服务往往具有对称性。税收具有稳定性，而费则具有灵活性。税法一经制定，对全国具有统一效力，并相对稳定；费的收取一般由不同部门、不同地区根据实际情况灵活确定。

3）用途不同

税收收入由国家预算统一安排使用，用于社会公共需要支出，而费一般具有专款专用的性质。

1.2.5 应该了解的其他一些税收术语

1）纳税期限

纳税期限，是指税法规定纳税人发生纳税义务后向国家缴纳税款的期限。

与纳税期限相关的概念有纳税义务发生时间、纳税计算期、税款缴库期等。

（1）纳税义务发生时间，是指纳税人发生应税行为，应当承担纳税义务的起始时间。只有确定了纳税义务发生时间，才能明确纳税人纳税的期限。

（2）纳税计算期，是指税法规定的纳税人计算应纳税额的间隔期，包括按期纳税和按次纳税。按期纳税，是以纳税人发生纳税义务的一定时间期限为一个纳税期。如营业税的纳税期限分别为 5 日、10 日、15 日、1 个月或者 1 个季度；企业所得税按年计征，按月或按季预缴。按次纳税，是以纳税人从事生产、经营活动的次数作为纳税计算期。对不经常发生纳税义务的纳税人或纳税人不经常发生的某些纳税义务，一般实行按次纳税。

（3）税款缴库期，是指纳税计算期期满后，纳税人报缴税款的法定期限。如营业税中规定，纳税人以 1 个月或者 1 个季度为一个纳税期的，自期满之日起 15 日内申报纳税；以 5 日、10 日或者 15 日为一个纳税期的，自期满之日起 5 日内预缴税款，于次月 1 日起 15 日内申报纳税并结清上月应纳税款。

2）纳税环节

纳税环节，是指按照税法规定，征税对象从生产到消费的流转过程中应当缴纳税款的环节。

纳税环节是商品在交易过程中缴纳税款的重要环节，任何税种都要确定纳税环节,否则就无法征收税款。按照纳税环节的不同,可以划分为一次课征制和多次课征制。只对商品流转过程中的一个环节征税,称为一次课征制;在商品流转过程中的多个环节征税,称为多次课征制。

3)税收减免

税收减免,是指税法规定的对经营活动中的某些特殊情况给予减轻或免除税收负担的一种特殊规定。减税是对应纳税额少征一部分税款;免税是对应纳税额全部免征。设置减税免税,可以把税收的统一性和灵活性结合起来,体现因地制宜和因事制宜的原则,更好地贯彻税收政策。

减税免税的基本形式包括税基式减免、税率式减免和税额式减免。

(1)税基式减免,是通过直接缩小计税依据的方式来实现减免税的。具体包括起征点、免征额、项目扣除和跨期结转等形式。

①起征点,是指征税对象达到一定数额开始征税的起点。征税对象数额没达到起征点的不征税,达到起征点的就全部数额征税。起征点是对纳税能力小的纳税人给予的照顾。

②免征额,是指在征税对象全部数额中免于征税的数额。它是按照一定标准从征税对象全部数额中预先扣除的数额,免征额部分不征税,只对超过免征额部分征税。免征额是对所有纳税人的优惠。

③项目扣除,是指从征税对象中扣除一定项目的数额。

④跨期结转,是指将以前纳税年度的经营亏损在本纳税年度经营利润中扣除。

(2)税率式减免,是直接通过降低税率的方式实现减免税的。具体包括重新确定税率、选择其他低税率、零税率等。

(3)税额式减免,是指直接通过减少应纳税额的方式实现减免税。具体包括全部免征、减半征税、核定减征率、核定减征额等。

4)违章处理

违章处理,是对纳税人违反税收法律法规行为所采取的惩罚措施。它是税收强制性在税收制度中的具体体现,也是维护国家税法严肃性的一种必要措施。税收违章行为主要包括纳税人违反《中华人民共和国税收征收管理法》(以下简称《税收征管法》)的有关规定及欠税、偷税、抗税及骗税等行为。

1.3 税法实施主体的权利、义务

1.3.1 税务机关在征税过程中的职权有哪些

按照《税收征管法》的有关规定,可以将税务机关的职权归纳如下:

1)税务管理权

税务机关在征收管理中依法对征纳过程进行基础性管理的权力是税务管理权。它主要包括税务登记、账簿凭证管理及纳税申报等。

2)税收征收权

税务机关凭借国家赋予的权力,以国家的名义,依照法律、行政法规向纳税人征收税款的权力是税款征收权。它是税务机关最基本的权力,主要包括税款的核定及入库等。税务机关在行使其权力的过程中,还可以采取税收保全、强制执行、税收优先及税款追征等措施。

3)税务检查权

税务机关依法对纳税主体履行纳税义务、遵守税法情况进行检查监督的权力是税务检查权。它主要包括查账权、场地检查权、责成提供资料权、询问权、查证权和查核存款账户权等。

4)税务行政处罚权

税务机关依法对纳税主体的税收违法行为进行处罚的权力是税务行政处罚权。它包括有权对违反税法的纳税人采取行政强制措施,以及对情节严重、触犯刑律的,移送有权机关依法追究其刑事责任。

5)税收行政立法权

被授权的税务机关有权在授权范围内依照一定程序制定税收行政规章及其他规范性文件,作出行政解释等。

6)代位权和撤销权

为了保证税务机关及时、足额追回由于债务关系造成的,过去难以征收的税款,税务机关可以在特定情况下依法行使代位权和撤销权。

1.3.2 税务机关在征税过程中应履行一定的义务

1)依法征税的义务

税务机关必须依法征收税款,加收滞纳金和减免退税。不得违反法律、法规的规定开征、停征、多征或者少征税款;依法办理减、免、退税申请及延期纳税的申请,对多征税款应及时退还;依法采取税收保全、强制执行措施等。

2)提供服务的义务

税务机关应当向纳税人宣传税收法律,普及纳税知识,为纳税人提供必要的信息资料和纳税咨询服务,辅导纳税人依法纳税。

3)保守秘密的义务

税务机关不得侵犯纳税主体的隐私权或商业秘密,除为了税收执法的需要外,税务机关不得披露纳税主体的有关信息;对检举违反税法行为的检举人,税务机关应当为其保密,并按照规定给予奖励。

4)保护纳税人合法权益的义务

税务机关、税务人员必须秉公执法,忠于职守,清正廉洁,礼貌待人,文明服务,尊重和保护纳税人、扣缴义务人的权利;不得索贿受贿、徇私舞弊、玩忽职守、不征或者少征应征税款;不得滥用职权多征税款或者故意刁难纳税人和扣缴义务人。

5)依法告知义务

税务机关应依法进行催告或告知,以使纳税人知道其纳税义务的存在和不履行纳税义务将受到处罚,在处罚违法纳税人时,也应告知其享有的各项权利。

6)举行听证的义务

纳税人对符合听证条件的税务行政处罚,要求听证的,税务机关必须依法组织听证,且不得向听证当事人收取或变相收取任何费用。

7)受理税务行政复议的义务

对纳税人提出的税务行政复议申请,税务机关应在规定的时间内受理、审理并作出裁定、决定。

8)受理行政赔偿申请的义务

对纳税人提出的税务行政赔偿,税务机关应在规定的时间内作出决定。应予赔偿的,要在规定的时间予以赔偿。

1.3.3 小企业在纳税过程中同样享有一定的权利

1)知情权

纳税人有权向税务机关了解国家税收法律、行政法规的规定以及与纳税程序有关的情况,包括:现行税收法律、行政法规和税收政策的规定;办理税收事项的时间、方式、步骤以及需要提交的资料;应纳税额核定及其他税务行政处理决定的法律依据、事实依据和计算方法;与税务机关在纳税、处罚和采取强制执行措施时发生争议或纠纷时,纳税人可以采取的法律救济途径及需要满足的条件。

2)保密权

纳税人有权要求税务机关依法为其商业秘密和个人隐私保密,主要包括纳税人的技术信息、经营信息、主要投资人以及经营者不愿公开的个人事项。上述事项,如无法律、行政法规明确规定或者纳税人的许可,税务机关将不会对外部门、社会公众和其他个人提供。但根据法律规定,税收违法行为信息不属于保密范围。

3)税收监督权

纳税人对税务机关违反税收法律、行政法规的行为,如税务人员索贿受贿、徇私舞弊、玩忽职守,不征或者少征应征税款,滥用职权多征税款或者故意刁难等违法行为,可以进行检举和控告。同时,对其他纳税人的税收违法行为也有权进行检举。

4)纳税申报方式选择权

纳税人可以直接到办税服务厅办理纳税申报或者报送代扣代缴、代收代缴税款报告表,也可以按照规定采取邮寄、数据电文或者其他方式办理上述申报、报送事项。但采取邮寄或数据电文方式办理上述申报、报送事项的,须经主管税务机关批准。

5)申请延期申报权

纳税人如不能按期办理纳税申报或者报送代扣代缴、代收代缴税款报告表,应当在规定的期限内向税务机关提出书面延期申请,经核准,可在核准的期限内办理。经核准延期办理申报、报送事项的,应当在税法规定的纳税期内按照上期实际缴纳的税额或者税务机关核定的税额预缴税款,并在核准的延期内办理税款结算。

6)申请延期缴纳税款权

纳税人因有特殊困难,不能按期缴纳税款的,经省、自治区、直辖市国家税务局、地方税务局批准,可以延期缴纳税款,但是最长不得超过3个月。计划单列市国家税务局、地方税务局可以参照省级税务机关的批准权限,审批纳税人的延期缴纳税款申请。

纳税人满足以下任何一个条件,均可以申请延期缴纳税款:一是因不可抗力,导致纳税人发生较大损失,正常生产经营活动受到较大影响的;二是当期货币资金在扣除应付职工工资、社会保险费后,不足以缴纳税款的。

7)申请退还多缴税款权

对纳税人超过应纳税额缴纳的税款,税务机关发现后,应自发现之日起10日内办理退还手续;如纳税人自结算缴纳税款之日起3年内发现的,可以向税务机关要求退还多缴的税款并加算银行同期存款利息。税务机关应自接到纳税人退还申请之日起30日内查实并办理退还手续;涉及从国库中退库的,依照法律、行政法规有关国库管理的规定退还。

8)依法享受税收优惠权

纳税人可以依照法律、行政法规的规定书面申请减税、免税。减税、免税的申请须经法律、行政法规规定的减税、免税审查批准机关审批。减税、免税期满,应当自期满次日起恢复纳税。减税、免税条件发生变化的,应当自发生变化之日起15日内向税务机关报告;不再符合减税、免税条件的,应当依法履行纳税义务。

如纳税人享受的税收优惠需要备案的,应当按照税收法律、行政法规和有关政策规定,及时办理事前或事后备案。

9)委托税务代理权

纳税人有权就以下事项委托税务代理人代为办理:办理、变更或者注销税务登记、除增值税专用发票外的发票领购手续、纳税申报或扣缴税款报告、税款缴纳和申请退税、制作涉税文书、审查纳税情况、建账建制、办理财务、税务咨询、申请税务行政复议、提起税务行政诉讼以及国家税务总局规定的其他业务。

10)陈述与申辩权

纳税人对税务机关作出的决定,享有陈述权、申辩权。如果纳税人有充分的证据证明自己的行为合法,税务机关就不得对纳税人实施行政处罚;即使纳税人的陈述或申辩不充分合理,税务机关也应向纳税人解释实施行政处罚的原因。纳税人不应因申辩而加重处罚。

11)对未出示税务检查证和税务检查通知书的税务检查的拒绝检查权

税务机关派出的人员进行税务检查时,应当向纳税人出示税务检查证和税务检查通知书;对未出示税务检查证和税务检查通知书的,纳税人有权拒绝检查。

12)税收法律救济权

纳税人对税务机关作出的决定,依法享有申请行政复议、提起行政诉讼、请求国家赔偿等权利。

纳税人、纳税担保人同税务机关在纳税上发生争议时,必须先依照税务机关的纳税决定缴纳或者解缴税款及滞纳金或者提供相应的担保,然后可以依法申请行政复议;对行政复议决定不服的,可以依法向人民法院起诉。如纳税人对税务机关的处罚决定、强制执行措施或者税收保全措施不服的,可以依法申请行政复议,也可以依法向人民法院起诉。

当税务机关的职务违法行为给纳税人和其他税务当事人的合法权益造成侵害时,纳税人和其他税务当事人可以要求税务行政赔偿。

13)依法要求听证的权利

对纳税人作出规定金额以上罚款的行政处罚之前,税务机关应向纳税人送达《税务行政处罚事项告知书》,告知纳税人已经查明的违法事实、证据、行政处罚的法律依据和拟将给予的行政处罚。对此,纳税人有权要求举行听证。税务机关应当应纳税人的要求组织听证。如纳税人认为税务机关指定的听证主持人与本案有直接利害关系,纳税人有权申请主持人回避。

对应当进行听证的案件,税务机关不组织听证,行政处罚决定不能成立。但纳税人放弃听证权利或者被正当取消听证权利的除外。

14)索取有关税收凭证的权利

税务机关征收税款时,必须给纳税人开具完税凭证。扣缴义务人代扣、代收税款时,纳税人要求扣缴义务人开具代扣、代收税款凭证时,扣缴义务人应当开具。

税务机关扣押商品、货物或者其他财产时,必须开付收据;查封商品、货物或者其他财产时,必须开付清单。

1.3.4 小企业在纳税过程中需要履行的义务有哪些

依照宪法、税收法律和行政法规的规定，纳税人在纳税过程中负有以下义务：

1）依法进行税务登记的义务

纳税人应当自领取营业执照之日起30日内，持有关证件，向税务机关申报办理税务登记。税务登记主要包括领取营业执照后的设立登记，税务登记内容发生变化后的变更登记，依法申请停业、复业登记，依法终止纳税义务的注销登记等。

在各类税务登记管理中，纳税人应该根据税务机关的规定分别提交相关资料，及时办理。同时，纳税人应当按照税务机关的规定使用税务登记证件。税务登记证件不得转借、涂改、损毁、买卖或者伪造。

2）依法设置账簿、保管账簿和有关资料以及依法开具、使用、取得和保管发票的义务

纳税人应当按照有关法律、行政法规和国务院财政、税务主管部门的规定设置账簿，根据合法、有效的凭证记账，进行核算；从事生产、经营的，必须按照国务院财政、税务主管部门规定的保管期限保管账簿、记账凭证、完税凭证及其他有关资料；账簿、记账凭证、完税凭证及其他有关资料不得伪造、变造或者擅自损毁。

此外，纳税人在购销商品、提供或者接受经营服务以及从事其他经营活动中，应当依法开具、使用、取得和保管发票。

3）财务会计制度和会计核算软件备案的义务

纳税人的财务、会计制度或者财务、会计处理办法和会计核算软件，应当报送税务机关备案。纳税人的财务、会计制度或者财务、会计处理办法与国务院或者国务院财政、税务主管部门有关税收的规定抵触的，应依照国务院或者国务院财政、税务主管部门有关税收的规定计算应纳税款、代扣代缴和代收代缴税款。

4）按照规定安装、使用税控装置的义务

国家根据税收征收管理的需要，积极推广使用税控装置。纳税人应当按照规定安装、使用税控装置，不得损毁或者擅自改动税控装置。如纳税人未按规定安装、使用税控装置，或者损毁或擅自改动税控装置的，税务机关将责令纳税人限期改正，并可根据情节轻重处规定数额内的罚款。

5）按时、如实申报的义务

纳税人必须依照法律、行政法规规定或者税务机关依照法律、行政法规的规定确定的申报期限、申报内容如实办理纳税申报，报送纳税申报表、财务会计报表以及税务机关根据实际需要要求纳税人报送的其他纳税资料。

作为扣缴义务人，纳税人必须依照法律、行政法规规定或者税务机关依照法律、行政法规的规定确定的申报期限、申报内容如实报送代扣代缴、代收代缴税款

报告表以及税务机关根据实际需要要求纳税人报送的其他有关资料。

纳税人即使在纳税期内没有应纳税款,也应当按照规定办理纳税申报。享受减税、免税待遇的,在减税、免税期间应当按照规定办理纳税申报。

6)按时缴纳税款的义务

纳税人应当按照法律、行政法规规定或者税务机关依照法律、行政法规的规定确定的期限,缴纳或者解缴税款。

未按照规定期限缴纳税款或者未按照规定期限解缴税款的,税务机关除责令限期缴纳外,从滞纳税款之日起,按日加收滞纳税款万分之五的滞纳金。

7)代扣、代收税款的义务

如纳税人按照法律、行政法规规定负有代扣代缴、代收代缴税款义务,必须依照法律、行政法规的规定履行代扣、代收税款的义务。纳税人依法履行代扣、代收税款义务时,纳税人不得拒绝。纳税人拒绝的,纳税人应当及时报告税务机关处理。

8)接受依法检查的义务

纳税人有接受税务机关依法进行税务检查的义务,应主动配合税务机关按法定程序进行税务检查,如实地向税务机关反映自己的生产经营情况和执行财务制度的情况,并按有关规定提供报表和资料,不得隐瞒和弄虚作假,不能阻挠、刁难税务机关的检查和监督。

9)及时提供信息的义务

纳税人除通过税务登记和纳税申报向税务机关提供与纳税有关的信息外,还应及时提供其他信息。如纳税人有歇业、经营情况变化、遭受各种灾害等特殊情况的,应及时向税务机关说明,以便税务机关依法妥善处理。

10)报告其他涉税信息的义务

为了保障国家税收能够及时、足额征收入库,税收法律还规定了纳税人有义务向税务机关报告如下涉税信息:

(1)纳税人有义务就其与关联企业之间的业务往来,向当地税务机关提供有关的价格、费用标准等资料。

纳税人有欠税情形而以财产设定抵押、质押的,应当向抵押权人、质权人说明自己的欠税情况。

(2)企业合并、分立的报告义务。纳税人有合并、分立情形的,应当向税务机关报告,并依法缴清税款。合并时未缴清税款的,应当由合并后的纳税人继续履行未履行的纳税义务;分立时未缴清税款的,分立后的纳税人对未履行的纳税义务应当承担连带责任。

(3)报告全部账号的义务。如纳税人从事生产、经营,应当按照国家有关规定,持税务登记证件,在银行或者其他金融机构开立基本存款账户和其他存款账户,并自开立基本存款账户或者其他存款账户之日起15日内,向纳税人的主管税务机关书面报告全部账号;发生变化的,应当自变化之日起15日内,向纳税人的主管税务机关书面报告。

(4)处分大额财产报告的义务。如纳税人的欠缴税款数额在5万元以上,纳税人在处分不动产或者大额资产之前,应当向税务机关报告。

1.4 与税务机关产生纳税争议时的法律救济途径

税务救济是税务行政救济的简称,是国家机关为排除税务具体行政行为对税收相对人的合法权益的侵害,通过解决税收争议,制止和矫正违法或不当的税收行政侵权行为,从而使税收相对人的合法权益获得补救的法律制度。

1.4.1 税务行政复议:税务机关的救济

税务行政复议,是指纳税人和其他当事人认为税务机关的具体行政行为侵犯其合法权益,依法向其上一级税务机关或法律规定的税务机关提出税务行政复议申请,由受理税务行政复议申请的行政复议机关对原具体行政行为依法进行审查并作出行政复议决定的法律制度。

为了防止和纠正违法或者不当的具体行政行为,保护公民、法人和其他组织的合法权益,保障和监督行政机关依法行使职权,1999年4月第九届全国人大常委会第九次会议通过了《中华人民共和国行政复议法》(以下简称《行政复议法》),自1999年10月1日起施行。这是税务行政复议活动的主要法律依据。《税收征管法》及其实施细则也对解决征税、强制执行措施、税务行政处罚等方面争议的行政复议作出了明确规定。2004年2月,国家税务总局公布了《税务行政复议规则(暂行)》,对税务行政复议的有关具体问题作出了进一步的规定。2009年12月,国家税务总局审议通过了新的《税务行政复议规则》,自2010年4月1日起施行。这是我国目前规范税务行政复议制度的主体规范性文件。

1)税务行政复议的范围

纳税人和当事人并不是对税务机关作出的所有行政行为都可以申请复议的。那么,可以对哪些税务机关具体行政行为提出复议申请呢?根据现行法律的规定,有如下几种:①税务机关作出的征税行为,包括:确认纳税主体、征税对象、征税范围、减税、免税、退税、抵扣税款、适用税率、计税依据、纳税环节、纳税期限、纳税地点和税款征收方式等具体行政行为;征收税款、加收滞纳金;扣缴义务人、受税务机关委托征收的单位和个人作出的代扣代缴、代收代缴、代征行为等。②行政许可、行政审批许可。③发票管理行为,包括发售、收缴、代开发票等。④税收保全措施,包括:书面通知银行或者其他金融机构暂停支付存款;扣押、查封商品、货物或其他财产。⑤税收强制执行措施,包括:书面通知银行或其他金融机构扣缴税款;拍卖所扣押、查封的商品、货物或者其他财产以抵缴税款。⑥行政处罚行为:罚款;没收财物和违法所得;停止出口退税权。⑦不依法履行下列职责的行为:颁发税务登记;开具、出具完税凭证、外出经营活动税收管理证明;行政赔偿;行政奖励;其他不依法履行职责的行为。⑧资格认定行为。⑨不依法确认纳税担保行为。⑩政府信息公开工作中的具体行政行为和纳税信用等级评定行为。

2)发生税务行政复议时应向哪个部门申请复议

发生税务行政复议时,当事人应向作出具体税务行政行为的上一级税务机关申请复议。可以作出具体税务行政行为的税务机关有税务所、县以上税务局(分局)、市税务局、省税务局。因此应向其相应的上一级税务机关,依次分别为县以上税务局(分局)、市税务局、省税务局、国家税务总局申请复议。按照现行税务部门管理权限规定,在上述各级税务机关(税务所除外)都成立相应的复议委员会,但该委员会是临时设置机构,日常工作由其办公室负责,一般税务行政复议办公室设在法规处或征管处(科),因此要申请复议时,可以向其上一级税务机关的征管部门提出复议。

3)税务行政复议的申请条件及时间

具体规定:①纳税人、扣缴义务人及纳税担保人和其他当事人同税务机关在纳税(包括税务机关不予审批减免税或者出口退税、不予抵扣税款、不予退还税款)问题上发生争议时,必须先依照税务机关的纳税决定缴纳或者解缴税款及滞纳金或者提供相应的担保,所提供的担保得到作出具体行政行为的税务机关确认,在知道税务机关作出具体行政行为之日起 60 日内提出行政复议申请;②纳税人、扣缴义务人及纳税担保人和其他当事人对税务机关作出的行政许可行为、行政审批行为、发票管理行为、税收保全措施、强制执行措施、行政处罚行为、不依法履行职责的行为、资格认定行为、不依法确认纳税担保行为、政府信息公开工作中的具体行政行为、纳税信用等级评定行为、通知出入境管理机关阻止出境行为以及其他具体行政行为不服的,在知道税务机关作出上述具体行政行为之日起 60 日内提出行政复议申请。

因不可抗力或者被申请人设置障碍等其他正当理由耽误法定申请期限的,申请期限自障碍消除之日起继续计算。

4)税务行政复议管辖和审理时限

复议机关收到行政复议申请后,应当在 5 日内进行审查,对不符合规定的行政复议申请,决定不予受理,并书面告知申请人。

对符合规定的行政复议申请,自复议机关法制工作机构收到之日起即为受理;

受理行政复议申请,应书面告知申请人。

对符合规定,但是不属于本机关受理的行政复议申请,应当告知申请人向有关行政复议机关提出申请。

复议机关应当自受理申请之日起60 日内作出行政复议决定。情况复杂,不能在规定期限内作出行政复议决定的,经复议机关负责人批准,可以适当延长,并告知申请人和被申请人;延长期限最多不超过30 日。

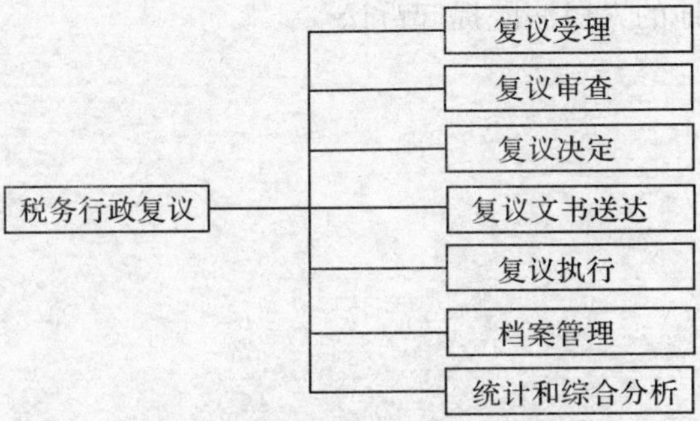

图1-1　税务行政复议受理程序

1.4.2 税务行政诉讼:司法机关的救济

税务行政诉讼,是指纳税人、扣缴义务人、纳税担保人或其他当事人认为税务机关的具体行政行为违法或者不当,侵犯了其合法权益,或者对税务行政复议机关的复议决定不服,请求人民法院对税务机关的具体行政行为或者复议决定的合法性和适当性进行审理裁判的诉讼活动。

1)税务行政诉讼的范围

(1)对税务机关作出的处罚决定不服的;

(2)对税务机关作出的税收保全措施不服的;

(3)对税务机关作出的税收强制执行措施不服的;

(4)对税务机关作出的通知出境管理机关阻止出境不服的;

(5)对税务机关不予依法办理或答复的行为;

(6)认为税务机关违法要求履行义务的;

(7)对税务机关作出的征税行为发生争议,经税务复议机关复议,对复议决定不服的;

(8)对税务机关作出的除征税以外的其他具体行政行为不服的。

2)税务行政诉讼管辖和申请时限

(1)对税务机关作出的具体行政行为不服的,纳税人可以在知道税务机关作出具体行政行为之日起3个月内，向该税务机关所在地的人民法院提起诉讼。

（2）经过税务行政复议，复议机关未改变原税务机关的具体行政行为，纳税人对税务行政复议决定不服的，可在收到复议决定书之日起15日内向原税务机关所在地的人民法院提起诉讼。

（3）经过税务行政复议，复议机关改变了原税务机关的具体行政行为，纳税人对税务行政复议决定不服的，可在收到复议决定书之日起15日内向原税务机关或税务复议机关所在地的人民法院提起诉讼。

第2章　小企业必知的办税流程

2.1 给纳税人报户口:税务登记

税务登记又称纳税登记,是指纳税人为依法履行纳税义务,就有关纳税事项依法向税务机关办理登记的一种法定手续。它是税务机关对纳税人实施税收管理的首要环节和基础工作。

2.1.1 开业税务登记

开业税务登记,是指纳税人经由工商登记而设立或者依照法律、行政法规的规定成为法定纳税人之时,依法向税务机关办理的税务登记,通常简称为开业登记或税务登记。

(1)从事生产、经营的纳税人领取工商营业执照(含临时工商营业执照)的,应当自领取工商营业执照之日起30日内申报办理税务登记,税务机关核发税务登记证及副本(纳税人领取临时工商营业执照的,税务机关核发临时税务登记证及副本)。

(2)从事生产、经营的纳税人未办理工商营业执照但经有关部门批准设立的,应当自有关部门批准设立之日起30日内申报办理税务登记,税务机关核发税务登记证及副本。

(3)从事生产、经营的纳税人未办理工商营业执照,也未经有关部门批准设立的,应当自纳税义务发生之日起30日内申报办理税务登记,税务机关核发临时税务登记证及副本。

(4)有独立的生产经营权、在财务上独立核算并定期向发包人或者出租人上交承包费或租金的承包承租人,应当自承包承租合同签订之日起30日内,向其承包承租业务发生地税务机关申报办理税务登记,税务机关核发临时税务登记证及副本。

(5)从事生产、经营的纳税人外出经营,自其在同一县(市)实际经营或提供劳务之日起,在连续的12个月内累计超过180天的,应当自期满之日起30日内,向生产、经营所在地税务机关申报办理税务登记,税务机关核发临时税务登记证及副本。

(6)境外企业在中国境内承包建筑、安装、装配、勘探工程和提供劳务的,应当自项目合同或协议签订之日起30日内,向项目所在地税务机关申报办理税务登记,税务机关核发临时税务登记证及副本。

上述以外的其他纳税人,除国家机关,个人和无固定生产、经营场所的流动性农村小商贩外,均应当自纳税义务发生之日起30日内,向纳税义务发生地税务机关申报办理税务登记,税务机关核发税务登记证及副本。

个人所得税的纳税人办理税务登记的办法由国务院另行规定。

2.1.2 变更税务登记

变更税务登记,是指从事生产、经营的纳税人,在税务登记内容发生变化时,自工商行政管理机关办理变更登记之日起30日内,持相关证件向原税务登记机关申报办理变更税务登记的活动。

1)变更税务登记的适用范围

(1)纳税人改变名称、法定代表人的;

(2)纳税人改变注册(住所)地址或经营地址(不含改变主管税务机关)的;

(3)纳税人改变经济性质或企业类型的;

(4)纳税人改变经营范围、经营方式的;

(5)纳税人改变产权关系的;

(6)纳税人改变注册资金的。

2)变更税务登记的时限要求

(1)税务登记内容发生变化,按规定纳税人需在工商行政管理机关办理注册登记的,应自工商行政管理部门办理变更登记之日起30日内,向原税务机关申请办理变更税务登记。

(2)税务登记内容发生变化,按规定纳税人不需在工商行政管理机关办理注册登记的,应当自有关机关批准或者宣布变更之日起30日内,持有关证件向原税务机关申报办理变更税务登记。

2.1.3 注销税务登记

注销税务登记是指纳税人发生解散、破产、撤销以及其他情形,依法终止纳税义务的,应当在向工商行政管理机关或者其他机关办理注销登记前,持有关证件和资料向原税务登记机关申报办理注销税务登记的活动。

1)注销税务登记的适用范围

(1)纳税人发生解散、破产、撤销的;

(2)纳税人被工商行政管理机关吊销营业执照的;

(3)纳税人因住所、经营地点或产权关系变更而涉及改变主管税务机关的;

(4)纳税人发生其他应办理注销税务登记情况的。

2)注销税务登记的时限要求

(1)按规定不需要在工商行政管理机关或者其他机关办理注册登记的,应当自有关机关批准或者宣告终止之日起15日内,持有关证件和资料向原税务登记机关申报办理注销税务登记。

(2)纳税人因住所、经营地点变动,涉及变更税务登记机关的,应当在向工商行政管理机关或者其他机关申请办理变更、注销登记前,或者住所、经营地点变动前,持有关证件和资料向原税务登记机关申报办理注销税务登记,并自注销税务登记之日起30日内向迁达地税务机关申报办理税务登记。

(3)纳税人被工商行政管理机关吊销营业执照或者被其他机关予以撤销登记的,应当自营业执照被吊销或者被撤销登记之日起15日内,向原税务登记机关申报办理注销税务登记。

(4)境外企业在中国境内承包建筑、安装、装配、勘探工程和提供劳务的,应当在项目完工、离开中国前15日内,持有关证件和资料向原税务登记机关申报办理注销税务登记。

2.1.4 特定经营行为的税务登记

(1)举办各类订货会、展销会等活动的单位或者个人,应当在开幕前的10日内,持有关证件向举办地主管国家税务机关申报办理税务登记。

(2)举办单位或个人应当向举办地主管国家税务机关领取《注册税务登记表》一式两份,如实填制,在规定期限内报送,并按举办地主管国家税务机关的要求提供有关证件资料。

(3)纳税人填报的《注册税务登记表》及提供的有关证件资料,经举办地主管国家税务机关审查核准,在《注册税务登记表》上签注意见、加盖印章后,予以登记注册,领取一份登记表,以备查核。

2.1.5 报验登记

从事生产、经营的纳税人到外县(市)临时从事生产经营活动的,必须持所在地主管税务机关填开的《外出经营活动税收管理证明》,向经营地税务机关办理报验登记,并接受经营地税务机关的依法管理。

1)《外出经营活动税收管理证明》(以下简称《外管证》)开具管理

纳税人到外县(市)临时从事生产经营活动的,应当在外出生产经营以前,按所缴纳的流转税主体税种的归属,向相应主管税务机关申请开具《外管证》,即以缴纳增值税为主的纳税人向主管国家税务机关申请办理;以缴纳营业税为主的纳税人向主管地方税务机关申请办理。纳税人临时外出经营申请开具《外管证》,应当在外出前提出申请,出示《税务登记证》(副本)、法人身份证明以及相关合同等资料,领取并填写《外管证》。

2)《外管证》核销管理

纳税人外出经营活动结束,应当在《外管证》有效期届满后10日内,持《外管证》回原批准税务机关办理《外管证》缴销手续。

3)外埠纳税人报验登记

纳税人到达经营地后,在进行生产经营前,按所缴纳的流转税主体税种的归属,向经营地税务机关办理报验登记,即以缴纳增值税为主的纳税人向经营地国家税务机关申报办理;以缴纳营业税为主的纳税人向经营地地方税务机关申报办理。纳税人申报办理报验登记,应提交下列证件、资料:

(1)《税务登记证》(副本);

(2)《外管证》;

(3)主管税务机关要求报送的其他资料。

纳税人在《外管证》注明地销售货物的,除提交以上证件、资料外,应领取并如实填写《外出经营货物报验单》,申报查验货物。

4)外埠纳税人核销报验登记

纳税人外出经营活动结束后,应当持《外管证》等证件、资料,向临时生产经营地税务机关填报《外出经营活动情况申报表》,申请核销报验登记,并结清税款、缴销发票。

2.1.6 停业、复业登记

1)停业、复业登记的范围

(1)实行定期定额征收方式的纳税人需要停业的,应在停业前7个工作日内向主管地方税务机关提出停业申请,并如实填写《停业申请登记表》,说明停业理由,停业期限(不得超过1年,连续停业不得超过3个月),停业前的纳税情况和发票的领、用、存情况,并结清应纳税款、滞纳金、罚款。

(2)主管地方税务机关经过审核(必要时可实地审查),对已结清应纳税款、滞纳金、罚款并交回《税务登记证》及副本、发票领购簿、未使用完的发票和其他税务证件的申请停业纳税人,即时办理停业登记,发放《核准停业通知书》。

(3)纳税人停业期满或提前恢复营业,应在恢复生产、经营前5个工作日内,向主管地方税务机关申报办理复业登记,如实填写《停、复业报告书》,税务机关确认后,制作《复业单证领取表》,纳税人确认签章后即时领回并启用税务登记证件、发票领购簿及其停业前领购的发票,纳入正常管理。

(4)纳税人停业期满不能及时恢复生产、经营的,应当在停业期满前填写《延期复业申请审批表》,向主管地方税务机关提出延长停业登记申请,如实填写《停、复业报告书》,主管地方税务机关核准后发放《核准延期复业通知书》,方可延期。

(5)纳税人停业期满未按期复业又不申请延长停业的,主管地方税务机关视为已恢复营业,实施正常的税收征收管理。纳税人在停业期间发生纳税义务的,应当按照税收法律、行政法规的规定申报缴纳税款。

2)停业、复业登记的程序

税务机关在收到纳税人的停业申请书后,应向纳税人发放《停业申请审批表》,纳税人应办理税款清缴、发票缴销,有关税务机关发送证件的封存手续,并将上述情况填在《停业申请审批表》中。税务机关在审核各项停业信息资料无误后,将纳税人资料转入停业纳税人库,对纳税人下发《核准停止通知书》以及《复业单证领取表》。当纳税人停业结束,进行复业处理时,再由原受理税务机关根据封存单证填列到《复业单证领取表》中,纳税人重新领回封存的单证,税务机关将纳税人的有关资料信息由停业纳税人库转回正常纳税人信息资料库,则整个停业、复业处理过程结束,纳税人可进行正常的营业活动。

2.1.7 税务登记证的使用、管理

(1)纳税人领取《税务登记证》或者《注册税务登记证》后,应当在其生产、经营场所内明显易见的地方张挂,亮证经营。出县(市)经营的纳税人必须持有所在地国家税务机关填发的《外出经营活动税收管理证明》、《税务登记证》或者《注册税务登记证》的副本,向经营地国家税务机关办理报验登记,接受税务管理。

(2)纳税人办理下列事项时必须持《税务登记证》副本或者《注册税务登记证》副本:

①申请减税、免税、退税、先征税后返还;

②申请领购发票;

③申请办理《外管证》;

④其他有关税务事项。

(3)税务登记证件只限纳税人自己使用,不得转借、涂改、损毁、买卖或者伪造。

(4)纳税人税务登记证件要妥善保管,如有遗失,应当在登报声明作废的同时,及时书面报告主管国家税务机关,经国家税务机关审查处理后,可申请补发新证,并按规定缴付工本管理费。

2.1.8 税务登记的验证、换证

(1)实行定期验证和换证制度,纳税人应当在规定的期限内,持税务登记证件(正、副本)到主管税务机关申报办理验证或换证手续。

(2)凡在税务机关已办理税务登记的纳税人,应按照税务机关验证、换证或联

合年检通知要求的时间、地点、范围向税务机关申报办理税务登记验证、换证或联合年检（主要针对外商投资企业和外国企业，集中年检）。

（3）纳税人申请验证、换证应附送以下证件资料，须换证的纳税人，还应填报《税务登记表》（国、地税各一份，纳税人如需要可增加一份）：

①《税务登记证》正、副本原件；

②工商营业执照副本原件。

（4）税务登记流程图见图2－1。

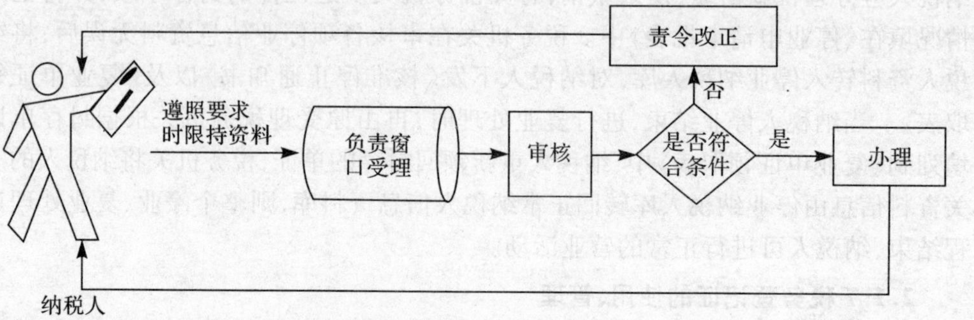

图2－1　税务登记流程图

2.1.9 违反税务登记的法律责任

纳税人不办理税务登记的，由税务机关责令限期改正；逾期不改正的，经税务机关提请，由工商行政管理机关吊销其营业执照。未按照规定的期限申报办理税务登记、变更或者注销登记的，由税务机关责令限期改正，可以处2 000元以下的罚款；情节严重的，处2 000元以上1万元以下的罚款。纳税人未按照规定使用税务登记证件，或者转借、涂改、损毁、买卖、伪造税务登记证件的，处2 000元以上1万元以下的罚款；情节严重的，处1万元以上5万元以下的罚款。

纳税人未按照规定办理税务登记证件验证或者换证手续的，由税务机关责令限期改正，可以处2 000元以下的罚款；情节严重的，处2 000元以上1万元以下的罚款。

纳税人通过提供虚假的证明资料等手段，骗取税务登记证的，处2 000元以下的罚款；情节严重的，处2 000元以上1万元以下的罚款。纳税人涉嫌其他违法行为的，按有关法律、行政法规的规定处理。

扣缴义务人未按照规定办理扣缴税款登记的，由税务机关责令其限期改正，并可处2 000元以下的罚款。

2.2 如何办理纳税申报

纳税申报,是指纳税人按照税法规定,定期就计算缴纳税款的有关事项向税务机关提交书面报告的一种法定手续。纳税申报是纳税人履行纳税义务、界定法律责任的主要依据。

2.2.1 如实办理纳税申报是纳税人的法定义务

纳税申报是指纳税人履行纳税义务时就计算缴纳税款的有关事项向税务机关提出书面报告的一种法定手续,是纳税人在发生纳税义务后按税务机关规定的内容和期限向主管税务机关提交的书面报告,是基层税务机关办理征收业务、核实应纳税款、开具完税凭证的主要依据。它是税收征收管理的一个重要环节,也是实施税务管理的一项重要制度。

纳税是每个公民应尽的义务,所以应该由公民主动去履行。纳税人进行纳税申报其实是"申报缴纳",分两个环节:一个是告诉税务机关"我要缴多少税",这个环节是"申报";一个是告诉税务机关"我来缴纳了",这个环节是"缴纳"。纳税申报环节是由纳税人自己计算自己该缴纳多少,然后到税务机关缴纳,这是为了突出"纳税人自动履行法律义务"这个特点,也是为了考验纳税人的诚信。

2.2.2 需要办理纳税申报的对象

纳税申报的对象就是指谁应当办理纳税申报,主要包括:

(1)应当正常履行纳税义务的纳税人。在正常情况下,纳税人必须按税收法律、行政法规规定的申报期限、申报内容如实办理纳税申报。

(2)应当履行扣缴税款义务的扣缴义务人。扣缴义务人必须依照法律、行政法规的规定或者税务机关依照法律、行政法规的规定确定的申报期限、申报内容如实报送代扣代缴、代收代缴税款报告表以及税务机关根据实际需要要求扣缴义务人报送的其他有关资料。

(3)享受减税、免税待遇的纳税人。纳税人享受减税、免税待遇的,在减税、免税期间也应当按照规定办理纳税申报手续,填报纳税申报表,以便于进行减免税的统计与管理。

2.2.3 办理纳税申报的期限

纳税申报期限是指税收法律、法规规定或者税务机关依照税收法律、法规的规定确定的纳税人、扣缴义务人向税务机关办理申报和纳税的期限。

纳税申报期限是根据各个税种的特点确定的。各个税种的纳税期限因其征收对象、计税环节的不同而不尽相同,同一税种也可以因为纳税人的经营情况不同、财务会计核算不同、应纳税额大小不等、申报期限不一样,分为按期纳税申报和按次纳税申报。按期纳税申报,是以纳税人发生纳税义务的一定期间为纳税申报期限,不能按期纳税申报的,实行按次纳税申报。纳税人、扣缴义务人如遇国家法定的公休假日,可以顺延。公休假日指元旦、春节、清明节、五一国际劳动节、端午节、中秋节、国庆节以及双休日等。

1)各税种的申报期限

(1)缴纳增值税、消费税的纳税人:以 1 个月为一期纳税的,于期满后 10 日内申报;以 1 日、3 日、5 日、10 日、15 日为一期纳税的,自期满之日起 5 日内预缴税款,于次月 1 日起 10 日内申报并结算上月应纳税款。

(2)缴纳企业所得税的纳税人:企业应当自月份或者季度终了之日起 15 日内,向税务机关报送预缴企业所得税纳税申报表,预缴税款;企业应当自年度终了之日起 5 个月内,向税务机关报送年度企业纳税申报表,并汇算清缴,结清应缴应退税款。

(3)缴纳其他税种的纳税人:税法已明确规定纳税申报期限的,按税法规定的期限申报;税法未明确规定纳税申报期限的,按主管国税机关根据具体情况确定的期限申报。

2)申报期限的顺延

纳税人办理纳税申报的期限最后一日是法定休假日的,以休假日期满的次日为期限的最后一日;在期限内有连续三日以上法定休假日的,按休假日天数顺延。

3)延期办理纳税申报

(1)纳税人、扣缴义务人不能按期办理纳税申报或者报送代扣代缴、代收代缴税款报告表的,经税务机关核准,可以延期申报。

(2)纳税人、扣缴义务人按照规定的期限办理纳税申报或者报送代扣代缴、代收代缴税款报告表确有困难,需要延期的,应当在规定的纳税申报期限内向税务机关提出书面延期申请,经税务机关核准,在核准的期限内办理。

纳税人、扣缴义务人因不可抗力,不能按期办理纳税申报或者报送代扣代缴、代收代缴税款报告表的,可以延期办理;但是,应当在不可抗力情形消除后立即向税务机关报告。税务机关应当查明事实,予以核准。

(3)经核准延期办理前款规定的申报、报送事项的,应当在纳税期内按照上期实际缴纳的税额或者税务机关核定的税额预缴税款,并在核准的延期内办理税款结算。

2.2.4 办理纳税申报的方式

经税务机关批准,纳税人、扣缴义务人可以直接到税务机关办理纳税申报或者报送代扣代缴、代收代缴税款报告表,也可以按照规定采取邮寄、数据电文或者其他方式办理上述申报、报送事项。目前,纳税申报的形式主要有以下四种:

1)直接申报

直接申报,是指纳税人、扣缴义务人按照规定的期限自行到税务机关办理纳税申报。这是一种传统申报方式。

2)邮寄申报

邮寄申报,是指经税务机关批准,纳税人、扣缴义务人可以采取邮寄申报的方式,将纳税申报表及有关的纳税资料通过邮局寄送主管税务机关。

纳税人采取邮寄方式办理纳税申报的,应当使用统一的纳税申报专用信封,并以邮政部门收据作为申报凭据。邮寄申报以寄出的邮戳日期为实际申报日期。

3)数据电文申报

数据电文,是指经税务机关确定的电话语音、电子数据交换和网络传输等电子方式。例如目前纳税人的网上申报,就是数据电文申报方式的一种形式。

以数据电文方式办理纳税申报的,以税务机关计算机网络系统收到该数据电文的日期为申报日期。

4)代理申报

纳税人、扣缴义务人可以委托注册税务师办理纳税申报。

2.2.5 纳税申报的具体要求

(1)纳税人、扣缴义务人,不论当期是否发生纳税义务,都应按期申报。

(2)实行定期定额方式缴纳税款的纳税人,可以实行简易申报、简并征期等纳税申报方式。

(3)减免税期间,也应当按照规定办理纳税申报。

(4)延期申报属于纳税申报的范围,不等于延期纳税;申报可以延期,但税不能延期。税款可以按照上期缴纳的税款或者按税务机关核定的税额先预缴,等正常申报时再办理税款结算。

(5)采取网上申报方式的纳税人,按照与税务机关签订的有关协议要求办理纳税申报。

2.2.6 违反纳税申报规定的法律责任

纳税人未按照规定的期限办理纳税申报和报送纳税资料的,或者扣缴义务人未按照规定的期限向税务机关报送代扣代缴、代收代缴税款报告表和有关资料的，由税务机关责令限期改正，可以处两千元以下的罚款；情节严重的，可以处两千元以上一万元以下的罚款。

2.3 如何缴纳税款

2.3.1 依法缴纳税款是纳税人的法定义务

《中华人民共和国宪法》第五十六条规定："中华人民共和国公民有依照法律纳税的义务。"这是宪法规定的我国公民必须履行的一项基本义务。国家对违反税法，不履行依法纳税义务的，要按税法规定进行行政、经济处罚；情节严重的，还要按照《中华人民共和国刑法》的规定，追究其刑事责任。

2.3.2 缴纳税款的方式

(1)自核自缴方式。生产经营规模较大，财务制度健全，会计核算准确，一贯依法纳税的企业，经主管税务机关批准，企业依照税法规定，自行计算应纳税额，自行填写纳税申报表，自行填写税收缴款书，到开户银行解缴应纳税款，并按规定向主管税务机关办理纳税申报，报送纳税资料和财务会计报表。

(2)申报核实缴纳方式。生产经营正常，财务制度基本健全，账册、凭证完整，会计核算较准确的企业，依照税法规定计算应纳税款，自行填写纳税申报表，按照规定向主管税务机关办理纳税申报，报送纳税资料和财务会计报表，经主管税务机关审核，并填开税收缴款书，纳税人按规定期限到开户银行缴纳税款。

(3)申报查验缴纳方式。对于财务制度不够健全，账簿、凭证不完备的经营场所固定的业户，应当如实向主管税务机关办理纳税申报并提供其生产能力、原材料、能源消耗情况及生产经营情况等，经主管税务机关审查测定或实地查验后，填开税收缴款书或者完税凭证，纳税人按规定期限到开户银行或者税务机关缴纳税款。

(4)定额申报缴纳方式。对于生产规模较小，确无建账能力或者账证不健全、不能提供准确纳税资料的经营场所固定的业户，按照税务机关核定的销售额和征收率在规定期限内向主管税务机关申报缴纳税款。

纳税人采取何种方式缴纳税款，由主管税务机关确定。

2.3.3 税款缴纳的期限

纳税人、扣缴义务人应当在缴款期限内缴纳或者解缴税款，如果未按期限缴款，税务机关除责令限期缴款外，还要从滞纳税款之日起，按日加收万分之五的滞纳金。到期不缴税,意味着纳税人占用了国家税款,加收高于银行利息的滞纳金,既有要求纳税人补偿国家税款占用成本的性质,也有对纳税人逾期缴税给予惩罚的性质。

1)各税种税款缴纳期限

税款缴纳期限又称税款入库期限,一般与纳税申报期限一致,合称申报缴纳期限。

增值税、消费税、保险业营业税纳税人(扣缴义务人)的纳税期限一般定为1个月,自期满之日起10日内办理纳税申报和缴纳税款;金融业营业税纳税人的纳税期限定为1个季度,自期满之日起15日内办理纳税申报和缴纳税款。

企业所得税纳税人应当在月份或者季度终了后15日内预缴所得税,年度终了后5个月内汇算清缴,多退少补。

个人所得税的纳税人每月应纳的税款,应在次月7日内缴入国库。

2)延期纳税的情况

在两种情况下,税款可以延期缴纳:一种是法定延期,即缴款期限的最后一日是法定休假日的,以休假日期满的次日为期限的最后一日;在期限内有连续三日以上休假日的,按休假日天数顺延。另一种是批准延期,即纳税人因有特殊困难,不能按期缴纳税款的,经省级税务机关批准,可以延期缴纳税款,但最长不得超过三个月。经批准延期纳税的,不加收滞纳金。

纳税人未按照规定期限缴纳税款的,税务机关除责令限期缴纳外,从滞纳税款之日起,按日加收滞纳税款万分之五的滞纳金。

2.3.4 多缴税款的退还及补缴税款与追征

1)多缴税款的退还

纳税人超过应纳税额缴纳的税款,税务机关应当自发现之日起10日内办理退还手续。

纳税人自结算缴纳税款之日起3年内发现的,可以向税务机关要求退还多缴的税款并加算银行同期存款利息,税务机关应当自接到纳税人退还申请之日起三十日内查实并办理退还手续。加算银行同期存款利息的多缴税款退税,不包括依法预缴税款形式的结算退税、出口退税和各种减免退税。退税利息按照税务机关办理退税手续当天中国人民银行规定的活期存款利率计算。

当纳税人既有应退税款又有欠缴税款时,税务机关可以将应退税款和利息先抵扣欠缴税款;抵扣后有余额的,退还纳税人。

2)少缴税款的补缴与追征

因税务机关的责任,致使纳税人、扣缴义务人未缴或者少缴税款的,税务机关在3年内可以要求纳税人、扣缴义务人补缴税款,但是不得加收滞纳金。税务机关的责任是指税务机关适用税收法律、行政法规不当或者执法行为违法。

因纳税人、扣缴义务人计算错误等失误,未缴或者少缴税款的,税务机关在3年内可以追征税款、滞纳金;有特殊情况的,追征期可以延长到五年。纳税人、扣缴义务人计算错误等失误是指非主观故意的计算公式运用错误以及明显的笔误。特殊情况是指纳税人或者扣缴义务人因计算错误等失误,未缴或者少缴、未扣或者少扣、未收或者少收税款,累计数额在十万元以上的。

补缴和追征税款、滞纳金的期限,自纳税人、扣缴义务人应缴未缴或者少缴税款之日起计算。

2.3.5 如何办理延期缴纳税款

1)办理延期纳税的范围

纳税人因有特殊困难,不能按期缴纳税款的,经省、自治区、直辖市国家税务局、地方税务局批准,可以延期缴纳税款。特殊困难包括:因不可抗力,导致纳税人发生较大损失,正常生产经营活动受到较大影响的;当期货币资金在扣除应付职工工资、社会保险费后,不足以缴纳税款的。

纳税人需要延期缴纳税款的,应当在缴纳税款期限届满前提出申请,并报送下列材料:申请延期缴纳税款报告,当期货币资金余额情况及所有银行存款账户的对账单,资产负债表,应付职工工资和社会保险费等税务机关要求提供的支出预算。税务机关应当自收到申请延期缴纳税款报告之日起20日内作出批准或者不予批准的决定;不予批准的,从缴纳税款期限届满之日起加收滞纳金。纳税人因有特殊困难,不能按期缴纳税款的,经省、自治区、直辖市国家税务局批准,可以延期缴纳税款,但是最长不得超过3个月。

2)延期缴纳税款的办理程序

(1)需办理延期缴纳税款的纳税人,应在缴纳税款期限届满前,以书面形式,向主管地税机关提出延期缴纳税款申请,载明延期缴纳的税种、税额、税款所属时间和申请延期缴纳税款的期限,以及延期缴纳税款的理由。

(2)主管地税机关在收到纳税人延期缴纳税款申请后,发给《延期缴纳税款申请审批表》,纳税人必须按规定如实填写,并提供当期货币资金余额情况及所有银行存款账户的对账单、资产负债表、应付职工工资和社会保险费等税务机关要求提供的支出预算。

(3)主管地税机关对《延期缴纳税款申请审批表》要严格进行审查,必要时,应实地调查。经基层征收单位对准予延期的税额和期限签署意见，按照延期缴纳税款的审批权限批准后，方可延期缴纳，但最长不得超过3个月，同时下达《延期缴纳税款审批通知书》。

2.3.6 违反税款缴纳规定的法律责任

1）欠税及其处罚

欠税是指纳税人、扣缴义务人超过征收法律、法规规定或税务机关依照税收法律、法规确定的纳税期限，未缴或少缴税款的行为。

纳税人欠缴应纳税款，采取转移或者隐匿财产的手段，妨碍税务机关追缴欠缴的税款的，由税务机关追缴欠缴的税款、滞纳金，并处欠缴税款百分之五十以上五倍以下的罚款；纳税人欠缴应纳税款，采取转移或者隐匿财产的手段，致使国家税务机关无法追缴其欠缴的税款，数额在一万元以上的，除由国家税务机关追缴其欠缴的税款外，依照《关于惩治偷税、抗税犯罪的补充规定》第二条的规定处罚；构成犯罪的，依法追究刑事责任。

2）偷税及其处罚

偷税是指纳税人采取伪造、变造、隐匿、擅自销毁账簿、记账凭证，在账簿上多列支出或者不列、少列收入或者进行虚假的纳税申报的手段，不缴或者少缴应纳税款的行为。

对于偷税数额不满一万元或者偷税数额占应纳税额不到百分之十的，由国家税务机关追缴所偷税款，并处所偷税款五倍以下的罚款。偷税数额在一万元以上并且偷税数额占应纳税额的百分之十以上的，以及因偷税被税务机关给予二次行政处罚又偷税的，除应依法补缴所偷税款外，由司法机关依法处罚。

扣缴义务人采取前项所列手段，不缴或者少缴已扣、已收税款，数额占应缴税额的百分之十以上并且数额在一万元以上的，除依法追缴税款外，由司法机关依法处罚；数额不满一万元或者数额占应纳税额不到百分之十的，由国家税务机关依法追缴其不缴或者少缴税款，并处五倍以下的罚款。

3）骗税及其处罚

骗税是指企业事业单位采取对所生产或者经营的商品假报出口等欺骗手段，骗取国家出口退税款的行为。骗税数额在一万元以下的，由国家税务机关追缴其骗取的出口退税款，并处所骗税款五倍以下的罚款；数额在一万元以上的，除由国家税务机关追缴其骗取的出口退税款外，由司法机关依法处罚。

企业事业单位以外的单位或个人骗取国家出口退税款的，除由税务机关追缴其骗取的退税款外，由司法机关依法处罚；数额较小，未构成犯罪的，由国家税务机关追缴其骗取的退税款，并处骗取税款五倍以下的罚款。

4)抗税及其处罚

抗税是指以暴力、威胁方法拒不缴纳税款的行为。抗税情节轻微,未构成犯罪的,由国家税务机关追缴其拒缴的税款,处拒缴税款五倍以下的罚款;构成犯罪的,由司法机关依法处罚。

以暴力方法抗税致人重伤或者死亡的,由司法机关按照伤害罪、杀人罪从重处罚,并依照前项规定处以罚金。

2.4 如何领购、填开、保管发票

2.4.1 发票领购

(1)已办理税务登记的单位和个人,可以按下列规定向主管税务机关申请领购发票:

①提出购票申请。单位或个人在申请购票时,必须提出购票申请报告,在报告中载明单位和个人的名称,所属行业,经济类型,需要发票的种类、名称、数量等内容,并加盖单位公章和经办人印章。

②提供有关证件。领购发票的单位或者个人必须提供税务登记证件、经办人身份证明和其他有关证明,提供财务印章或发票专用章的印模。

③持簿购买发票。购票申请报告经税务机关审查批准后,购票者应当领取税务机关核发的《发票领购簿》,根据核定的发票种类、数量以及购票方式,到指定的税务机关领购发票。单位或个人购买专用发票的,还应当场在发票联和抵扣联上加盖发票专用章或财务印章等章戳。有固定生产经营场所,财务和发票管理制度健全,发票使用量较大的单位,可以申请印有本单位名称的普通发票;如普通发票式样不能满足业务需要,也可以自行设计本单位的普通发票样式,报省辖市国家税务局批准,按规定数量、时间到指定印刷厂印制。自行印制的发票应当交主管税务机关保管,并按前述规定办理领购手续。

(2)对外省、自治区、直辖市来本辖区从事临时经营活动需要领购发票的纳税人,凭生产经营所在地主管税务机关签发的《外出经营活动税收管理证明》,比照上述新开业纳税人申领发票的程序和资料,向外出经营地税务机关申领《发票领购簿》,并提供担保人及其担保书或者根据所领购发票的票面限额及数量缴纳不超过一万元的保证金后,方可领购发票。

(3)需要重新启用因停业而被地方税务机关收回的未使用完的发票、发票领购簿、发票专用章、税务登记证件的,纳税人应当先提出复业登记申请,经主管地方税务机关审核后发还未使用完的发票、发票领购簿、发票专用章、税务登记证等。

(4)对于采用验旧购新、交旧购新方式领购发票的纳税人,应持发票领购簿和经办人员身份证明向主管地方税务机关申请领购新发票，填写购票申请并将使用完（或使用期已满）的发票存根交主管地方税务机关查验。主管地方税务机关在查验已用发票无误后即时发放。

购票申请应载明单位和个人的名称，所属行业，经济类型，需要发票的种类、名称、数量等内容，并加盖单位公章和经办人印章。

(5)依法不需要办理税务登记的纳税人以及其他未领取税务登记证的纳税人不得领购发票，需用发票时，可向经营地主管税务机关申请填开。申请填开时，应提供足以证明发生购销业务或者提供劳务服务以及其他经营业务活动方面的证明，对税法规定应当缴纳税款的，应当先缴税后开票。

2.4.2 发票填开

1)发票的开具要求

(1)发票开具使用的要求。任何填开发票的单位和个人：①必须在发生经营业务并确认营业收入时，才能开具发票，未发生经营业务一律不得开具发票。②不得转借、转让或者代开发票。③未经税务机关批准，不得拆本使用发票，也就是说，不能将一本发票拆成一份一份使用；不得自行扩大专用发票的使用范围，如将增值税专用发票用于非增值税一般纳税人。

(2)发票开具时限的要求。增值税专用发票开具的时限为：①采用预收货款、托收承付、委托银行收款结算方式的，为货物发出的当天；②采用赊销、分期付款结算方式的，为合同约定的收款日期的当天。

2)发票填开的操作要点

(1)发票的开具

任何单位和个人销售商品、提供服务以及从事经营活动时，对外发生经营业务收取款项，收款方均应当向付款方开具发票。

特殊情况下，由付款方向收款方开具发票：①收购单位收购货物或者农副产品付款时，应当向收款人开具发票；②扣缴义务人支付个人款项时，应当向收款人开具发票。

有下列情形的，不得开具专用发票：向消费者销售应税项目；销售免税项目；销售报关出口的货物，在境外销售应税劳务；将货物用于非应税项目；将货物用于集体福利或个人消费；将货物无偿赠送他人；提供非应税劳务（应当征收增值税的除外）；转让无形资产或销售不动产。向小规模纳税人销售应税项目，可以不开具专用发票。

(2)发票的填写

用票单位和个人必须严格按照《中华人民共和国发票管理办法》及其实施细则

的有关规定开具和使用发票。①用票单位和个人填开发票时,必须内容真实,字迹清楚,项目填写齐全。②开具发票应当按照规定的时限、顺序,逐栏、全部联次一次性如实开具,并加盖单位财务印章或者发票专用章。③使用电子计算机开具发票,须经主管税务机关批准,并使用税务机关统一监制的机外发票,开具的存根联应当按照顺序号装订成册。④任何单位和个人不得转借、转让、代开发票;未经税务机关批准,不得拆本使用发票;不得自行扩大专用发票使用范围。⑤发票限于领购单位和个人在规定的区域内填开,未经税务机关批准不得跨市、县携带空白发票填开。⑥填开发票的单位和个人必须在发生经营业务确认营业收入时开具发票,未发生经营业务一律不准开具发票。⑦纳税人要完整、准确填写发票封面上记载的用票具体情况。

2.4.3 发票保管

(1)单位和个人应当建立发票使用登记制度,设置发票登记簿,并定期向主管国家税务机关报告发票使用情况。

(2)单位和个人应当在办理变更或者注销税务登记的同时,办理发票和发票领购簿的变更、缴销手续。

(3)使用发票的单位和个人应当妥善保管发票,不得丢失。发票丢失,应当于丢失当日书面报告主管国家税务机关,在报刊和电视等传播媒介上公开声明作废,并接受国家税务机关的处罚。

(4)开具发票的单位和个人应当按照国家税务机关的规定存放和保管发票,不得擅自损毁。已经开具的发票存根联和发票登记簿,应当保存五年。保存期满,报经主管国家税务机关查验后销毁。

2.4.4 违反发票领购、开具、保管规定的行为及法律责任

1)违反发票管理法规的具体行为

(1)未按规定印制发票:①未经省国家税务局批准,而私自印制发票;②伪造、私刻发票监制章,伪造、变造发票防伪专用品;③印制发票的企业未按《发票印制通知书》印制发票,转借、转让发票监制章和发票防伪专用品;④印制发票的企业未按规定保管发票成品、发票防伪专用品、发票监制章,以及未按规定销毁废品而造成流失;⑤用票单位私自印制发票;⑥未按国家税务机关的规定制定印制发票管理制度;⑦其他未按规定印制发票的行为。

(2)未按规定领购发票:①向国家税务机关或国家税务机关委托单位以外的单位和个人取得发票;②私售、倒买倒卖发票;③贩卖、窝藏假发票;④借用他人发票;⑤盗取(用)发票;⑥私自向未经国家税务机关批准的单位和个人提供发票;⑦其他

未按规定取得发票的行为。

(3)未按规定填开发票:①单联填开或上下联金额、内容不一致;②填写项目不齐全;③涂改、伪造、变造发票;④转借、转让、代开发票;⑤未经批准拆本使用发票;⑥虚构经济业务活动,虚填发票;⑦填开票物不符发票;⑧填开作废发票;⑨未经批准,跨县(市)填开发票;⑩以其他票据或白条代替发票填开;⑪扩大专用发票填开范围;⑫未按规定填报《发票购领用存申报表》;⑬未按规定设置发票购领用存登记簿;⑭其他未按规定填开发票的行为。

(4)未按规定取得发票:①应取得而未取得发票;②取得不符合规定的发票;③专用发票只取得记账联或只取得抵扣联;④取得发票时,要求开票方或自行变更品名、金额或增值税税款;⑤擅自填开发票入账;⑥其他未按规定取得发票的行为。

(5)未按规定保管发票:①丢失发票;②损(撕)毁发票;③丢失或擅自销毁发票存根联;④未按规定缴销发票;⑤印制发票的企业丢失发票或发票监制章及发票防伪专用品等;⑥未按规定建立发票管理制度;⑦未按国家税务机关规定设专人保管专用发票;⑧未按国家税务机关规定设置专门存放专用发票的场所;⑨未经国家税务机关查验,擅自销毁专用发票的基本联次;⑩其他未按规定保管发票的行为。

(6)未接受税务机关检查:①拒绝检查,隐瞒真实情况;②刁难、阻挠税务人员进行检查;③拒绝接受《发票换票证》;④其他未按规定接受国家税务机关检查的行为。

2)违反发票管理法规的法律责任

(1)有上述所列行为之一的单位和个人,由国家税务机关责令限期改正,没收非法所得,并处一万元以下的罚款。有所列两种或者两种以上行为的,可以分别处罚。

(2)非法携带、邮寄、运输或者存放空白发票的,由国家税务机关收缴发票,没收非法所得,并处一万元以下的罚款。

(3)私自印制、伪造变造、倒买倒卖发票,私自制作发票监制章、发票防伪专用品的,由国家税务机关依法查封、扣押或者销毁,没收非法所得和作案工具,并处一万元以上五万元以下的罚款;构成犯罪的,由司法机关依法追究刑事责任。

(4)违反发票管理法规,导致纳税人、扣缴义务人以及其他单位或个人未缴、少缴或者骗取税款的,由国家税务机关没收非法所得,并处未缴、少缴或者骗取税款一倍以下的罚款外,还对纳税人、扣缴义务人以及其他单位或者个人进行依法查处。

(5)单位或者个人有下列行为之一的,应当承担刑事责任:

①虚开增值税专用发票(为他人虚开、为自己虚开、让他人为自己虚开、介绍他人虚开增值税专用发票行为之一的,下同)的,虚开用于骗取出口退税、抵扣税款的

其他发票的；

②伪造或出售伪造的增值税专用发票的；

③非法出售增值税专用发票的；

④非法购买增值税专用发票或者购买伪造的增值税专用发票的；

⑤伪造、擅自制造或者出售伪造、擅自制造的可以用于骗取出口退税、抵扣税款的其他发票的，以及伪造、擅自制造或者出售伪造、擅自制造的上述规定以外的其他发票的；

⑥非法出售可以用于骗取出口退税、抵扣税款的其他发票的，以及非法出售上述规定以外的其他发票的；

⑦盗窃增值税专用发票或者可以用于骗取出口退税、抵扣税款的其他发票的；

⑧使用欺骗手段骗取增值税专用发票或者可以用于骗取出口退税、抵扣税款的其他发票的；

⑨明知是伪造的发票而持有的。

2.5 账簿凭证管理

2.5.1 账簿设立

(1)从事生产、经营的纳税人应当在领取营业执照之日起 15 日内按照规定设置总账、明细账、日记账以及其他辅助性账簿，其中总账、日记账必须采用订本式。

生产经营规模小又确无建账能力的个体工商业户，可以聘请注册会计师或者经主管国家税务机关认可的财会人员代为建账和办理账务；聘请注册会计师或者经主管国家税务机关认可的财会人员有实际困难的，经县(市)以上国家税务局批准，可以按照国家税务机关的规定，建立收支凭证粘贴簿、进货销货登记簿等。扣缴义务人应当自税收法律、行政法规规定的扣缴义务发生之日起 10 日内，按照所代扣、代收的税种，分别设置代扣代缴、代收代缴税款账簿。

(2)纳税人、扣缴义务人采用电子计算机记账的，对于会计制度健全，能够通过电子计算机正确、完整计算其收入、所得的，其电子计算机储存和输出的会计记录，可视同会计账簿，但应按期打印成书面记录并完整保存；对于会计制度不健全，不能通过电子计算机正确、完整反映其收入、所得的，应当建立总账和与纳税或者代扣代缴、代收代缴税款有关的其他账簿。

(3)从事生产、经营的纳税人应当自领取税务登记证件之日起 15 日内，将其财务、会计制度或者财务、会计处理办法报送主管国家税务机关备案。纳税人、扣缴义务人采用计算机记账的，应当在使用前将其记账软件、程序和使用说明书及有关资料报送主管国家税务机关备案。

2.5.2 账簿保管

各种账簿是重要的经济档案，必须按规定妥善保管，不得丢失和任意销毁。否则，原有债权、债务无法理清，重要的经济资料和经济信息将丢失，经济责任将无法明确，故妥善保管账簿意义重大。账簿的保管，既要安全、完善、机密，又要保证使用时能及时迅速查到。年度终了更换新账后，旧账页应清点整理，所有活页归档保管。账簿归档保管要做到五防：防火、防盗、防潮、防霉烂变质、防虫蛀鼠咬。存档后的会计账簿，调阅时必须提出理由，经会计主管人员批准，在保管员陪同下方可查阅，原则上不得借出。

账簿的保管期限如下：

(1)现金和银行存款日记账保管25年。

(2)总账和明细分类账保管15年。

(3)涉外账簿应长期保存。

账簿保管期满，需要销毁时，由档案保管部门提出销毁意见，会同财务部门共同鉴定，编造销毁清册，报本单位领导或上级批准方可销毁。销毁时，应由档案保管部门、财务部门和有关部门共同监销。

2.5.3 违反账簿、凭证管理的法律责任

(1)纳税人有下列行为之一，经主管税务机关责令限期改正，逾期不改正的，由税务机关处2 000元以下的罚款；情节严重的，处2 000元以上1万元以下的罚款：

①未按规定设置、保管账簿或者保管记账凭证和有关资料的；

②未按规定将财务、会计制度或者财务会计处理办法报送国家税务机关备查的。

(2)扣缴义务人未按照规定设置、保管代扣代缴、代收代缴税款账簿或者保管代扣代缴、代收代缴税款记账凭证及有关资料的，经主管税务机关责令限期改正，逾期不改正的，由税务机关处2 000元以下的罚款；情节严重的，处2 000元以上5 000元以下的罚款。

2.6 如何办理外出经营活动税收管理证明

外出经营活动税收管理证明，是指纳税人到外县(市)临时从事生产经营活动的，应当在外出生产经营之前，持税务登记证向主管税务机关申请开具《外管证》。税务机关按照一地一证的原则，核发《外管证》，《外管证》的有效期限一般为30日，最长不得超过180天。

2.6.1 外出经营活动税收的管理概述

从事生产、经营的纳税人到外县(市)临时从事生产经营活动的，应当持税务登

记证副本和所在地税务机关填开的《外管证》，向营业地税务机关办理报验登记，接受税务管理。从事生产、经营活动的纳税人外出经营的，在同一地累计超过 180 天的，应当在营业地办理税务登记手续。

纳税人办理纳税申报时，应当如实填写纳税申报表，并相应报送《外管证》和异地完税凭证。这里的从事生产、经营的纳税人是指企业、企业在外地设立的分支机构和从事生产、经营的场所，个体工商业户和从事生产、经营的事业单位。

2.6.2 纳税人外出经营活动税收的管理

从事生产、经营的纳税人应当按照规定在领取营业执照之日起 30 日内，向生产、经营地或者纳税义务发生地的主管税务机关申报办理税务登记，在办理税务登记后，如果又到外县（市）临时开辟营业地，纳税人就必须：

（1）持税务登记证副本向主管税务机关申请开具外出经营活动税收管理证明，主管税务机关审核后，按照一地一证的原则，核发《外管证》。该证明有一定的期限，按现行规定纳税人到外县（市）销售货物的，证明的有效期限一般为 30 日；到外县（市）从事建筑安装工程的，证明的有效期限为 1 年，因工程需要延长的，应当重新申请。

（2）纳税人应当在到达经营地进行生产、经营前向经营地税务机关申请报验登记，接受营业地税务机关的管理，即持《税务登记证》副本和《外管证》到指定的税务机关验证纳税主体的合法性，不是重新办理另一个税务登记。

（3）纳税人外出经营活动结束后，纳税人应当向营业地税务机关填报《外出经营活动情况申报表》，并按规定结清税款、缴销未使用完的发票。经营地税务机关应当在此证明上注明纳税人的经营、纳税及发票情况。纳税人应持证明，在证明有效期届满 10 日内，回到所在地税务机关办理证明缴销手续。纳税人外出经营在同一地累计超过 180 天的，应当在营业地办理税务登记手续，而成为营业地的固定业户。

第3章　小企业应纳的税

3.1 如何缴纳增值税

增值税是以商品(含应税劳务)在流转过程中产生的增值额作为计税依据而征收的一种流转税。从计税原理上说,增值税是对商品生产、流通、劳务服务中多个环节的新增价值或商品的附加值征收的一种流转税。增值税是价外税,也就是由消费者负担,有增值才征税,没增值不征税。

3.1.1 一般纳税人和小规模纳税人的认定及管理

1)认定

从事增值税应税行为的一切单位、个人以及虽不从事增值税应税行为但负有代扣增值税义务的扣缴义务人都是增值税的纳税义务人。由于增值税实行凭增值税专用发票抵扣税款的制度,因此对纳税人的会计核算水平要求较高,要求能够准确核算销项税额、进项税额和应纳税额。但实际情况是有众多的纳税人达不到这一要求,因此,《中华人民共和国增值税暂行条例》(以下简称《增值税暂行条例》)规定了小规模纳税人的标准。

增值税的小规模纳税人是指年销售额在规定标准以下,并且会计核算不健全,不能按照规定报送有关税务资料的增值税纳税人。所称的会计核算不健全是指不能正确核算增值税的销项税额、进项税额和应纳税额。对于符合条件的小规模纳税人,由税务机关依照税法规定的标准认定。年销售额达不到前述标准的为小规模纳税人。此外,个人、非企业性单位以及不经常发生增值税应税行为的企业也被认定为小规模纳税人。小规模纳税人在达到标准后经申请被批准后可以成为一般纳税人。对小规模纳税人实行简易办法征收增值税,其进项税额不允许抵扣。

纳税人按其经营规模大小以及会计核算是否健全,划分为小规模纳税人和一般纳税人。具体划分标准为:

(1)小规模纳税人的认定标准。

小规模纳税人是指年销售额在规定标准以下,并且会计核算不健全,不能按规定报送有关税务资料的增值税纳税人。

具体标准如下:①从事货物生产或提供应税劳务的纳税人,以及以从事货物生产或提供应税劳务为主,并兼营货物批发或零售的纳税人,年应税销售额在 50 万元以下(含本数,下同)的;②从事货物批发或零售的纳税人,年应税销售额在 80 万元以下的。

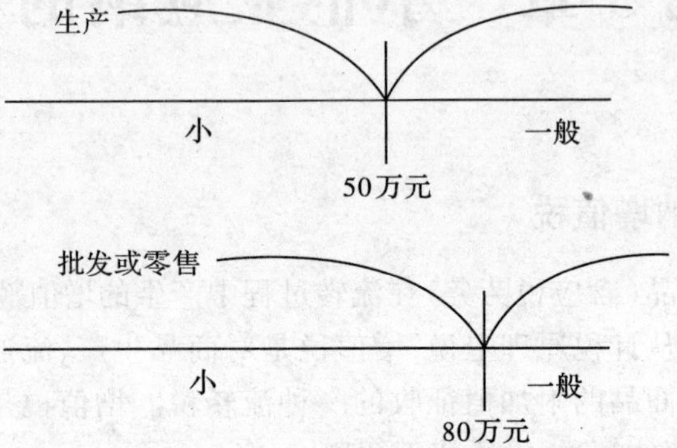

图 3-1　小规模纳税人认定标准

年应税销售额超过小规模纳税人标准的个人、非企业性单位、不经常发生应税行为的企业,视同小规模纳税人纳税。

(2)一般纳税人的认定标准。

一般纳税人是指年应征增值税销售额(以下简称年应税销售额,包括一个公历年度内的全部应税销售额)超过《中华人民共和国增值税暂行条例实施细则》(以下简称《增值税暂行条例实施细则》)规定的小规模纳税人标准的企业和企业性单位。

下列纳税人不属于一般纳税人:①年应税销售额未超过小规模纳税人标准的企业(以下简称小规模企业);②个人(除个体经营者以外的其他个人);③非企业性单位;④不经常发生增值税应税行为的企业。

2)管理

经营规模达到了规定标准且会计核算健全的纳税人,必须经过认定手续,才能取得增值税一般纳税人资格,具体如下:

(1)纳税人应提出申请报告,并提供营业执照,有关合同、章程、协议书,银行账号证明以及税务机关要求提供的其他有关证件、资料,向企业所在地主管税务机关申请办理一般纳税人认定手续。

(2)主管税务机关在初步审核企业的申请报告和有关资料后,发给《增值税一般纳税人申请认定表》(一式两份),企业如实填写后,交由审批机关(县级以上税务机关)审批,负责审批的税务机关应在收到之日起 30 日内审批完毕。符合一般纳税人条件的,在其《税务登记证》副本首页上方加盖“增值税一般纳税人”确认专章(专章印色统一为红色),作为领购增值税专用发票的证件。

(3)新开业的符合一般纳税人条件的企业,应在办理税务登记的同时申请办理一般纳税人认定手续。

(4)已开业的小规模纳税企业,其年应税销售额超过小规模纳税人标准的,应在次年1月底以前申请办理一般纳税人认定手续。

(5)一般纳税人总分支机构不在同一县(市)的,应分别向其机构所在地主管税务机关申请办理一般纳税人认定手续。纳税人总分支机构实行统一核算,其总机构年应税销售额超过小规模纳税人标准,但分支机构是商业企业以外的其他企业,年应税销售额未超过小规模纳税人标准的,其分支机构可申请一般纳税人认定手续。在办理认定手续时,需提供总机构所在地主管税务机关批准其总机构为一般纳税人的证明。

(6)全部销售免税货物的企业不办理一般纳税人认定手续,因销售免税货物不得开具增值税专用发票。

增值税一般纳税人资格认定与管理如图3-2所示。

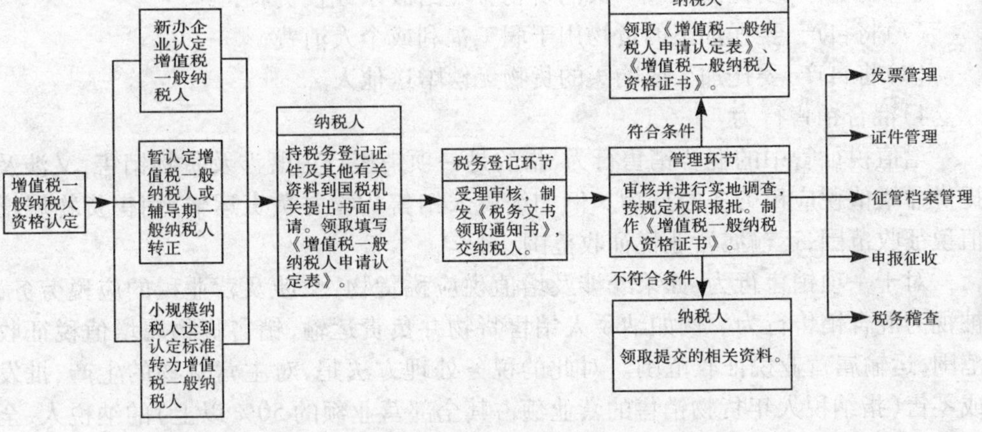

图3-2　增值税一般纳税人资格认定与管理

3.1.2 哪些行为应该征收增值税

1)一般范围

(1)销售或进口货物。

(2)提供加工、修理修配劳务。

这里的货物是指有形动产,包括电力、热力、气体等,不包括不动产和无形资产(如专利、商标权等)。加工是指受托加工货物,即委托方提供原料及主要材料,受托方按照委托方的要求制造货物并收取加工费的业务;修理修配是指受托对损伤和丧失功能的货物进行修复,使其恢复原状和功能的业务。

2)特殊项目

(1)货物期货(包括商品期货和贵金属期货);

(2)典当业销售死当物品业务;

(3)寄售业销售委托人寄售物品的业务;

(4)集邮商品的生产、调拨及邮政部门以外的其他单位和个人销售集邮商品的业务。

3)视同销售

以下八种行为在增值税法中被视同为销售货物,均要征收增值税:

(1)将货物交由他人代销;

(2)代他人销售货物;

(3)将货物从一地移送至另一地(同一县市除外);

(4)将自产或委托加工的货物用于非应税项目;

(5)将自产、委托加工或购买的货物作为对其他单位的投资;

(6)将自产、委托加工或购买的货物分配给股东或投资者;

(7)将自产、委托加工的货物用于职工福利或个人消费;

(8)将自产、委托加工或购买的货物无偿赠送他人。

4)混合销售行为

增值税征管中的混合销售行为,指的是一项销售行为既涉及货物销售,又涉及提供非增值税应税劳务的行为。例如纳税人销售货物并负责运输,销售货物属增值税征收范围,运输属营业税征收范围。

对于一项销售行为,如果既涉及增值税应税货物,又涉及营业税的应税劳务,被视为混合销售行为。例如纳税人销售货物并负责运输,销售货物属增值税征收范围,运输属营业税征收范围。对此的税务处理方法是,对主营货物的生产、批发或零售(指纳税人年货物销售的营业额占其全部营业额的50%以上)的纳税人,全部视为销售货物征收增值税,而不征收营业税;对非主营货物的生产、批发或零售的其他纳税人,全部视为营业税应税劳务,而不再征收增值税。

与混合销售行为不同,兼营行为是指纳税人在从事增值税应税行为的同时,还从事营业税应税行为,且这两者之间并无直接的联系和从属关系。对此的税务处理方法是,将两者分开核算,分别纳税,如果不能分别核算或者分别核算不准确的,由主管税务机关核定其销售额和营业额。

5)兼营非应税劳务行为

兼营非应税劳务行为是指增值税的纳税人在从事应税货物销售或提供应税劳务的同时,还从事非应税劳务,且所从事的非应税劳务与某一项销售货物或提供应税劳务并无直接的联系和从属关系。这是兼营非应税劳务行为和混合销售行为的区别所在。

例如,友谊购物中心在销售百货商品的同时还提供音乐茶座、台球、保龄球等娱乐项目,该购物中心的行为即属于兼营非应税劳务行为。因为该购物中心在销售货物的同时还提供非应税劳务(提供音乐茶座、台球、保龄球等服务娱乐项目),且所提供的非应税劳务与销售货物并无直接的联系和从属关系。

3.1.3 增值税税率是如何确定的

增值税税率分为三档:基本税率17%、低税率13%、零税率。

1)基本税率

对于增值税一般纳税人从事应税行为,除下述低税、免税等以外,一律适用17%的基本税率,小规模纳税人适用征收率,一般纳税人销售旧货等也适用征收率。

2)低税率

《财政部、国家税务总局关于部分货物适用增值税低税率和简易办法征收增值税政策的通知》(财税〔2009〕9号)规定下列货物继续适用13%的增值税税率:

(1)农产品。

(2)音像制品。

(3)电子出版物。

(4)二甲醚。

3)征收率

由于小规模纳税人会计核算不健全,无法准确核算进项税额和销项税额,在增值税征收管理中,采用简便方式,按照其销售额与规定的征收率计算缴纳增值税,不准许抵扣生产销售的特定货物,确定征收率,按照简易办法征收增值税,并视不同情况,采取不同的征收管理办法。

(1)小规模纳税人增值税征收率的规定。

①小规模纳税人增值税征收率为3%,征收率的调整由国务院决定。

②小规模纳税人(除其他个人外)销售自己使用过的固定资产,减按2%征收率征收增值税。只能够开具普通发票,不得由税务机关代开增值税专用发票。

③小规模纳税人销售自己使用过的除固定资产以外的物品,应按3%的征收率征收增值税。

(2)一般纳税人按照简易办法征收增值税的征收率规定。

①一般纳税人销售自产的下列货物,可选择按照简易办法依照6%征收率计算缴纳增值税:

a. 县级及县级以下小型水力发电单位生产的电力；

b. 建筑用和生产建筑材料所用的砂、土、石料；

c. 以自己采掘的砂、土、石料或其他矿物连续生产的砖、瓦、石灰（不含黏土实心砖、瓦）；

d. 用微生物、微生物代谢产物、动物毒素、人或动物的血液或组织制成的生物制品；

e. 自来水；

f. 商品混凝土（仅限于以水泥为原料生产的水泥混凝土）。

一般纳税人选择简易办法计算缴纳增值税后，36 个月内不得变更。可自行开具增值税专用发票。

②销售货物属于下列情形之一的，暂按简易办法按照 4% 征收率计算缴纳增值税：

a. 寄售商店代销寄售物品（包括居民个人寄售的物品在内）；

b. 典当业销售的死当物品；

c. 经国务院或国务院授权机构批准的免税商店零售的免税品。

上述销售货物行为，可自行开具增值税专用发票。

③销售自己使用过的物品。

a. 销售自己使用过的按规定不得抵扣进项税额且未抵扣进项税额的固定资产，按简易办法依 4% 征收率减半征收增值税；

b. 销售自己使用过的除固定资产以外的物品，应当按照适用税率征收增值税；

c. 按简易办法依 4% 征收率减半征收增值税的，应开具普通发票，不得开具增值税专用发票。

（3）纳税人销售旧货物适用征收率的规定。

纳税人销售旧货，按照简易办法依照 4% 征收率减半征收增值税。所称旧货，是指进入二次流通、具有部分使用价值的货物（含旧汽车、旧摩托车和旧游艇），但不包括自己使用过的物品。

纳税人销售旧货，应开具普通发票，不得自行开具或者由税务机关代开增值税专用发票。

销售自己使用过的其他属于货物的固定资产，暂免征收增值税。

增值税一般纳税人向小规模纳税人购买的农业产品，可视为免税农业产品按 13% 的扣除率计算进项税额。

增值税一般纳税人凭发票上的运费金额按 7% 的扣除率计算进项税额。如果运输费用和其他杂费合并开列，则不得计算进项税额。

3.1.4 如何计算应缴纳增值税

1)一般纳税人如何准确计算增值税的应纳税额

增值税一般纳税人当期的应纳税额等于当期的销项税额减当期的进项税额,其计算公式为:

应纳税额 = 销项税额 - 进项税额

一般纳税人当期应纳税额的多少取决于销项税额和进项税额两个因素,所以在计算应纳税额时,应分别确定销项税额和进项税额。

(1)销项税额的计算。

销项税额是纳税人销售货物或应税劳务,按照销售额和税率计算并向购买方收取的增值税税额。其计算公式为:

销项税额 = 销售额 × 税率

公式中,税率为13%或17%,而销售额的确定是正确计算销项税额的关键。

第一,一般销售方式下的销售额。

销售额:销售额是纳税人销售货物或提供应税劳务向购买方收取的全部价款和价外费用(即价外收入,如违约金、滞纳金、赔偿金、延期付款利息、包装费、包装物租金、运输装卸费等)。

销售额 = 价款 + 价外收入

销售额中不包括:①受托加工应征消费税的消费品所代收代缴的消费税。②同时符合以下条件的代垫运费:承运者的运费发票开具给购货方的;纳税人将该项发票转交给购货方的。③代为收取的政府性基金或者行政事业性收费。④销售货物的同时代办保险等而向购买方收取的保险费,以及向购买方收取的代购买方缴纳的车辆购置税、车辆牌照费。

第二,特殊销售方式下销售额的税务处理及说明,见表3-1。

表3-1　**特殊销售方式下销售额的税务处理及说明**

三种折扣折让	税务处理	说明
折扣销售 (商业折扣)	可以从销售额中扣减	(1)目的:促销 (2)售后优惠或补偿:纳税人销售货物并向购买方开具增值税专用发票后,由于购货方在一定时期内累计购买货物达到一定数量,或者由于市场价格下降等原因,销货方给予购货方相应的价格优惠或补偿等折扣、折让行为,销货方可按现行《增值税专用发票使用规定》的有关规定开具红字增值税专用发票 (3)实物折扣:按视同销售中"无偿赠送"处理,实物款额不能从原销售额中减除

续表

三种折扣折让	税务处理	说明
销售折扣（现金折扣）	折扣额不得从销售额中减除	目的：发生在销售之前，属于一种融资行为
销售折让	折让额可以从销售额中减除	目的：保商业信誉，对已售产品出现品种、质量问题而给予购买方的补偿

（2）进项税额的抵扣。

进项税额是纳税人购进货物或接受应税劳务所支付或负担的增值税税额，与销售方收取的销项税额相对应。

①准予从销项税额中抵扣的进项税额分两类：一类是以票抵扣，即取得法定扣税凭证，并符合税法抵扣政策规定的进项税额；另一类是计算抵扣，即没有取得法定扣税凭证，但符合税法抵扣政策，准予计算抵扣的进项税额（见表3－2）。

表3－2　准予计算抵扣的进项税额

项目	内容
以票抵税	①从销售方取得的增值税专用发票上注明的增值税税额（先认证，后抵扣） ②从海关取得的专用缴款书上注明的增值税税额（先对比，后抵扣）
计算抵税	①外购免税农产品：进项税额＝买价×13% ②外购运输劳务：进项税额＝运输费用×7%
增值税扣税凭证	增值税专用发票、海关进口增值税专用缴款书、农产品收购发票和农产品销售发票以及运输费用结算单据

②计算抵扣是进项税额确定中的难点，必须准确掌握计算抵扣的范围和条件。

表3－3　运输费用的计算抵扣

项目	内容
税法规定	一般纳税人外购货物和销售货物所支付的运输费用，准许按运费结算单据所列运费7%的扣除率计算进项税额抵扣
计算公式	进项税额＝运费金额（即运输费用＋建设基金）×7%

③一般纳税人从农民专业合作社购进的免税农业产品，可按13%的扣除率计算抵扣增值税进项税额。

表3－4　购进免税农产品的计算抵扣

项目	内容
税法规定	购进农产品，除取得增值税专用发票或者海关进口增值税专用缴款书外，按照农产品收购发票或者销售发票上注明的农产品买价和13%的扣除率计算进项税额抵扣
计算公式	一般情况：进项税额＝买价×13% 特殊情况： 烟叶收购金额＝收购价款×（1＋10%），10%为价外补贴 应纳烟叶税税额＝收购金额×20% 烟叶进项税额＝（收购金额＋烟叶税）×13%

（3）不得从销项税额中抵扣的进项税额。

表3－5　不得从销项税额中抵扣的进项税额

不得抵扣项目	解析
（1）用于非增值税应税项目、免征增值税项目、集体福利或者个人消费的购进货物或者应税劳务 【解析】个人消费包括纳税人的甲级应酬消费	【解析1】设备在建工程与不动产在建工程 【解析2】一般纳税人兼营免税项目或者非增值税应税劳务而无法划分不得抵扣的进项税额的，按下列公式计算： 不得抵扣的进项税额＝当月无法划分的全部进项税额×当月免税项目销售额、非增值税应税劳务营业额合计÷当月全部销售额、营业额合计
（2）非正常损失的购进货物及相关的应税劳务	【解析1】所称非正常损失，是指因管理不善造成被盗、损失、霉烂变质的损失 【解析2】非正常损失货物不得抵扣的进项税额，在增值税中不得扣除（须作进项税额转出处理）；在企业所得税中，可以将转出的进项税额计入企业的损失（“营业外支出”），在企业所得税税前扣除
（3）非正常损失的在产品、产成品所耗用的购进货物或者应税劳务	

续表

不得抵扣项目	解析
(4)国务院财政、税务主管部门规定的纳税人自用消费品	【特例】纳税人自用的应征消费税的摩托车、汽车、游艇,其进项税额不得从销项税额中抵扣
(5)上述第(1)~(4)项规定的货物的运输费用和销售免税货物的运输费用	运输费用的计算抵扣应伴随货物

(4)应纳税额计算举例。

增值税应纳税额计算公式:

应纳税额=销项税额-进项税额

【例3-1】某制药厂(增值税一般纳税人)3月份销售抗生素药品取得含税收入117万元,销售免税药品50万元;当月购入生产用原材料一批,取得的增值税专用发票上注明税款6.9万元。抗生素药品与免税药品无法划分耗料情况,则该制药厂当月应纳增值税为多少?

计算分析:

销项税额=117÷(1+17%)×17%=17(万元)

进项税额=6.9×100÷(100+50)=4.6(万元)

增值税应纳税额=17-4.6=12.4(万元)

2)小规模纳税人如何计算增值税的应纳税额

(1)计算公式。

应纳税额=(不含税)销售额×征收率(3%)

公式中的销售额应为不含增值税税额、含价外费用的销售额。

(2)含税销售额换算。

由于小规模纳税人销售货物只能开具普通发票,上面标明的是含税价格,需按以下公式换算为不含税销售额:

(不含税)销售额=含税销售额÷(1+3%)

(3)小规模纳税人(除其他个人外)的税收规定(见表3-6)。

表3-6　小规模纳税人的税收规定

(1)销售自己使用过的固定资产和旧货	减按2%征收率征收增值税	增值税=售价÷(1+3%)×2%
(2)销售自己使用过的除固定资产以外的物品	按3%征收率征收增值税	增值税=售价÷(1+3%)×3%

【例3－2】某商业零售企业为增值税小规模纳税人,2012年9月购进货物(商品)取得普通发票,共计支付金额120 000元;本月销售货物取得零售收入158 080元。本月还销售自己使用过的旧车一辆,取得收入45 000元。该企业9月份应缴纳的增值税为多少?

计算分析:

该小规模纳税人9月份应纳增值税 $=158\ 080\div(1+3\%)\times3\%+45\ 000\div(1+3\%)\times2\%=5\ 478.06$(元)

3.1.5 增值税起征点是怎样规定的

根据《关于修改〈中华人民共和国增值税暂行条例实施细则〉和〈中华人民共和国营业税暂行条例实施细则〉的决定》(财政部令第65号),增值税起征点的幅度规定调整为:销售货物的,为月销售额5 000元至20 000元;销售应税劳务的,为月销售额5 000元至20 000元;按次纳税的,为每次(日)销售额300元至500元。营业税起征点的幅度规定调整为:按期纳税的,为月营业额5 000元至20 000元;按次纳税的,为每次(日)营业额300元至500元。

3.1.6 增值税有哪些优惠政策

1)下列项目可以免征增值税

(1)种子、种苗、农用塑料薄膜、有机肥产品和规定的农业机械、化肥、农药、饲料等农业生产资料,农业(包括种植业、养殖业、林业、牧业和水产业)生产单位和个人销售的自产初级农业产品;

(2)来料加工复出口的货物;

(3)企业为生产中国科学技术部制定的《国家高新技术产品目录》中所列的产品而进口的规定的自用设备和按照合同随同设备进口的配套技术、配件和备件;

(4)外国政府和国际金融组织贷款项目进口的自用设备(国家另有规定者除外);

(5)企业为引进中国科学技术部制定的《国家高新技术产品目录》中所列的先进技术而向境外支付的软件费;

(6)避孕药品和用具;

(7)向社会收购的古旧图书;

(8)国家规定的科学研究机构和学校(主要指省、部级单位所属的专门科研机构和国家承认学历的实施专科以上高等学历教育的高等院校),以科学研究和教学为目的,在合理数量范围以内进口国内不能生产或者性能不能满足需要的科学研究和教学用品;

(9)直接用于农业科研、试验的进口仪器、设备;

(10)外国政府、国际组织无偿援助、赠送的进口物资和设备,外国政府、国际组织无偿援助项目在中国境内采购的货物；

(11)中国境外的自然人、法人和其他组织按照规定无偿向受赠人捐赠进口的直接用于扶贫、慈善事业的物资；

(12)中国境外的捐赠人按照规定无偿捐赠的直接用于各类职业学校、高中、初中、小学和幼儿园教育的教学仪器、图书、资料和一般学习用品；

(13)符合国家规定的进口供残疾人专用的物品；

(14)个人销售自己使用过的物品；

(15)承担粮食收储任务的国有粮食购销企业销售的粮食，其他粮食企业经营的军队用粮、救灾救济粮和水库移民口粮，销售政府储备食用植物油；

(16)军事工业企业、军队和公安、司法等部门所属企业和一般企业生产的规定的军、警用品；

(17)专供残疾人使用的假肢、轮椅和矫形器；

(18)残疾人个人提供的加工和修理、修配劳务；

(19)规定的资源综合利用产品，包括纳税人自产的再生水、以废旧轮胎为全部生产原料生产的胶粉、翻新轮胎和生产原料中掺兑废渣比例不低于30%的特定建材产品（包括烧结普通砖以外的砖、砌块、陶粒、墙板、管材、混凝土、砂浆、道路井盖、道路护栏、防火材料、耐火材料、保温材料、矿棉和岩棉）；

(20)规定的污水处理劳务；

(21)血站供给医疗机构的临床用血；

(22)非营利性医疗机构自产自用的制剂；

(23)小规模纳税人出口的货物，国家规定不予退（免）增值税的货物除外；

(24)边境居民通过互市贸易进口规定范围以内的生活用品，每人每日价值人民币8 000元以下的部分，可以免征进口环节的增值税；

(25)自2012年10月1日起，免征部分鲜活肉蛋产品流通环节增值税。

3.1.7 如何申报缴纳增值税

增值税纳税申报时间与主管国税机关核定的纳税期限是相联系的。

1)增值税纳税义务发生时间

(1)销售货物或者应税劳务，为收讫销售款项或者取得索取销售款项凭据的当天，先开具发票的，为开具发票的当天；

(2)采取直接收款方式销售货物，不论货物是否发出，均为收到销售款或者取得索取销售款凭据的当天；

(3)采取托收承付和委托银行收款方式销售货物，为发出货物并办妥托收手续的当天；

(4)采取赊销和分期收款方式销售货物,为书面合同约定的收款日期的当天,无书面合同的或者书面合同没有约定收款日期的,为货物发出的当天;

(5)采取预收货款方式销售货物,为货物发出的当天,但生产销售生产工期超过12个月的大型机械设备、船舶、飞机等货物,为收到预收款或者书面合同约定的收款日期的当天;

(6)委托其他纳税人代销货物,为收到代销单位的代销清单或者收到全部或者部分货款的当天,未收到代销清单及货款的,为发出代销货物满180天的当天;

(7)销售应税劳务,为提供劳务同时收讫销售款或者取得索取销售款的凭据的当天;

(8)纳税人发生视同销售货物行为,为货物移送的当天;

(9)进口货物,为报关进口的当天;

(10)增值税扣缴义务发生时间为纳税人增值税纳税义务发生的当天。

2)纳税期限

增值税的纳税期限分别为1日、3日、5日、10日、15日、1个月或者1个季度。纳税人的具体纳税期限,由主管税务机关根据纳税人应纳税额的大小分别核定;不能按照固定期限纳税的,可以按次纳税。

以1个月或者1个季度为一个纳税期的纳税人,自期满之日起15日内申报纳税;以1日、3日、5日、10日或者15日为一个纳税期的纳税人,自期满之日起5日内预缴税款,于次月1日起15日内申报纳税并结清上月应纳税款。

纳税人进口货物的,应当自海关填发海关进口增值税专用缴款书之日起15日内缴纳税款。纳税人出口货物适用退(免)税规定的,应当向海关办理出口手续,凭出口报关单等有关凭证,在规定的出口退(免)税申报期内按月向主管税务机关申报办理该项出口货物的退(免)税。

(1)一般纳税人。增值税的纳税期限分别为1日、3日、5日、10日、15日、1个月或者1个季度。

以1个月或者1个季度为一个纳税期的纳税人,自期满之日起15日内申报纳税;以1日、3日、5日、10日或15日为一个纳税期的纳税人,自期满之日起5日内预缴税款,于次月1~15日申报并结清上月应纳税款。以1个季度为纳税期限的规定仅适用于小规模纳税人。

(2)小规模纳税人。实行查账征收方式的小规模纳税人,于每月1~10日内,持《增值税纳税申报表(适用于小规模纳税人)》到申报征收岗位办理纳税申报,经审核内容齐全、逻辑正确的通过申报,同时征收税款并开具票据。

实行定期定额征收方式的纳税人:于每月1~10日内,持《税务登记证》副本或上月税票到申报征收岗位办理纳税申报,确认金额无误后征收税款并开具税票。

3.1.8 如何办理出口货物退(免)税

1)出口货物退(免)税的基本政策

(1)出口免税并退税。

(2)出口免税但不退税。

(3)出口不免税也不退税。

出口货物退(免)税的适用范围见表3-7。

表3-7 出口货物退(免)税的适用范围

三种政策	货物	企业
(1)出口免税并退税	①必须是属于增值税、消费税征税范围的货物; ②必须是报关离境的货物; ③必须是在财务上作销售处理的货物; ④必须是出口收汇并已核销的货物。	生产企业自营出口或者委托外贸企业代理出口的自产货物; 有出口经营权的外贸企业收购后直接出口或委托其他外贸企业代理出口的货物; 特定出口的货物; 对外承包工程公司运出境外用于对外承包项目的货物; 外轮供应公司、远洋运输供应公司销售给外轮、远洋国轮而收取外汇的货物; 企业在国内采购并运往境外作为在国外投资的货物。
(2)出口免税不退税	①来料加工复出口的货物,即原材料进口免税,加工自制的货物出口不退税。 ②避孕药品和用具、古旧图书内销免税,出口也免税。 ③出口卷烟:有出口卷烟权的企业出口国家出口卷烟计划内的卷烟,在生产环节免征增值税、消费税,出口环节不办理退税。其他非计划内出口的卷烟照章征收增值税和消费税,出口一律不退税。 ④军品以及军队系统企业出口军需工厂生产或军需部门调拨的货物免税。 ⑤国家规定的其他免税货物。	属于生产企业的小规模纳税人自营出口或委托外贸企业代理出口的自产货物; 外贸企业从小规模纳税人处购进并持普通发票的货物出口,免税但不予退税; 外贸企业直接购进国家规定的免税货物出口的,免税但不予退税。

续表

三种政策	货物	企业
(3)出口不免税也不退税	除经批准属于进料加工复出口贸易以外，下列出口货物不免税也不退税： ①出口的原油； ②援外出口货物； ③国家禁止出口的货物。	对没有进出口经营权的商贸企业,从事出口贸易不免税也不退税。

2)出口货物的退税率

出口货物的退税率,是出口货物的实际退税额与退税计税依据的比例。

现行出口货物的增值税退税率有9档:17%、15%、14%、13%、11%、9%、8%、6%、5%。

增值税出口退税计算办法:

第一种办法是“免、抵、退”办法,主要适用于自营和委托出口自产货物的生产企业。

第二种办法是“先征后退”办法,目前主要用于收购货物出口的外(工)贸企业。

(1)“免、抵、退”的计算方法——生产企业适用。

①适用范围:主要适用于自营和委托出口自产货物的生产企业。

②含义:“免税”,免征出口销售环节的增值税;“抵税”,生产企业出口自产货物耗用的原材料、零部件、燃料、动力等应予退还的进项税额,抵顶内销货物的应纳税额;“退税”,生产企业出口的自产货物在当月内应抵顶的进项税额大于应纳税额时,对未抵顶完的部分予以退税。

③“免、抵、退”的计算:

出口企业全部原材料均从国内购进,“免、抵、退”办法基本步骤为五步,公式如下:

第一步,剔税:计算不得免征和抵扣税额。

免抵退税不得免征和抵扣税额 = 出口货物离岸价 × 外汇人民币牌价 ×(出口货物征税率 − 出口货物退税率)

第二步,抵税:计算当期应纳增值税税额。

当期应纳税额 = 内销货物的销项税额 −(进项税额 − 免抵退税不得免征和抵扣税额)− 上期期末留抵税额

第三步,算尺度:计算免抵退税额。

免抵退税额 = 出口货物离岸价 × 外汇人民币牌价 × 出口货物退税率

第四步，比较确定应退税额。

第五步，确定免抵税额。

当期应退税额和免抵税额的计算：

如当期期末留抵税额≤当期免抵退税额，则：

当期应退税额 = 当期期末留抵税额

当期免抵税额 = 当期免抵退税额 - 当期应退税额

如当期期末留抵税额 > 当期免抵退税额，则：

当期应退税额 = 当期免抵退税额

当期免抵税额 = 0

【例3-3】某自营出口的生产企业为增值税一般纳税人，出口货物的征税率为17%，退税率为13%。2012年4月的有关经营业务为：购进原材料一批，取得的增值税专用发票注明的价款为200万元，外购货物准予抵扣的进项税额34万元通过认证。上月月末留抵税款3万元，本月内销货物不含税销售额100万元，收款117万元存入银行，本月出口货物的销售额折合人民币200万元。试计算该企业当期的“免、抵、退”税额。

计算分析：

当期免抵退税不得免征和抵扣税额 = 200 ×（17% - 13%）= 8（万元）

当期应纳税额 = 100 × 17% -（34 - 8）- 3 = 17 - 26 - 3 = -12（万元）

出口货物“免、抵、退”税额 = 200 × 13% = 26（万元）

按规定，当期期末留抵税额≤当期免抵退税额时：

当期应退税额 = 当期期末留抵税额

即该企业当期应退税额 = 12（万元）

当期免抵税额 = 当期免抵退税额 - 当期应退税额

当期免抵税额 = 26 - 12 = 14（万元）

（2）外贸企业出口货物——先征后退计算方法。

①外贸企业“先征后退”计算办法。

应退税额 = 外贸收购不含增值税购进金额 × 出口货物退税率

②外贸企业委托生产企业加工收回后报关出口的货物，按购进国内原辅材料的增值税专用发票上注明的进项金额，依原辅材料的退税率计算原辅材料退税额。支付的加工费，凭受托方开具的增值税专用发票注明的金额，依出口货物的退税率，计算加工费的应退税额。

3.1.9 增值税专用发票是怎样管理的

1)什么是增值税专用发票

增值税专用发票是增值税一般纳税人销售货物,或者提供应税劳务开具的发票,是购买方支付增值税税额并可按照增值税有关规定据以抵扣增值税进项税额的凭证。专用发票由基本联次或者基本联次附加其他联次构成,基本联次分三联:发票联、抵扣联、记账联。发票联作为购买方核算采购成本和增值税进项税额的记账凭证;抵扣联作为购买方报送主管税务机关认证和留存备查的凭证;记账联作为销售方核算销售收入和增值税销项税额的记账凭证。

2)如何领购专用发票

一般纳税人凭《发票领购簿》、IC 卡、经办人身份证明领购专用发票。

3)专用发票最高开票限额

专用发票实行最高开票限额管理。最高开票限额,是指单份专用发票开具的销售额合计数不得达到的上限额度。最高开票限额由一般纳税人申请,须填报《最高开票限额申请表》,由税务机关依法审批。

4)认证

用于抵扣增值税进项税额的专用发票应经税务机关认证相符,认证相符的专用发票应作为购买方的记账凭证,不得退还销售方。专用发票抵扣联无法认证的,可使用专用发票发票联到主管税务机关认证。专用发票发票联复印件留存备查。

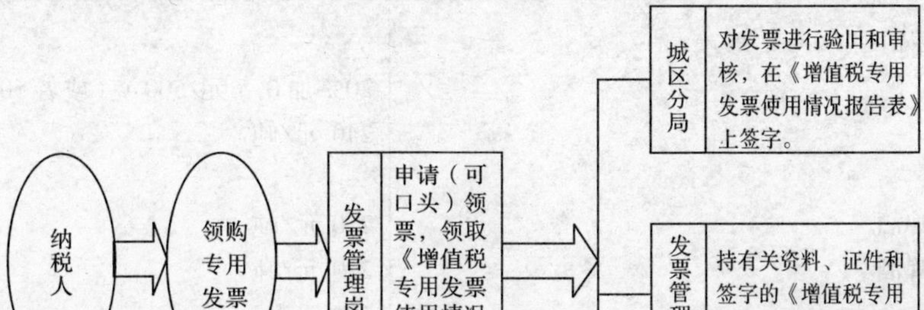

图 3－3　增值税专用发票管理

3.2 如何缴纳消费税

我国现行消费税是对在我国境内从事生产、委托加工和进口应税消费品的单位和个人就其应税消费品征收的一种税收。它选择部分消费品征税,因而属于特别消费税。

3.2.1 哪些项目属于消费税的征税范围?税率是怎么规定的?

消费税征税范围可以概括为:生产、委托加工和进口应税消费品。从消费税的征税目的出发,目前应税消费品被定为14类货物,实行比例税率、定额税率和复合税率三种。

表3-8　　　　消费税税目税率表

税目	税率
一、烟	
1. 卷烟	
(1)甲类卷烟	56%加0.003元/支(生产环节)
(2)乙类卷烟	36%加0.003元/支(生产环节)
(3)批发环节	5%
2. 雪茄烟	36%
3. 烟丝	30%
二、酒及酒精	
1. 白酒	20%加0.5元/500克(或者500毫升)
2. 黄酒	240元/吨
3. 啤酒	
(1)甲类啤酒	250元/吨
(2)乙类啤酒	220元/吨
4. 其他酒	10%
5. 酒精	5%
三、化妆品	30%
四、贵重首饰及珠宝玉石	
1. 金银首饰、铂金首饰和钻石及钻石饰品	5%
2. 其他贵重首饰和珠宝玉石	10%
五、鞭炮、焰火	15%

续表

税目	税率
六、成品油	
1. 汽油	
(1)含铅汽油	1.40 元/升
(2)无铅汽油	1.00 元/升
2. 柴油	0.80 元/升
3. 航空煤油	0.80 元/升
4. 石脑油	1.00 元/升
5. 溶剂油	1.00 元/升
6. 润滑油	1.00 元/升
7. 燃料油	0.80 元/升
七、汽车轮胎	3%
八、摩托车	
1. 气缸容量(排气量,下同)在 250 毫升(含 250 毫升)以下的	3%
2. 气缸容量在 250 毫升以上的	10%
九、小汽车	
1. 乘用车	
(1)气缸容量(排气量,下同)在 1.0 升以下(含 1.0 升)的	1%
(2)气缸容量在 1.0 升以上至 1.5 升(含 1.5 升)的	3%
(3)气缸容量在 1.5 升以上至 2.0 升(含 2.0 升)的	5%
(4)气缸容量在 2.0 升以上至 2.5 升(含 2.5 升)的	9%
(5)气缸容量在 2.5 升以上至 3.0 升(含 3.0 升)的	12%
(6)气缸容量在 3.0 升以上至 4.0 升(含 4.0 升)的	25%
(7)气缸容量在 4.0 升以上的	40%
2. 中轻型商用客车	5%
十、高尔夫球及球具	10%
十一、高档手表	20%
十二、游艇	10%
十三、木制一次性筷子	5%
十四、实木地板	5%

表3－9　消费税复合税率

应税消费品	定额税率	比例税率
卷烟	每标准箱150元	56%(每条价格≥70元), 36%(每条价格<70元)
白酒	每斤0.5元	20%

3.2.2 如何计算消费税

1)生产销售应税消费品的应纳税额计算

(1)从价定率计算方法。

对实行从价定率计算方法的应税消费品,以其销售额为计税依据,按适用的比例税率计算应纳消费税税额。基本计算公式为:

应纳税额＝销售额×比例税率

公式中的"销售额"是指纳税人有偿转让应税消费品所取得的全部收入,即纳税人销售应税消费品向购买方收取的全部价款和价外费用,全部价款中包含消费税税额,但不包括增值税税额。

含增值税销售额的换算:

应税消费品的销售额＝含增值税的销售额÷(1＋增值税税率或征收率)

"价外费用"指纳税人在价款之外收取的基金、集资费、返还利润、补贴、违约金(延期付款利息)、手续费、包装费、储备费、优质费、运输装卸费、代收款项、代垫款项以及其他各种性质的价外收费。但下列款项不包括在内:

①承运部门的运费发票开具给购货方的;

②纳税人将该项发票交给购货方的。

除此之外的其他价外费用,无论是否属于纳税人的收入,均应并入销售额计算纳税。

【例3－4】某日化厂生产的化妆品对外零售价格(含增值税)为117元,那么计征消费税的依据经过换算为100元[117÷(1＋17%)],则:

消费税税额＝100×30%＝30(元)

增值税税额＝100×17%＝17(元)

(2)从量定额计算方法。

对实行从量定额计算方法的应税消费品,以其销售数量为计税依据,按适用的单位税额计算应纳消费税税额。计算公式为:

应纳税额＝销售数量×单位税额

公式中的"销售数量"是指应纳税消费品的数量,由于纳税人的生产经营方式不同,其含义也有所不同:①销售应税消费品的,为应税消费品的销售数量;②自产自用应税消费品的,为应税消费品的移送使用数量;③委托加工应税消费品的,为纳税人收回的应税消费品的数量;④进口的应税消费品,为海关核定的应税消费品的进口征税数量。

在实行从量定额计算方法的应税消费品中,对黄酒和啤酒是以吨为计税单位规定单位税额,对成品油是以升为计税单位规定单位税额。在实际生产经营过程中,纳税人所采用的计算单位可能会与规定的计税单位不一致,这就需要在计算应纳税额时将其先换算成规定的计税单位。税法规定的换算标准如下:

表 3－10　　**计量单位的换算标准**

名称	计算单位的换算标准
黄酒	1 吨＝962 升
啤酒	1 吨＝988 升
汽油	1 吨＝1 388 升
柴油	1 吨＝1 176 升
航空煤油	1 吨＝1 246 升
石脑油	1 吨＝1 385 升
溶剂油	1 吨＝1 282 升
润滑油	1 吨＝1 126 升
燃料油	1 吨＝1 015 升

(3)从价定率和从量定额混合计算方法(即复合计税)。

现行消费税的征税范围中,只有卷烟、粮食白酒、薯类白酒采用混合计算方法。其基本计算公式为:

应纳税额＝销售额×比例税率＋销售数量×单位税额

生产销售卷烟、粮食白酒、薯类白酒从量定额计税依据为实际销售数量。进口、委托加工、自产自用卷烟、粮食白酒、薯类白酒从量定额计税依据分别为海关核定的进口征税数量、委托方收回数量、移送使用数量。

【例 3－5】某酒厂 2011 年 5 月发生以下业务:以外购粮食白酒和自产糠麸白酒勾兑散装白酒 1 吨并销售,取得不含税收入 3.8 万元,货款已收到。计算应纳消费税。

对外购粮食和薯类、糠麸等多种原料混合生产的白酒,按粮食白酒税率征税。

从量计征的消费税＝1×2 000×0.5＝1 000(元)＝0.1(万元)

从价计征的消费税 = 3.8 × 20% = 0.76(万元)

此外,税法规定,消费税的应纳税额应按人民币计算。纳税人销售的应税消费品如果以外汇结算销售款时,应当折合人民币计算应纳消费税税额。在将外汇折合成人民币时,其折合率可以选择结算销货款当天或者当月 1 日的国家外汇牌价(原则上为中间价)。纳税人应当事先确定采用上述的哪一种折合率,并且在确定后的一年内不得进行变更。

2)自产自用应税消费品的应纳税额计算

自产自用就是纳税人生产应税消费品后,不是用于直接对外销售,而是用于自己连续生产应税消费品,或用于其他方面。

(1)自产自用应税消费品缴纳消费税的规定。

①用于连续生产应税消费品的。纳税人自产自用的应税消费品用于连续生产应税消费品的,不纳税。

②用于其他方面的。纳税人自产自用的应税消费品用于其他方面的,于移送使用时纳税。

"用于其他方面"是指纳税人将应税消费品用于生产非应税消费品和在建工程、管理部门、非生产机构,以及用于提供劳务、馈赠、赞助、集资、广告、样品、职工福利、奖励等方面。

(2)自产自用应税消费品消费税的计算。

纳税人自产自用的应税消费品,凡用于其他方面的,应当于移动使用时纳税。计算公式为:

从价定率计税:应纳消费税 = 销售额 × 比例税率

从量定额计税:应纳消费税 = 销售数量 × 单位税额

复合计税:应纳消费税 = 销售数量 × 单位税额 + 销售额 × 比例税率

实行从价定率计税或复合计税(从价部分)的,按以下顺序确定销售额:

①有同类消费品销售价格的。有同类消费品销售价格的,按照纳税人生产的同类消费品的销售价格计算纳税。其应纳税额计算公式为:

应纳税额 = 同类消费品销售单价 × 自产自用数量 × 适用税率

同类消费品的销售价格是指纳税人当月销售的同类消费品的销售价格。如果当月同类消费品各期销售价格高低不同,应按销售数量加权平均计算。但销售的应税消费品有下列情况之一的,不得列入加权平均计算:

第一,销售价格明显偏低又无正当理由的;

第二,无销售价格的。

如果当月无销售或者当月未完结,应按照同类消费品上月或最近月份的销售价格计算纳税。

②没有同类消费品销售价格的。没有同类消费品销售价格的,按组成计税价格计算纳税。组成计税价格计算公式为:

组成计税价格=(成本+利润)÷(1-消费税税率)

=成本×(1+成本利润率)÷(1-消费税税率)

应纳税额=组成计税价格×适用税率

组成计税价格计算公式中的“成本”是指应税消费品的产品生产成本;“利润”是指根据应税消费品的全国平均成本利润率计算的利润。

应税消费品全国平均成本利润率由国家税务总局统一规定(见表3-11)。

表3-11 平均成本利润率

货物名称	利润率(%)	货物名称	利润率(%)
1.甲类卷烟	10	11.贵重首饰及珠宝玉石	6
2.乙类卷烟	5	12.汽车轮胎	5
3.雪茄烟	5	13.摩托车	6
4.烟丝	5	14.高尔夫球及球具	10
5.粮食白酒	10	15.高档手表	20
6.薯类白酒	5	16.游艇	10
7.其他酒	5	17.木制一次性筷子	5
8.酒精	5	18.实木地板	5
9.化妆品	5	19.乘用车	8
10.鞭炮、焰火	5	20.中轻型商用客车	5

【例3-6】某地板厂为增值税一般纳税人,本月特制一批实木地板作为样品,此种产品该地板厂无市场销售价格。税务机关确定按组成计税价格计算税款,该实木地板成本为50 000元。请计算该地板厂应缴纳的消费税。

纳税人自产实木地板作为样品,属于自产自用应税消费品,且用于其他方面,因此应缴纳消费税。由于没有同类货物的市场销售价格,应按组成计税价格计算税款。

实木地板的成本利润率为5%,实木地板的消费税税率为5%。

组成计税价格=50 000×(1+5%)÷(1-5%)

=55 263.16(元)

应纳消费税=55 263.16×5%=2 763.16(元)

3)委托加工应税消费品的应纳税额计算

(1)委托加工应税消费品缴纳消费税的规定。

委托加工的应税消费品是指由委托方提供原材料和主要材料,受托方只收取加工费和代垫部分辅助材料加工的应税消费品。对于由受托方提供原材料生产的应税消费品,或者受托方先将原材料卖给委托方,然后再接受加工的应税消费品,以及由受托方以委托方名义购进原材料生产的应税消费品,不论纳税人在财务上是否作销售处理,都不得作为委托加工应税消费品,而应当按照销售自制应税消费品缴纳消费税。

作为委托加工的应税消费品,必须具备以下两个条件:

①由委托方提供原材料和主要材料;

②受托方只收取加工费和代垫部分辅助材料。

无论是委托方还是受托方,凡不符合规定条件的,都不能按委托加工应税消费品进行税务处理,只能按照销售自制应税消费品缴纳消费税。

(2)代收代缴税款。

对于确属委托加工应税消费品的,税法规定,由受托方在向委托方交货时代收代缴消费税。纳税人委托个体经营者加工应税消费品,一律于委托方收回后在委托方所在地缴纳消费税。

对委托方补征税款的计税依据是:如果收回的应税消费品已直接销售,按销售额计税补征;如果收回的应税消费品尚未销售或用于连续生产等,按组成计税价格计税补征。

委托加工的应税消费品,受托方在交货时已代收代缴消费税,委托方收回后直接销售的,不再征收消费税。

对既有自产卷烟,同时又委托联营企业加工与自产卷烟牌号、规格相同卷烟的工业企业(简称回购企业),从联营企业购进后再直接销售的卷烟,对外销售时不论是否加价,凡是符合下述条件的,不再征收消费税;不符合下述条件的,则征收消费税:回购企业在委托联营企业加工卷烟时,除提供联营企业所需加工卷烟牌号外,还须同时提供税务机关已公示的消费税计税价格。联营企业必须按照已公示的调拨价格申报缴纳消费税。回购企业将联营企业加工卷烟回购后再销售的卷烟,其销售收入应与自产卷烟的销售收入分开核算,以备税务机关检查;如不分开核算,则一并计入自产卷烟销售收入征收消费税。

①有同类消费品销售价格的,委托加工的应税消费品,按照受托方的同类消费品的销售价格计算纳税。

应纳税额 = 同类消费税销售单价 × 委托加工数量 × 适用税率

同类消费品的销售价格是指受托方(即代收代缴义务人)当月销售的同类消费

品的销售价格，如果当月同类消费品各期销售价格高低不同，应按销售数量加权平均计算。但销售的应税消费品有下列情况之一的，不得列入加权平均计算：

第一，销售价格明显偏低又无正当理由的；

第二，无销售价格的。

如果当月无销售或者当月未完结，应按照同类消费品上月或最近月份的销售价格计算纳税。

②没有同类消费品销售价格的，按照组成计税价格计算纳税。组成计税价格计算公式为：

组成计税价格＝（材料成本＋加工费）÷（1－消费税税率）

"材料成本"是指委托方提供加工材料的实际成本。

【例3－7】某酒厂委托另一工厂加工啤酒，提供原材料价值10万元，委托方开具的增值税专用发票上注明加工费2万元，收回该批加工产品100吨，受托方该类啤酒每吨出厂价格为3 500元（不含增值税）。计算该酒厂应缴纳的消费税。

纳税人委托加工啤酒，具体的税款缴纳过程由委托方来完成。因受托方同类啤酒的出厂价格为3 500元（不含增值税），所以适用的单位税额为250元/吨。

啤酒实行从量定额计税，因此税款的计算与销售价格无关，收回的数量为销售数量。

应纳消费税＝100×250＝25 000（元）

（3）委托收回后直接出售的应税消费品。

委托加工的应税消费品，受托方在交货时已代收代缴消费税，委托方收回后，直接出售的，不再征收消费税。

（4）委托加工收回的已税珠宝玉石。

纳税人用委托加工收回的已税珠宝玉石生产的改在零售环节征收消费税的金银首饰，在计税时一律不得扣除委托加工收回的珠宝玉石的已纳消费税税款。

4）用外购已税消费品连续生产应税消费品的应纳税额计算

用外购已税消费品连续生产应税消费品，准予从应纳消费税税额中按当期生产领用数量计算扣除购进的应税消费品已纳消费税税额，但仅适用于以下情况：

（1）外购已税杆头、杆身和握把为原料生产的高尔夫球杆；

（2）外购已税木制一次性筷子为原料生产的木制一次性筷子；

（3）外购已税实木地板为原料生产的实木地板；

（4）外购已税石脑油为原料生产的应税消费品；

（5）外购已税润滑油为原料生产的润滑油；

（6）外购已税烟丝为原料生产的卷烟；

（7）外购已税化妆品为原料生产的化妆品；

(8)外购已税珠宝玉石为原料生产的贵重首饰及珠宝玉石；

(9)外购已税鞭炮、焰火为原料生产的鞭炮、焰火；

(10)外购已税汽车轮胎(内胎或外胎)生产的汽车轮胎；

(11)外购已税摩托车生产的摩托车。

用外购已税消费品连续生产应税消费品应纳消费税的计算公式为：

应纳税额 = 销售额 × 税率 - 当期准予扣除的外购应税消费品已纳税款

当期准予扣除的外购应税消费品已纳税款 = 当期准予扣除的外购应税消费品买价 × 外购应税消费品适用税率

当期准予扣除的外购应税消费品买价 = 期初库存的外购应税消费品的买价 + 当期购进的应税消费品的买价 - 期末库存的外购应税消费品的买价

外购应税消费品的买价，是指购货发票上注明的销售额(不包括增值税税额)。

但是纳税人用外购的已税珠宝玉石生产的改在零售环节征收消费税的金银首饰(镶嵌首饰)，在计税时一律不得扣除外购珠宝玉石的已纳税款。

对自己不生产应税消费品，而只是购进后再销售应税消费品的工业企业，其销售的化妆品、鞭炮焰火和珠宝玉石，凡不能构成最终消费品直接进入消费品市场，而需进一步生产加工的，应当征收消费税，同时允许扣除上述外购应税消费税的已纳税款。

允许扣除已纳税款的应税消费品只限于从工业企业购进的应税消费品和进口环节已缴纳消费税的应税消费品，对从境内商业企业购进应税消费品的已纳税款一律不得扣除。

5)用委托加工收回的已税消费品连续生产应税消费品的应纳税额计算

委托加工的应税消费品因为已由受托方代收代缴消费税，因此，委托方收回货物后用于连续生产应税消费品的，其已纳税款准予按照规定从连续生产的应税消费品应纳消费税税额中抵扣。下列连续生产的应税消费品准予从应纳消费税中扣除委托加工收回的应税消费品已纳消费税税款：

(1)以委托加工收回的已税杆头、杆身和握把为原料生产的高尔夫球杆；

(2)以委托加工收回的已税木制一次性筷子为原料生产的木制一次性筷子；

(3)以委托加工收回的已税实木地板为原料生产的实木地板；

(4)以委托加工收回的已税石脑油为原料生产的应税消费品；

(5)以委托加工收回的已税润滑油为原料生产的润滑油；

(6)以委托加工收回的已税烟丝为原料生产的卷烟；

(7)以委托加工收回的已税化妆品为原料生产的化妆品；

(8)以委托加工收回的已税珠宝玉石为原料生产的贵重首饰及珠宝玉石；

(9)以委托加工收回的已税鞭炮、焰火为原料生产的鞭炮、焰火；

(10)以委托加工收回的已税汽车轮胎生产的汽车轮胎;

(11)以委托加工收回的已税摩托车生产的摩托车。

上述当期准予扣除委托加工收回的应税消费品已纳消费税税款的计算公式为:

应纳税额 = 销售额 × 税率 − 委托加工应税消费品已纳税款

委托加工应税消费品已纳税款 = 期初库存的委托加工应税消费品已纳税款 + 当期收回的委托加工应税消费品已纳税款 − 期末库存的委托加工应税消费品已纳税款

【例 3 − 8】甲企业委托乙企业生产烟丝一批,甲企业提供的加工材料成本为 6 000元,乙企业收取加工费 2 000 元(不含增值税)。对于受托加工的烟丝,乙企业没有同类消费品的销价可作参考。乙企业在向甲企业交货时,代收代缴消费税。甲企业收回委托加工烟丝后用于继续生产卷烟,已知该企业期初库存的委托加工烟丝价值 5 万元,期末库存的委托加工烟丝价值 3 万元,可扣除的税款为多少?

乙企业没有同类消费品的销价可作参考,因此,应按税法规定的组成计税价格计算代收代缴的消费税。甲企业收回烟丝用于连续生产卷烟,可按当月生产领用烟丝数量计算可扣除的消费税税额。

乙企业代收代缴消费税:

代收消费税 =(材料成本 + 加工费)÷(1 − 消费税税率)× 消费税税率

=(6 000 + 2 000)÷(1 − 30%)× 30%

= 3 428.57(元)

甲企业当期准予扣除的烟丝税额 = 50 000 × 30% − 30 000 × 30% + 3 428.57 = 9 428.57(元)

6)进口应税消费品应纳税额的计算

根据《中华人民共和国消费税暂行条例》及实施细则等有关规定,进口应税消费品的有关规定如下:

(1)纳税义务人。

进口或代理进口应税消费品的单位和个人,为进口应税消费品的纳税义务人。

(2)课税对象。

进口应税消费品以进口商品总值为课税对象。这是因为应税消费品报关进口后,还没有实现销售,不可能根据实际销售收入征税;如果以到岸价格为课税对象,就会使进口应税消费品与国内生产的同种应税消费品的征税依据不一致,从而使进口应税消费品的税负低于国内生产的同种应税消费品的税负。因此,应以进口商品总值为课税对象。

进口商品总值具体包括到岸价格、关税和消费税三部分内容。

(3)计算公式。

①进口的应税消费品，按照组成计税价格或进口数量计算纳税。

从价定率计税：应纳消费税 = 组成计税价格 × 税率

从量定额计税：应纳消费税 = 进口数量 × 单位税额

复合计税：应纳消费税 = 销售数量 × 单位税额 + 组成计税价格 × 税率

组成计税价格计算公式为：

组成计税价格 =（关税完税价格 + 关税）÷（1 − 消费税税率）

"关税完税价格"，是指海关核定的关税计税价格。

【例 3 − 9】某企业进口一批高尔夫球及球具，经海关核定，关税的完税价格为 54 000 元，进口关税税率为 25%，消费税税率为 10%，计算应纳消费税税额如下：

组成计税价格 =（关税完税价格 + 关税）÷（1 − 消费税税率）

=（54 000 + 54 000 × 25%）÷（1 − 10%）

=（54 000 + 13 500）÷ 90%

= 75 000（元）

应纳税额 = 组成计税价格 × 适用税率 = 75 000 × 10% = 7 500（元）

②如果纳税人应税消费品的销售额中未扣除增值税税款或因不得开具增值税专用发票而发生价款和增值税税款混合收取时，在计算消费税时，应当先换算为不含增值税税款的计税销售额。即：

应税消费品消费税的计税销售额 = 应税消费品销售额 ÷（1 + 增值税税率或征收率）

【例 3 − 10】某企业进口一批汽车轮胎，经加工、组装成为两轮摩托车，销售额（含增值税税额）为 50 万元，计算应纳消费税税额如下：

①计税销售额 = 50 ÷（1 + 17%）= 42.74（万元）

②应纳消费税税额 = 42.74 × 3% = 1.2822（万元）

（4）其他规定。

①进口的应税消费品，于报关进口时缴纳消费税；

②进口的应税消费品的消费税由海关代征；

③进口的应税消费品，由进口人或者其代理人向报关地海关申报纳税。

3.2.3 出口应税消费品退（免）税

1）出口应税消费品退（免）税的范围

（1）出口免税并退税。有出口经营权的外贸企业购进应税消费品直接出口，以及外贸企业受其他外贸企业委托代理出口应税消费品，适用出口免税并退税政策。

（2）出口免税但不退税。有出口经营权的生产企业自营出口，或者生产企业委托外贸企业代理出口自产的应税消费品，依据其实际出口数量免征消费税，不予办理退还消费税。

(3)出口不免税也不退税。如禁止出口货物。除生产企业、外贸企业外的其他企业,具体是指一般商贸企业,这类企业委托外贸企业代理出口的应税消费品,税法规定,一律不予退(免)税。

2)出口应税消费品退税率的确定

计算出口应税消费品应退消费税的税率或单位税额,企业应将不同消费税税率的出口应税消费品分开核算和申报,凡划分不清适用税率时,一律从低适用税率计算应退消费税。

3)出口应税消费品消费税的退税

生产企业直接出口应税消费品或委托外贸企业代理出口应税消费品,按规定直接予以免税的,可不计算应交消费税。

外贸企业出口应税消费品,按规定计算(退)消费税。

(1)从价征收计算退税额。从价定率计征消费税的应税消费品,应依照外贸企业从工厂购进货物时征收消费税的价格计算应退消费税税款。对含增值税的购进金额,应换算成不含增值税的金额,作为计算退税的依据。其计算公式为:

不含增值税的购进金额 = 含增值税的购进金额 ÷ (1 + 增值税税率或征收率)

应退消费税税款 = 出口货物的工厂销售额(出口数额) × 税率

(2)从量征收计算退税额。从量定额计征消费税的应税消费品,应按货物购进和报关出口的数量计算应退消费税税款。其计算公式为:

应退消费税税款 = 出口数量 × 单位税额

(3)复合征收计算退税额。复合计征消费税的应税消费品,应按货物购进和报关出口的数量以及外贸企业从工厂购进货物时征收消费税的价格计算应退消费税税款。其计算公式为:

应退消费税税款 = 出口货物的工厂销售额 × 税率 + 出口数量 × 单位税额

【例3-11】某外贸企业从国外进口10 000套化妆品,关税完税价格为80万元,关税为80万元,当月售出3 000套,每套售价298元。又从国内一生产厂家(增值税一般纳税人)购进化妆品5 000套全部出口,每套工厂销售价60元(含增值税),出口离岸价格为168元。请计算该外贸企业当月应缴、应退的消费税。

纳税人进口应税消费品应缴纳消费税:

组成计税价格 = (80 + 80) ÷ (1 - 30%) = 228.57(万元)

应纳消费税 = 228.57 × 30% = 68.57(万元)

外贸企业出口化妆品应退消费税:

应退消费税税款 = 出口货物的工厂销售额 × 税率 = 60 ÷ (1 + 17%) × 5 000 × 30% = 76 923.08(元)

4)出口应税消费品办理消费税退(免)税后的管理

(1)出口应税消费品办理退税后,发生退关或国外退货,进口时予以免税的,报关出口者必须及时向其所在地主管税务机关申报补缴已退的消费税税款。

(2)纳税人直接出口的应税消费品办理免税后,发生退关或国外退货,进口时已予以免税的,经所在地主管税务机关批准,可暂不办理补税,待其转为国内销售时,再向其主管税务机关申报补缴消费税。

3.2.4 如何申报缴纳消费税

1)消费税的纳税义务发生时间

消费税的纳税义务发生时间,根据货款结算方式或应税行为发生时间不同分别予以确定。

(1)纳税人销售的应征消费税消费品,其纳税义务的发生时间为:①纳税人采取赊销和分期收款结算方式的,其纳税义务的发生时间,为销售合同规定的收款日期的当天;②纳税人采取预收货款结算方式的,其纳税义务的发生时间,为发出应税消费品的当天;③纳税人采取托收承付和委托银行收款方式销售的应税消费品,其纳税义务的发生时间,为发出应税消费品并办妥托收手续的当天;④纳税人采取其他结算方式的,其纳税义务的发生时间,为收讫销售款或者取得索取销售款的凭据的当天。

(2)纳税人自产自用的应税消费品,其纳税义务的发生时间,为移送使用的当天。

(3)纳税人委托加工的应税消费品,其纳税义务的发生时间,为纳税人提货的当天。

(4)纳税人进口的应税消费品,其纳税义务的发生时间,为报关进口的当天。

(5)纳税人销售金银首饰,其纳税义务发生时间,为收讫销货款或取得索取销货凭据的当天;用于馈赠、赞助、集资、广告、样品、职工福利、奖励等方面的金银首饰,其纳税义务发生时间,为移送的当天;带料加工、翻新改制的金银首饰,其纳税义务发生时间,为受托方交货的当天。

(6)金银首饰消费税改变征税环节后,经营单位进口金银首饰的消费税,由进口环节征收改为零售环节征收;出口金银首饰由出口退税改为出口不退消费税。

2)消费税的纳税期限

根据消费税税额的大小,消费税的纳税期限分别规定为1日、3日、5日、10日、15日、1个月或者1个季度,具体由税务机关确定;不能按固定期限纳税的,可以按次纳税。

以1个月为一期纳税的纳税人,自期满之日起10日内申报纳税;以1日、3日、5日、15日为一期纳税的纳税人,自期满之日起5日内预缴税款,于次月1日起10

日内申报纳税并结算上月应纳税款。

纳税人进口应税消费品的应纳税款，自海关填发海关进口消费税专用缴款书之日起15日内缴纳税款。

3）消费税的纳税地点

消费税纳税人申报缴纳税款的具体地点，具体规定是：

（1）纳税人销售应税消费品，以及自产自用的应税消费品，应当向纳税人核算地主管税务机关申报纳税。纳税人到外县（市）销售或委托外县（市）代销应税消费品的，于应税消费品销售后回纳税人核算地或所在地缴纳消费税。纳税人的总机构与分支机构不在同一县（市）的，应在生产应税消费品的分支机构所在地缴纳消费税。但经国家税务总局和省、自治区、直辖市国家税务局批准，纳税人分支机构应纳消费税税款，也可由总机构汇总向总机构所在地主管税务机关缴纳。

（2）工业企业受托加工的应税消费品，纳税地点确定在受托方所在地，由受托方向所在地主管税务机关解缴代收的税款。个体经营者受托加工的应税消费品，纳税地点确定在委托方所在地，由委托方在收回应税消费品后向其所在地主管税务机关申报纳税。

（3）进口应税消费品，由进口人或者其代理人向报关地海关申报纳税。

（4）出口应税消费品办理退税后，发生退关，或者国外退货，进口时已予以免税的，报关出口者必须及时向其所在地主管税务机关申报补缴已退的消费税税款。

3.3 如何缴纳营业税

营业税是对在中国境内提供应税劳务、转让无形资产或销售不动产的单位和个人，就其所取得的营业额征收的一种税。营业税属于流转税中的一个主要税种。2011年11月16日，财政部、国家税务总局正式公布营业税改征增值税试点方案。

3.3.1 哪些项目缴纳营业税

在我国境内提供应税劳务、转让无形资产或者销售不动产的单位和个人要缴纳营业税。

1）应税劳务。应税劳务，是指属于交通运输业、建筑业、金融保险业、邮电通信业、文化体育业、娱乐业、服务业等行业的劳务。

（1）交通运输业。征收范围：陆路运输、水路运输、航空运输、管道运输、装卸搬运。其中：①陆路运输：通过铁路、公路、缆车、索道及其他陆路运送货物或旅客的运输业务。②水路运输：通过江、河、湖、川等天然、人工水道或海洋航道运送货物或旅客的运输业务。打捞，比照水路运输征税。③航空运输：通过空中航线运送货物或旅客的运输业务。通用航空业务、航空地面服务业务，比照航空运输征税。④

管道运输:通过管道设施输送气体、液体、固体物资的运输业务。⑤装卸搬运:使用装卸搬运工具或人力、畜力将货物在运输工具之间、装卸现场之间或运输工具与装卸现场之间进行装卸和搬运的业务。搬家业务比照“装卸搬运”征税。

(2)建筑业。征收范围:建筑、安装、修缮、装饰及其他工程作业。其中:①建筑:新建、改建、扩建各种建筑物、构筑物的工程作业,包括与建筑物相连的各种设备或支柱、操作平台的安装或装设工程作业,以及各种窑炉和金属结构工程作业在内;②安装:生产设备、动力设备、起重设备、运输设备、传动设备、医疗实验设备及其他各种设备的装配作业、安置工程作业(包括与设备相连的工作台、梯子、栏杆的装设工程作业和被安装设备的绝缘、防腐、保温、油漆等工程作业)、有线电视安装;③修缮:对建筑物、构筑物进行修补、加固、养护、改善,使之恢复原来的使用价值或延长其使用期限的工程作业;④装饰:对建筑物、构筑物进行修饰,使之美观或有特定用途的工程作业;⑤其他工程作业:代办电信工程、水利工程、道路修建工程、钻井工程、平整土地、搭脚手架、疏浚工程、爆破工程、拆除建筑物或构筑物工程、绿化工程等工程作业。

(3)金融保险业。征收范围:金融、保险。其中:①金融:贷款业务、融资租赁业务、金融商品转让业务(包括转让外汇、有价证券、非货物期货的所有权的业务)、金融经纪业务、其他金融业务(包括银行结算和票据贴现业务);②保险:人身保险业务、责任保险业务。

(4)邮电通信业。征收范围:邮政、电信。其中:①邮政:传递函件或包件、邮汇、报刊发行、邮务物品销售、邮政储蓄和其他邮政业务。集邮公司销售集邮商品业务征收营业税。②电信:电报、电传、电话(包括有线电话、无线电话、寻呼电话、出租电话电路设备、代维修或出租广播电路、电视信号和邮电部门出售移动电话、寻呼机并为用户提供无线通信服务的业务)、电话安装(包括为用户安装固定或移动电话机的业务)、电信物品销售(包括在提供电信劳务的同时附带销售专用通用电信物品的业务)、其他电信业务。

(5)文化体育业。征收范围:文化业:表演、播映、其他文化业、经营游览场所。其中:①表演:单位和个人进行戏剧、歌舞、时装、健美、杂技、民间艺术、武术体育等表演活动的业务。②播映:通过电台、电视台、音响系统、闭路电视、卫星通讯等无线或有线装置传播作品以及在电影院、影剧院、录像厅及其他场所放映各种节目的业务,不包括广告的播映业务。电台、电视台有偿性的节目收费按“播映”征税。③其他文化业:各种展览、培训活动,举办文学、艺术、科技、讲座、演讲、报告会,图书馆的图书和资料借阅等业务。④经营游览场所:公园、动(植)物园及其他各种游览场所销售门票的业务。

体育业:举办各种体育比赛和为体育比赛或体育活动提供场所的业务。

(6)娱乐业。征收范围:歌厅、舞厅、卡拉OK歌舞厅(包括夜总会、练歌房)、音乐茶座(包括酒吧)、网吧、高尔夫球、游艺(如射击、狩猎、跑马、游戏机、蹦极、卡丁车、热气球、动力伞、射箭、飞镖)。

(7)服务业。征收范围:代理业、旅店业、饮食业、旅游业、仓储业、租赁业、广告业务及其他服务业。其中:①代理业:代购代销货物、代办进出口、介绍服务、其他代理服务的业务。②旅店业:提供住宿服务的业务。③饮食业:通过同时提供饮食和饮食场所的方式为顾客提供饮食消费服务的业务。④旅游业:为旅游者安排食宿、交通工具和提供导游等旅游服务的业务。⑤仓储业:利用仓库、货物或其他场所代客贮放、保管货物的业务。⑥租赁业:在约定的时间内将场地、房屋、物品、设备或设施等转让他人使用的业务。将承租的场地、物品、设备等再转租给他人的行为,按"租赁"征税。⑦广告业务:利用图书、报纸、杂志、广播、电视、电影、幻灯、路牌、招贴、橱窗、霓虹灯、灯箱等形式为介绍商品、经营服务项目、文体节目或通告、声明等事项进行宣传和提供相关服务的业务。⑧其他服务业:沐浴、理发、洗染、照相、美术、裱画、誊写、打字、镌刻、计算、测试、装潢、打包、设计、制图、咨询、试验、化验、晒图、测绘、勘探等服务性业务。

2)转让无形资产

征收范围:转让土地使用权、专利权、非专利技术、商标权、著作权、商誉等。

(1)转让土地使用权:单位和个人转让其受让的土地使用权行为,单位和个人转让已完成土地前期开发或正在进行土地前期开发,但未进入施工阶段的在建项目。

(2)转让专利权:转让专利技术的所有权或使用权的行为。

(3)转让非专利技术:转让非专利技术的所有权或使用权的行为。

(4)转让商标权:转让商标的所有权或使用权的行为。

(5)转让著作权:转让文字著作、图形著作(如画册、影集)、音像著作(如电影母片、录像带母带)的所有权或使用权的行为。

(6)转让商誉:转让商誉的使用权的行为。

3)销售不动产

征收范围:销售建筑物及其他土地附着物。

3.3.2 如何计算营业税

1)营业额的确定

营业税是价内税,企业提供应税劳务、出售或出租无形资产、销售不动产都要缴纳营业税。

营业税的计税依据即纳税人的营业额,包括纳税人提供应税劳务、转让无形资产或者销售不动产向对方收取的全部价款和价外费用。价外费用,是指向对方收取的手续费、补贴、基金、集资费、返还利润、奖励费、违约金、滞纳金、延期付款利息、赔偿金、代收款项、代垫款项、罚息及其他各种性质的价外收费。

(1)交通运输业。交通运输业的营业额,是指从事交通运输的纳税人提供交通劳务所取得的全部运营收入,包括客运收入、装卸搬运收入、其他运输收入和运输票价中包含的保险费收入,以及随同票价、客运运价向客户收取的各种交通建设基金等。纳税人将承揽的运输业务分给其他单位或者个人的,以其取得的全部价款和价外费用扣除支付给其他单位或者个人的运输费用后的余额为营业额。

(2)建筑业。建筑业的计税依据为纳税人承包建筑、修缮、安装、装饰和其他工程作业所取得的营业收入额,建筑安装企业向建设单位收取的工程价款(即工程造价)及工程价款之外收取的各种费用。纳税人从事建筑劳务(不含装饰劳务)的,其营业额应当包括工程所用原材料、设备及其他物资和动力的价款在内,但不包括建设方提供设备的价款。

自建自用房屋,不征收营业税。将自建的房屋对外销售,涉及建筑与销售不动产两个应税行为,所以应按建筑业缴纳营业税,再按销售不动产征收营业税。

对中国境内单位或者个人在中国境外提供建筑业劳务暂免征收营业税。

(3)金融保险业。金融保险业可分为金融业和保险业两类。

金融业的计税依据如下:①一般贷款业务的营业额为贷款利息收入(包括各种加息、罚息等);②融资租赁以其向承租者收取的全部价款和价外费用(包括残值)减去出租方承担的出租货物的实际成本后的余额,以直线法折算出本期的营业额;③金融商品转让业务,按股票、债券、外汇、其他四大类来划分,按卖出价减去买入价后的差额为营业额。

保险业的计税依据为保险机构经营保险业务所取得的保费收入。

(4)邮电通信业。邮电通信也可分为邮政业务和电信业务两类:①邮政业务的计税依据为从事传递函件或者包件、邮汇、报刊发行、邮政物品销售、邮政储蓄及其他邮政业务所取得的营业收入额;②电信业务的计税依据为电报、电话、电传、电话机安装、电信物品销售及其他电信业务所取得的营业收入额。

(5)文化体育业。文化体育业的计税依据为从事文化体育业的单位和个人所取得的营业额。其中:①单位或个人进行演出,应以全部票价收入或者包场收入减去付给提供演出场地的单位、演出公司或经纪人的费用后的余额为营业额;②游览场所的应税营业额,是指公园、动(植)物园及其他游览场所所销售的门票收入,不包括这些场所从事的其他游艺活动或其他经营活动所取得的收入。

(6)娱乐业。娱乐业的营业额为经营娱乐业向顾客收取的全部价款和价外费用,包括门票收费,台位费,点歌费,烟酒、饮料、茶水、鲜花、小吃等收费及经营娱乐业的其他各项收费。

(7)服务业。①纳税人从事旅游业务的,以其取得的全部价款和价外费用扣除替旅游者支付给其他单位或者个人的住宿费、餐费、交通费、旅游景点门票和支付给其他接团旅游企业的旅游费后的余额为应税营业额。②代理业以纳税人从事代理业务向委托方实际收取的报酬为应税营业额。广告代理业以代理者向委托方收取的全部价款和价外费用减去付给广告发布者的广告发布费后的余额为应税营业额。③从事物业管理的单位,以与物业管理有关的全部收入减去代业主支付的水费、电费、燃气费以及代承租者支付的水费、电费、燃气费、房屋租金的价款后的余额为应税营业额。

(8)转让无形资产。转让无形资产的计税依据为转让无形资产所取得的转让额,包括受让方支付给转让方的全部货币、实物和其他经济利益。

(9)销售不动产。销售不动产的计税依据为纳税人销售不动产向购买者收取的全部价款和价外费用。

2)营业税税率

营业税按照行业、类别不同分别采用了不同的比例税率(见表3-12)。交通运输业为3%,出售、出租无形资产为5%,销售不动产为5%。

表3-12　营业税税目税率表

税目	税率(%)	税目	税率(%)
交通运输业	3	娱乐业	5~20
建筑业	3	服务业	5
金融保险业	5	转让无形资产	5
邮电通信业	3	销售不动产	5
文化体育业	3		

3)营业税应纳税额的计算

应纳营业税税额=计税营业额×营业税税率

【例3-12】A建筑公司具备主管部门批准的建筑企业资质,该公司签订的一项建筑工程施工承包合同注明的建筑业劳务价款为9 000万元(其中安装的设备价款为3 000万元,建设方提供设备),同时提供建筑材料1 000万元。A公司将1 500万元的安装工程分包给B建筑公司。工程竣工后,建设单位支付给A公司材料价款600万元,提前竣工奖150万元。请计算A公司应纳营业税税额。

计算分析:A公司具备建筑施工企业资质,按规定提供建筑业劳务的原材料、工资均作为计税依据,因此A公司提供的材料费1 000万元应并入计税营业额。建设方提供的设备价款按规定不计入营业额;材料差价款和提前竣工奖应包括在营业额内,但A公司将工程分包给B公司的价款应准予扣除。分包收入应由分包人自行计算缴纳营业税。

应纳营业税税额 $=(9\,000+1\,000-3\,000-1\,500+600+150)\times3\%$

$=6\,250\times3\%=187.5$(万元)

【例3-13】某旅行社本月组织团体旅游,境内组团旅游收入20万元,替旅游者支付给其他单位餐费、住宿费、交通费、门票共计12万元,后为应对其他旅行社的竞争,该旅行社同意给予旅游者5%的折扣,并将价款与折扣额在同一张发票上注明;组团境外旅游收入30万元,付给境外接团企业费用18万元;另外为散客代购火车票、机票、船票取得手续费收入1万元,为游客提供打字、复印、洗相服务取得收入2万元。请计算该旅行社当月应纳营业税税额。

计算分析:按规定,旅游企业组团境内旅游,以取得的全部旅游费减去替旅游者支付给其他单位的餐费、住宿费、交通费、门票价格或支付给其他接团旅游企业的旅游费后的余额为营业额;旅游企业组团境外旅游,在境外由其他旅游企业接团的,以全程旅游费减去付给接团企业的旅游费后的余额为营业额;将价款与折扣额在同一张发票上注明的,以折扣后的价款为营业额;其他业务按"服务业——代理业"和"服务业——其他代理业"征收营业税。

应纳营业税税额 $=(20\times95\%-12)\times5\%+(30-18)\times5\%+(1+2)\times5\%=1.1$(万元)

3.3.3 营业税有哪些优惠政策

1)营业税起征点的规定

纳税人营业额未达到国务院财政、税务主管部门规定的营业税起征点的,免征营业税;纳税人营业额达到起征点的,应按营业额全额计算应纳营业税税额。

营业税起征点,是指纳税人营业额合计达到起征点。

营业税起征点的适用范围限于个人。自2011年11月1日起,将按期纳税的起征点幅度由原来的月销售额1 000~5 000元提高到5 000~20 000元,将按次纳税的起征点幅度由每次(日)营业额100元提高到300~500元。

省、自治区、直辖市财政厅(局)、税务局应当在规定的幅度内,根据实际情况确定本地区使用的起征点,并报财政部、国家税务总局备案。

2)建筑业的免税政策

对中华人民共和国境内单位或个人在中华人民共和国境外提供建筑业劳务暂免征收营业税。

3)金融业的免税政策

(1)对国际农业发展基金贷款利息免税。

(2)自2009年1月1日起至2013年12月31日,对金融机构小额贷款的利息收入免征营业税;对农村信用社、村镇银行、农村资金互助社、由银行业机构全资发起设立的贷款公司、法人机构所在地在县(含县级市、区、镇)及县以下地区的农村合作银行和农村商业银行的金融保险业收入减按3%的税率征收营业税。其中,小额贷款是指单笔且该户贷款余额总额在5万元以下(含5万元)的贷款。上述金融机构自2009年1月1日起至发文之日(2010年5月13日)应予免征或减征的营业税税款,在以后的应纳营业税税额中抵减或者予以退税。

根据财税〔2011〕101号文件,上述减按3%的税率征收营业税的政策的执行期限延长至2015年12月31日。

(3)对个人(含个体工商户及其他个人)从事外汇、有价证券、非货物期货和其他金融商品买卖业务取得的收入暂免征收营业税。

4)保险业的免税政策

农牧保险免税。农牧保险是为种植业、养殖业、牧业种植和饲养的动植物提供保险的业务。对保险公司开展一年期以上返还性人身保险业务的保费收入免征营业税。

5)文化体育业的免税政策

纪念馆、博物馆、文化馆、美术馆、展览馆、书画院、图书馆、文物保护单位举办文化活动的门票收入,宗教场所举办文化、宗教活动的门票收入,免征营业税。学校和其他教育机构提供的教育劳务收入,免征营业税。提供农业机耕、排灌、病虫害防治、植保劳务取得的收入,免征营业税。

6)服务业的免税规定

(1)托儿所、幼儿园、养老院、残疾人福利机构提供的育养服务,免征营业税。

(2)婚姻介绍,殡葬服务,免征营业税。

(3)残疾人员个人提供的劳务,免征营业税。

(4)医院、诊所和其他医疗机构提供的医疗服务,免征营业税。

(5)安置"四残人员"占企业生产人员35%以上的民政福利企业,其经营属于营业税"服务业"税目范围内(广告业除外)的业务,免征营业税。

(6)自2004年1月1日起,对为安置自谋职业的城镇退役士兵就业而新办的服务型企业(除广告业、桑拿、按摩、网吧、氧吧外)当年新安置自谋职业的城镇退役士兵达到职工总数30%以上,并与其签订1年以上期限劳动合同的,经县以上民政部门认定,税务机关审核,3年内免征营业税。

对自谋职业的城镇退役士兵,在国办发〔2004〕10号文件下发后从事个体经营

(除建筑业、娱乐业以及广告业、桑拿、按摩、网吧、氧吧外)的,自领取税务登记证之日起,3 年内免营业税。

(7)校办企业,凡为本校教学、科研服务所提供的应税劳务(“服务业”税目中的旅店业、饮食业和娱乐业税目除外),免征营业税。

7)转让无形资产的免税规定

(1)个人转让著作权,免征营业税。

(2)将土地使用权转让给农业生产者用于农业生产,免征营业税。

(3)为了鼓励技术引进和推广,对科研单位取得的技术转让收入,免征营业税。

8)销售不动产的免税规定

自 2010 年 1 月 1 日起,个人将购买不足 5 年的非普通住房对外销售的,全额征收营业税;个人将购买超过 5 年(含 5 年)的非普通住房对外销售的,按照其销售收入减去购买房屋的价款后的差额征收营业税;个人将购买超过 5 年(含 5 年)的普通住房对外销售的,免征营业税。

个人(含个体工商户及其他个人)无偿赠与不动产、土地使用权,属于以下情形之一的,暂免征收营业税:

(1)离婚财产分割;

(2)无偿赠与配偶、父母、子女、祖父母、外祖父母、孙子女、外孙子女、兄弟姐妹;

(3)无偿赠与对其承担抚养义务的抚养人或赡养人;

(4)房屋产权所有人死亡,法定继承人、遗嘱继承人或者受赠人依法取得房屋产权。

自 2011 年 10 月 1 日起,纳税人在资产重组过程中,通过合并、分立、出售、置换等形式,将全部或者部分实物资产以及与其相关联的债权、债务和劳动力一并转让给其他单位和个人的行为,不属于营业税的征收范围,其中涉及的不动产转让,不征收营业税。

3.3.4 什么时候需要缴纳营业税

1)营业税纳税义务发生时间

一般规定:纳税人收讫营业收入款项或者取得索取营业收入款项凭证的当天。

(1)预售性质价款的纳税义务发生时间。

纳税义务发生时间为收到预收款(包括预收定金)的当天,包括:①转让土地使用权;②销售不动产;③建筑业劳务;④租赁业劳务。

单位和个人提供应税劳务,转让专利权、非专利技术、商标权、著作权和商誉时,向对方收取的预售性质的价款(包括预收款、预付款、预存费用、预收定金等),

其营业税纳税义务发生时间，以按照财务会计制度的规定，该项预售性质的价款被确认为收入的时间为准。

①单位或者个人自己新建建筑物后销售，其自建行为的纳税义务发生时间，为其销售自建建筑物并收讫营业额或者取得索取营业额凭证的当天。

②单位将不动产无偿赠与他人，其纳税义务发生时间为不动产所有权转移的当天。

③金融保险企业营业税纳税义务发生时间，见表3－13。

表3－13　　金融保险企业营业税纳税义务发生时间

应税行为	纳税义务发生时间
金融机构的逾期贷款业务	逾期未超过90天：取得利息收入权利的当天（即应收未收的利息也应缴纳营业税）
	逾期超过90天：实际收到利息的当天
融资租赁业务	取得租金收入或取得索取租金收入价款凭据的当天
金融商品转让	所有权转移之日
金融经纪业和其他金融业	取得营业收入或取得索取营业收入价款凭据的当天
保险业	取得保费收入或取得索取保费收入价款凭据的当天
金融企业委托贷款业务	营业税扣缴义务发生时间：受托发放贷款的金融机构代委托人收讫贷款利息当天

2）营业税的纳税期限

营业税的纳税期限分别为5日、10日、15日、1个月和1个季度。纳税人的具体纳税期限，由主管税务机关根据纳税人应纳税额的大小分别核定；不能按照固定期限纳税的，可以按次纳税。

以1个月或者1个季度为一个纳税期的纳税人，自期满之日起15日内申报纳税；以5日、10日或者15日为一个纳税期的纳税人，自期满之日起5日内预缴税款，于次月1日起15日内申报纳税并结清上月应纳税款。

3.3.5 在什么地方缴纳营业税

营业税的缴纳原则上采取属地征收方法，即在应税项目发生地纳税。注意以下特殊问题：

（1）运输业务、转让土地使用权以外的其他无形资产、跨省承包工程等，纳税地点为纳税人机构所在地。

(2)单位和个人出租土地使用权、不动产的营业税纳税地点为土地、不动产所在地;出租物品、设备等动产的营业税纳税地点为出租单位所在地或个人居住地。

3.4 如何缴纳城市维护建设税及教育费附加

3.4.1 城市维护建设税

城市维护建设税简称城建税,是国家对缴纳增值税、消费税、营业税的单位和个人,以其实际缴纳的"三税"税额为计税依据而征收的一种税。

城市维护建设税是一种附加税,本身没有特定的、独立的征税对象,是以增值税、消费税、营业税这三种税为基础而征收的税。

1)纳税义务人

凡缴纳增值税、消费税、营业税的单位和个人,都是城市维护建设税的纳税义务人。

2)征税范围

城市维护建设税在全国范围内征收,包括城市、县城、建制镇以及税法规定征税的其他地区。即只要是缴纳增值税、消费税和营业税的地方,除税法另有规定外,都属于城市维护建设税的征收范围。城市、县城、建制镇的范围应以行政区划作为划分标准,不得随意扩大或缩小各行政区域的管辖范围。

3)扣缴义务人

增值税、消费税、营业税的代扣代缴、代收代缴义务人同时也是城市维护建设税的代扣代缴、代收代缴义务人。

4)税率

(1)税率的基本规定。

城市维护建设税,实行地区差别比例税率。具体规定为:①纳税人所在地在市区的,税率为7%;②纳税人所在地在县城或者镇的,税率为5%;③纳税人所在地不在市区、县城或者镇的,税率为1%。

(2)税率的特殊规定。

由受托方代扣代缴、代收代缴"三税"的单位和个人,其代扣代缴、代收代缴的城市维护建设税按受托方所在地的税率执行。

流动经营等无固定纳税地点的单位和个人,在经营地缴纳"三税"的,其城市维护建设税按经营地适用税率缴纳。

5)计税依据

城市维护建设税的计税依据为纳税人实际缴纳的增值税、消费税和营业税税额。在确定计税依据时应注意以下问题：

(1)城市维护建设税的计税依据是“三税”的征税额，不包括纳税人违反“三税”有关税法规定而加收的滞纳金、罚款等，但纳税人在被查补“三税”和被处以罚款时，应同时对其偷逃的城市维护建设税进行补税、征收滞纳金和罚款。

(2)城市维护建设税随“三税”同时征收，如果要免征或者减征“三税”，也同时免征或者减征城市维护建设税。

(3)对出口产品退还增值税、消费税的，不退还已缴纳的城市维护建设税。进口产品需征收“三税”，但不征收城市维护建设税。

6)如何计算城市维护建设税

城市维护建设税应纳税额，以纳税人实际缴纳的增值税、消费税、营业税税额为计税依据。其计算公式为：

应纳税额 = 实际缴纳的增值税、消费税、营业税税额 × 适用税率

【例 3－14】某汽车轮胎厂地处市区，2011 年 9 月缴纳增值税 113 000 元，缴纳消费税 67 000 元，缴纳营业税 5 000 元。该厂应纳的城市维护建设税计算如下：

应纳税额 = (113 000 + 67 000 + 5 000) × 7% = 12 950(元)

7)如何缴纳城市维护建设税

(1)城市维护建设税的纳税期限和纳税地点。按照规定，城市维护建设税应当与“三税”同时缴纳，自然其纳税期限和纳税地点也与“三税”相同。

(2)预缴税款。对于按规定以 1 日、3 日、5 日、10 日、15 日为一期缴纳“三税”的纳税人，应在按规定预缴“三税”的同时，预缴相应的城市维护建设税。

(3)纳税申报。企业应当于月度终了后在进行“三税”申报的同时，进行城市维护建设税的纳税申报。

(4)税款缴纳。对于以 1 个月为一期缴纳“三税”的施工企业，应当在缴纳当月全部“三税”税额时，同时按照纳税申报表确定的应纳税额全额缴纳城市维护建设税。

3.4.2 教育费附加

教育费附加是对缴纳增值税、消费税、营业税的单位和个人征收的一种附加费。作用：发展地方性教育事业，扩大地方教育经费的资金来源。

1)征税范围

凡缴纳增值税、消费税、营业税的单位和个人，均为教育费附加的纳费义务人(简称纳费人)。凡代征增值税、消费税、营业税的单位和个人，亦为代征教育费附加的义务人。农业、乡镇企业，由乡镇人民政府征收农村教育事业附加，不再征收

教育费附加。

2)征收率

教育费附加的征收率为“三税”税额的3%。

3)计费依据

以纳税人实际缴纳的增值税、消费税、营业税的税额为计费依据。

4)计算公式

应纳教育费附加=实际缴纳的增值税、消费税、营业税税额×3%

【例3-15】甲企业2011年12月实际缴纳增值税8 000元,消费税1 000元。该企业地处城市市区,城市维护建设税税率为7%,教育费附加率为3%。该企业当月应纳城市维护建设税和教育费附加计算如下:

应纳城市维护建设税税额=(8 000+1 000)×7%=630(元)

应纳教育费附加额=(8 000+1 000)×3%=270(元)

5)纳费期限

纳费人申报缴纳增值税、消费税、营业税的同时,申报缴纳教育费附加。

6)其他规定

(1)教育费附加由地方税务局负责征收,也可委托国家税务局征收。

(2)纳费人不按规定期限缴纳教育费附加,需处以滞纳金和罚款的,由县、市人民政府规定。

(3)海关进口产品征收的增值税、消费税,不征收教育费附加。

3.5 如何缴纳企业所得税

企业所得税是指对我国境内的企业和其他取得收入的组织(以下统称企业)就其生产、经营所得和其他所得依法征收的一种税。它是国家参与企业利润分配的重要手段。上述生产、经营所得,是指从事物质生产、交通运输、商品流通、劳务服务,以及经国务院财政部门确认的其他营利事业取得的所得;其他所得,是指股息、利息、租金、转让各类资产、特许权使用费以及营业外收益等所得。

3.5.1 企业所得税纳税人及征税对象

企业所得税纳税人即所有实行独立经济核算的中华人民共和国境内的内资企业或其他组织。《中华人民共和国企业所得税法》第一条规定,除个人独资企业、合伙企业不适用企业所得税法外,在我国境内,企业和其他取得收入的组织(以下统称企业)为企业所得税的纳税人,依照企业所得税法规定缴纳企业所得税。

企业所得税的纳税人分为居民企业和非居民企业,这是根据企业纳税义务范围进行的分类，不同的企业在中国缴纳所得税时，纳税义务不同。把企业分为居民企业和非居民企业，是为了更好地保障我国税收管辖权的有效行使和避免双重课税。

居民企业，是指依法在中国境内成立，或者依照外国（地区）法律成立但实际管理机构在中国境内的企业。居民企业应当就其来源于中国境内、境外的所得缴纳企业所得税。

非居民企业，是指依照外国（地区）法律成立且实际管理机构不在中国境内，但在中国境内设立机构、场所，或者在中国境内未设立机构、场所，但有来源于中国境内的所得的企业。在中国境内设立机构、场所的，应当就其所设机构、场所取得的来源于中国境内的所得以及发生在中国境外但与其所设机构、场所有实际联系的所得，缴纳企业所得税。在中国境内未设立机构、场所的，或者虽设立机构、场所但取得的所得与其所设机构、场所没有实际联系的，应当就其来源于中国境内的所得缴纳企业所得税。

表 3－14　　　　纳税义务人与征税对象

纳税人	判定标准	纳税人范围	征税对象
居民企业	①依照中国法律、法规在中国境内成立的企业； ②依照外国（地区）法律、法规成立但实际管理机构在中国境内的企业。	包括：国有、集体、私营、联营、股份制等各类企业；外商投资企业和外国企业；有生产经营所得和其他所得的其他组织。 不包括：个人独资企业和合伙企业（适用个人所得税）。	来源于中国境内、境外的所得
非居民企业	①依照外国（地区）法律、法规成立且实际管理机构不在中国境内，但在中国境内设立机构、场所的企业； ②在中国境内未设立机构、场所，但有来源于中国境内的所得的企业。	在中国境内从事生产经营活动的机构、场所，包括： ①管理机构、营业机构、办事机构； ②工厂、农场、开采自然资源的场所； ③提供劳务的场所； ④从事建筑、安装、装配、修理、勘探等工程作业的场所； ⑤其他从事生产经营活动的机构、场所。	来源于中国境内的所得

3.5.2 税率

表 3－15　　企业所得税税率

种类	税率	适用范围
基本税率	25%	适用于居民企业和在中国境内设有机构、场所且所得与机构、场所有关联的非居民企业
两档优惠税率	减按 20%	符合条件的小型微利企业
	减按 15%	国家重点扶持的高新技术企业
预提所得税税率（扣缴义务人代扣代缴）	20%（实际征税时适用 10% 税率）	适用于在中国境内未设立机构、场所的或者虽设立机构、场所但取得的所得与其所设机构、场所没有实际联系的非居民企业

注：小型微利企业减按 20% 的所得税税率征收企业所得税。小型微利企业的条件如下：

（1）工业企业，年度应纳税所得额不超过 30 万元，从业人数不超过 100 人，资产总额不超过 3 000 万元。

（2）其他企业，年度应纳税所得额不超过 30 万元，从业人数不超过 80 人，资产总额不超过 1 000 万元。

3.5.3 如何确定应纳税所得额

1）如何计算应纳税所得额

企业所得税的计税依据应纳税所得额，是指按照税法规定，纳税人在一定期间所有应税收入减除在该纳税期间依法允许减除的各种费用支出后的余额，通常是纳税人每一纳税年度的收入总额减除准予扣除项目后的余额。

应纳税所得额的计算有两种方法：

（1）根据定义计算。

应纳税所得额＝收入总额－（不征税收入＋免税收入＋允许的各项扣除＋允许弥补的以前年度亏损）

（2）在会计利润的基础上进行纳税调整。

应纳税所得额＝会计利润±纳税调整项

2）应纳税所得额和会计利润有什么关系

应纳税所得额和会计利润是既有联系又有区别的两个概念。

应纳税所得额是一个税收概念，是根据企业所得税法的规定确定的企业在一定时期内应该计算税款的纯所得，是企业所得税的计税依据，是每一纳税年度的收入总额减去准予扣除项目后的余额。

会计利润是一个会计核算概念，反映的是企业在 1 年内生产经营的财务成果，也是用 1 年的收入总额减去成本、费用和损失等相关支出后的余额。

由此可见，两者的含义基本一致，就是指企业的纯收益，不同的是在确定收入总额和允许扣除的支出时两者的规定不相同。例如，对于企业购买国债取得的利息收入，国家为鼓励纳税人购买国债，对其利息收入不计入收入总额中来计算应纳企业所得税；又如，对于违法经营的罚款支出，企业把其作为利润的抵减项从收入中扣除，而计算应纳税所得额时不允许从收入总额中扣除，否则就会纵容纳税人违法经营。因此，在会计利润的基础上根据税法的规定，对其作相应的调整后方可作为应纳税所得额。

3）如何确定企业收入总额

（1）收入总额。

为了计算应纳税所得额，首先必须确定企业一个纳税年度的收入总额。收入总额是指企业以货币形式和非货币形式从各种来源取得的收入，具体包括：①销售货物收入；②提供劳务收入；③转让财产收入；④股息、红利等权益性投资收益；⑤利息收入；⑥租金收入；⑦特许权使用费收入；⑧接受捐赠收入；⑨其他收入。

（2）享有免税或不征税优惠政策的收入项目。

①不征税收入。其中包括：财政拨款；依法收取并纳入财政管理的行政事业性收费、政府性基金；国务院规定的其他不征税收入。

②免税收入。其中包括：国债利息收入，免税的国债利息是指到期的利息收入，不是中途转让的收益；符合条件的居民企业之间的股息、红利等权益性投资收益；在中国境内设立机构、场所的非居民企业从居民企业取得的与该机构、场所有实际联系的股息、红利等权益性投资收益。

4）哪些支出项目准予扣除

准予扣除的项目是指计算应纳税所得额时，允许企业从收入总额中扣除的实际发生的与取得收入有关的、合理的支出，包括成本、费用、税金、损失和其他支出。

（1）成本，即生产、经营商品和提供劳务，转让固定资产、无形资产等所发生的各项直接费用和间接费用。

（2）费用，是指企业为生产、经营商品和提供劳务等所发生的销售（经营）费用、管理费用和财务费用。

（3）税金，是指企业按照国家有关规定需要缴纳的消费税、营业税、城市维护建设税、资源税、关税、教育费附加等产品销售税金及其附加。增值税为价外税，不包含在计税价格中，计算应纳税所得额时不得扣除。企业缴纳的房产税、车船税、土地使用税、印花税等，已经计入管理费用中扣除了，不再作为税金单独扣除。

(4)损失，是指企业生产、经营过程中的各项营业外支出、已发生的经营亏损和投资损失以及其他损失。

(5)其他支出，是指上述四种情况以外的有关支出。其他支出具体包括哪些，要根据国务院财政、税收主管部门的具体规定确定。

5)哪些项目按法定标准扣除

在计算应纳税所得额时，下列项目按照实际发生额或规定的标准扣除：

(1)工资、薪金支出。企业发生的合理的工资、薪金支出准予据实扣除。工资、薪金支出是企业每一纳税年度支付给在本企业任职或与其有雇佣关系的员工的所有现金或非现金形式的劳务报酬，包括基本工资、奖金、津贴、补贴、年终加薪、加班工资，以及与任职或者是受雇有关的其他支出。

“合理的工资、薪金”，是指企业按照股东大会、董事会、薪酬委员会或相关管理机构制定的工资薪金制度规定实际发放给员工的工资薪金。

(2)职工福利费、工会经费、职工教育经费。规定标准以内按实际数扣除，超过标准的只能按标准扣除。标准如下：①企业发生的职工福利费支出，不超过工资薪金总额 14% 的部分准予扣除；②企业拨缴的工会经费，不超过工资薪金总额 2% 的部分准予扣除；③除国务院财政、税务主管部分另有规定外，企业发生的职工教育经费支出，不超过工资薪金总额 2.5% 的部分准予扣除，超过部分准予结转以后纳税年度扣除；④软件生产企业发生的职工教育经费中的职工培训费用，可以全部在企业所得税前扣除。

(3)社会保险费。其中：①按照政府规定的范围和标准缴纳的“五险一金”，即基本养老保险费、基本医疗保险费、失业保险费、工伤保险费、生育保险费等基本社会保险费和住房公积金，准予扣除。②企业为投资者或者职工支付的补充养老保险费、补充医疗保险费，在国务院财政、税务主管部门规定的范围和标准内，准予扣除。企业依照国家有关规定为特殊工种职工支付的人身安全保险费和符合国务院财政、税务主管部门规定可以扣除的保险准予扣除。③企业参加财产保险，按照规定缴纳的保险费，准予扣除。企业为投资者或者职工支付的商业保险费，不得扣除。

(4)利息费用。其中：①非金融企业向金融企业借款的利息支出、金融企业的各项存款利息支出和同业拆借利息支出、企业经批准发行债券的利息支出，可据实扣除。②非金融企业向非金融企业借款的利息支出，不超过按照金融企业同期同类贷款利率计算的数额的部分可据实扣除,超过部分不允许扣除。

(5)借款费用。其中:①企业在生产经营活动中发生的合理的不需要资本化的借款费用,准予扣除。②企业为购置、建造固定资产、无形资产和经过 12 个月以上的建造才能达到预定可销售状态的存货发生借款的,在有关资产购置、建造期间发生的合理的借款费用,应予以资本化,作为资本化支出计入有关资产的成本;有关资产交付使用后发生的借款利息,可在发生当期扣除。

(6)汇兑损失。汇率折算形成的汇兑损失,准予扣除。

(7)业务招待费。企业发生的与生产经营活动有关的业务招待费支出,按照发生额的 60% 扣除,但最高不得超过当年销售(营业)收入的 5‰。

(8)广告费和业务宣传费。其中:①广告费不同于赞助支出,赞助支出不得扣除。②一般行业的扣除标准:企业发生的符合条件的广告费和业务宣传费支出,除国务院财政、税务主管部门另有规定外,不超过当年销售(营业)收入 15% 的部分,准予扣除;超过部分,准予结转以后纳税年度扣除。

(9)环境保护专项资金。企业依照法律、行政法规有关规定提取的用于环境保护、生态恢复等方面的专项资金准予扣除;上述资金提取后改变用途的,不得扣除。

(10)租赁费。租入固定资产的方式分为两种:经营性租赁是指所有权不转移的租赁;融资租赁是指在实质上转移与一项资产所有权有关的全部风险和报酬的一种租赁。租入固定资产支付的租赁费,按照以下方法扣除:①属于经营性租赁发生的租入固定资产租赁费:根据租赁期限均匀扣除。②属于融资性租赁发生的租入固定资产租赁费:构成融资租入固定资产价值的部分应当提取折旧费用,分期扣除;租赁费支出不得扣除。

(11)劳动保护费。企业发生的合理的劳动保护支出,准予扣除。

(12)公益性捐赠支出。①公益性捐赠是指企业通过公益性社会团体或者县级以上人民政府及其部门,用于《中华人民共和国公益事业捐赠法》规定的公益事业的捐赠。②公益性捐赠税前扣除标准。企业发生的公益性捐赠支出,不超过年度利润总额 12% 的部分,准予扣除。年度利润总额是指企业依照国家统一会计制度的规定计算的年度会计利润。

捐赠支出税前扣除方法见表 3 - 16。

表3－16　　　　捐赠支出税前扣除方法

<table>
<tr><th>捐赠项目</th><th>税前扣除方法</th><th>要点</th></tr>
<tr><td rowspan="2">(1)公益性捐赠</td><td>限额比例扣除</td><td>①限额比例:12%；
②限额标准:年度利润总额×12%；
③扣除方法:扣除限额与实际发生额中的较小者；
④超标准的公益性捐赠,不得结转以后年度扣除。</td></tr>
<tr><td>全额扣除(特定事项公益性捐赠)</td><td>①汶川地震灾后重建；
②举办北京奥运会；
③上海世博会。</td></tr>
<tr><td>(2)非公益性捐赠</td><td>不得扣除</td><td>纳税人直接向受赠人的捐赠,应作纳税调增。</td></tr>
</table>

(13)总机构分摊的费用。非居民企业在中国设立的机构、场所,就其中国境外总机构发生的与该机构、场所生产经营有关的费用,能够提供总机构出具的费用汇集范围、定额、分配依据和方法等证明文件,并合理分摊的,准予扣除。

(14)资产损失。①企业当期发生的固定资产和流动资产盘亏、毁损净损失,由其提供清查盘存资料经主管税务机关审核后,准予扣除;②企业因存货盘亏、毁损、报废等原因不能从销项税额中抵扣的进项税额,应视同企业财产损失,准予与存货损失一起在所得税前按规定扣除。

(15)依照有关法律、行政法规和国家有关税法规定准予扣除的其他项目。如会员费、合理的会议费、违约金、诉讼费用等。

6)哪些项目不允许在税前扣除

在计算应纳税所得额时,下列支出不得扣除:

(1)向投资者支付的股息、红利等权益性投资收益款项。

(2)企业所得税税款。

(3)税收滞纳金,指纳税人违反税收法规,被税务机关处以的滞纳金。

(4)罚金、罚款和被没收财物的损失,指纳税人违反国家有关法律、法规规定,被有关部门处以的罚款,以及被司法机关处以的罚金和被没收财物。

(5)超过规定标准的捐赠支出。

(6)赞助支出,指企业发生的与生产经营无关的各种非广告性质支出。

(7)未经核定的准备金支出,指不符合国务院财政、税务主管部门规定的各项资产减值准备、风险准备等准备金支出。

(8)企业之间支付的管理费、企业内营业机构之间支付的租金和特许权使用费,以及银行企业内营业机构之间支付的利息,不得扣除。

(9)与取得收入无关的其他支出。

7)亏损额如何弥补

实行独立经济核算,并按规定向税务机关报送所得税纳税申报表、会计报表和其他资料的纳税人发生的年度亏损,可以用下一纳税年度的所得弥补;下一纳税年度的所得不足弥补的,可以逐年延续弥补,但是延续弥补期最长不得超过五年。

3.5.4 关联交易的特别纳税调整

1)调整范围

(1)关联方。关联方,是指与企业有下列关联关系之一的企业、其他组织或者个人:在资金、经营、购销等方面存在直接或者间接的控制关系;直接或者间接地同被第三者控制;在利益上具有相关的其他关系。

(2)关联企业之间关联业务的税务处理。企业与其关联方共同开发、受让无形资产,或者共同提供、接受劳务发生的成本,在计算应纳税所得额时应当按照独立交易原则进行分摊。独立交易原则,是指没有关联关系的交易各方,按照公平成交价格和营业常规进行业务往来遵循的原则。

企业可以向税务机关提出与其关联方之间业务往来的定价原则和计算方法,税务机关与企业协商、确认后,达成预约定价安排。预约定价安排,是指企业就其未来年度关联交易的定价原则和计算方法,向税务机关提出申请,与税务机关按照独立交易原则协商、确认后达成的协议。

母公司为其子公司提供各种服务而发生的费用,应按照独立企业之间公平交易原则确定服务的价格,作为企业正常的劳务费用进行税务处理,母子公司未按照独立企业之间的业务往来收取价款的,税务机关有权予以调整。

母公司以管理费形式向子公司提取费用,子公司因此支付给母公司的管理费,不得在税前扣除。

2)调整方法

税法规定,对关联企业所得不实的,按照以下方法调整:

(1)可比非受控价格法。可比非受控价格法是指按照没有关联关系的交易各方进行相同或者类似业务往来的价格进行定价的方法。

(2)再销售价格法。再销售价格法是指按照从关联方购进商品再销售给没有关联关系的交易方的价格,减除相同或者类似业务的销售毛利进行定价的方法。

(3)成本加成法。成本加成法是指按照成本加合理的费用和利润进行定价的方法。

(4)交易净利润法。交易净利润法是指按照没有关联关系的交易各方进行相同或者类似业务往来取得的净利润水平确定利润的方法。

(5)利润分割法。利润分割法是指将企业与其关联方的合并利润或者亏损在各方之间采用合理标准进行分配的方法。

3.5.5 资产的税务处理

1)固定资产的税务处理

固定资产,是指企业为生产产品、提供劳务、出租或者经营管理而持有的,使用时间超过 12 个月的非货币性资产,包括房屋、建筑物、机器、机械、运输工具以及其他与生产经营活动有关的设备、器具、工具等。

(1)计税基础。固定资产按以下方法确定计税基础:①外购的固定资产,以购买价款和支付的相关税费以及直接归属于使该资产达到预定用途发生的其他支出为计税基础。②自行建造的固定资产,以竣工结算前发生的支出为计税基础。③融资租入的固定资产,以租赁合同约定的付款总额和承租人在签订租赁合同过程中发生的相关费用为计税基础;租赁合同未约定付款总额的,以该资产的公允价值和承租人在签订租赁合同过程中发生的相关费用为计税基础。④盘盈的固定资产,以同类固定资产的重置完全价值为计税基础。⑤通过捐赠、投资、非货币性资产交换、债务重组等方式取得的固定资产,以该资产的公允价值和支付的相关税费为计税基础。⑥改建的固定资产,除已足额提取折旧的固定资产和租入的固定资产以外的其他固定资产,以改建过程中发生的改建支出增加计税基础。

(2)折旧的范围。在计算应纳税所得额时,企业按照规定计算的固定资产折旧,准予扣除。但下列固定资产不得计算折旧扣除:①房屋、建筑物以外未投入使用的固定资产;②以经营租赁方式租入的固定资产;③以融资租赁方式租出的固定资产;④已足额提取折旧仍继续使用的固定资产;⑤与经营活动无关的固定资产;⑥单独估计作为固定资产入账的土地;⑦其他不得计算折旧扣除的固定资产。

(3)折旧的计提方法。固定资产按照直线法计算的折旧,准予扣除;符合规定条件的固定资产按照加速折旧法计算的折旧,也准予扣除。

企业应当自固定资产投入使用月份的次月起计算折旧;停止使用的固定资产,应当自停止使用月份的次月起停止计算折旧。

(4)折旧的年限。除国务院财政、税务主管部门另有规定外,固定资产计算折旧的最低年限规定如下:①房屋、建筑物,为 20 年;②飞机、火车、轮船、机器、机械和其他生产设备,为 10 年;③与生产经营活动有关的器具、工具、家具等,为 5 年;④飞机、火车、轮船以外的运输工具,为 4 年;⑤电子设备,为 3 年。

从事开采石油、天然气等矿产资源的企业,在开始商业性生产前发生的费用和有关固定资产的折耗、折旧方法,由国务院财政、税务主管部门另行规定。

2)生产性生物资产的税务处理

生产性生物资产,是指为产出农产品、提供劳务或出租等目的而持有的生物资产,包括经济林、薪炭林、产畜和役畜等。

(1)计税基础。生产性生物资产按照以下方法确定计税基础:①外购的生产性生物资产,以购买价款和支付的相关税费为计税基础;②通过捐赠、投资、非货币性资产交换、债务重组等方式取得的生产性生物资产,以该资产的公允价值和支付的相关税费为计税基础。

(2)折旧的方法。生产性生物资产按照直线法计算的折旧,准予扣除。企业应当自生产性生物资产投入使用月份的次月起计算折旧;停止使用的生产性生物资产,应该自停止使用月份的次月起停止计算折旧。

(3)折旧的年限。生产性生物资产计算折旧的最低年限规定如下:①林木类生产性生物资产,为10年;②畜类生产性生物资产,为10年。

3)无形资产的税务处理

无形资产,是指企业生产产品、提供劳务、出租或经营管理而持有的,没有实物形态的非货币性长期资产,包括专利权、商标权、著作权、土地使用权、非专利技术、商誉等。

(1)计税基础。无形资产按照以下方法确定计税基础:①外购的无形资产,以购买价款和支付的相关税费以及直接归属于使该资产达到预定用途发生的其他支出为计税基础;②自行开发的无形资产,以开发过程中该资产符合资本化条件后至达到预定用途前发生的支出为计税基础;③通过捐赠、投资、非货币性资产交换、债务重组等方式取得的无形资产,以该资产的公允价值和支付的相关税费为计税基础。

(2)摊销的范围。在计算应纳税所得额时,企业按照规定计算的无形资产摊销费用,准予扣除。但下列无形资产不得计算摊销费用扣除:①自行开发的支出已经在计算应纳税所得额时扣除的无形资产;②自创商誉;③与经营活动无关的无形资产;④其他不得计算摊销费用扣除的无形资产。

(3)摊销的方法及摊销的年限。无形资产按照直线法计算的摊销费用,准予扣除。

无形资产的摊销年限不得低于10年;作为投资或者受让的无形资产,有关法律规定或者合同约定了使用年限的,可以按照规定或者约定的使用年限摊销;外购商誉的支出,在企业整体转让或者清算时,准予扣除。

4)长期待摊费用的税务处理

长期待摊费用,是指企业发生的摊销期限在一个纳税年度以上的费用。

(1)长期待摊费用的范围。企业发生的下列支出为长期待摊费用:①已足额提取折旧的固定资产的改建支出;②租入固定资产的改建支出;③固定资产的大修理支出;④其他应当作为长期待摊费用的支出。

(2)摊销的方法及摊销的期限。长期待摊费用按以下方法和期限摊销:①固定资产的改扩建支出,除已足额提取折旧的固定资产和租入固定资产的改建支出外,应当增加该固定资产原值,其中延长固定资产使用年限的,还应当适当延长折旧年限,并相应调整计算折旧;②已足额提取折旧的固定资产的改建支出,作为长期待摊费用,应该按照固定资产预计尚可使用年限分期摊销;③租入固定资产的改建支出,作为长期待摊费用,应当按照合同约定的剩余租赁期限分期摊销;④其他应当作为长期待摊费用的支出,自支出发生月份的次月起,分期摊销,摊销年限不得低于3 年。

5)投资资产的税务处理

投资资产,是指企业对外进行权益性投资和债权性投资而形成的资产。

(1)投资成本的确定。投资资产的成本按以下方法确定:①通过支付现金方式取得的投资资产,以购买价款为成本;②通过支付现金以外的方式取得的投资资产,以该资产的公允价值和支付的相关税费为成本。

(2)税务处理。企业对外投资期间,投资资产的成本在计算应纳税所得额时不得扣除;但企业在转让或者处置投资资产时,投资资产的成本准予扣除。

6)存货的税务处理

存货,是指企业持有以备出售的产品或者商品、处在生产过程中的在产品、在生产或者提供劳务过程中耗用的材料和物料等。

(1)计税基础。存货按照以下方法确定成本:①通过支付现金方式取得的存货,以购买价款和支付的相关税费为成本;②通过支付现金以外方式取得的存货,以该存货的公允价值和支付的相关税费为成本;③生产性生物资产收获的农产品,以产出或者采收过程中发生的材料费、人工费和分摊的间接费用等必要支出为成本。

(2)成本计算方法。企业使用或者销售存货的成本计算方法,可以在先进先出法、加权平均法、个别计价法中选用一种。计价方法一经选用,不得随意变更。

3.5.6 应纳所得税额的计算

1)居民企业应纳企业所得税额的计算

方法一:直接计算法。

企业应纳所得税额 = 收入总额 - 不征税收入 - 免税收入 - 各项扣除金额 - 弥

补亏损金额

方法二:间接计算法。

应纳税所得额 = 会计利润总额 ± 纳税调整项目金额

【例 3-16】某企业为居民企业,2011 年发生经营业务如下:

(1)取得产品销售收入 4 000 万元;

(2)发生产品销售成本 2 600 万元;

(3)发生销售费用 770 万元(其中广告费 650 万元),管理费用 480 万元(其中业务招待费 25 万元,新技术开发费用 40 万元),财务费用 60 万元;

(4)销售税金 160 万元(含增值税 120 万元);

(5)营业外收入 80 万元,营业外支出 50 万元(含通过公益性社会团体向贫困山区捐款 30 万元,支付税收滞纳金 6 万元);

(6)计入成本、费用中的实发工资总额 200 万元,拨缴职工工会经费 5 万元,发生职工福利费 31 万元,发生职工教育经费 7 万元。

要求:计算该企业 2011 年度实际应纳的企业所得税。

(1)会计利润总额 = 4 000 + 80 - 2 600 - 770 - 480 - 60 - 40 - 50 = 80(万元)

(2)广告费应调增所得额 = 650 - 4 000 × 15% = 650 - 600 = 50(万元)

(3)业务招待费应调增所得额 = 25 - 25 × 60% = 25 - 15 = 10(万元)

4 000 × 5‰ = 20(万元) > 25 × 60% = 15(万元)

(4)新技术开发费用应调减所得额 = 40 × 50% = 20(万元)

(5)捐赠支出应调增所得额 = 30 - 80 × 12% = 20.4(万元)

(6)工会经费应调增所得额 = 5 - 200 × 2% = 1(万元)

(7)职工福利费应调增所得额 = 31 - 200 × 14% = 3(万元)

(8)职工教育经费当年应调增所得额 = 7 - 200 × 2.5% = 2(万元)

(9)税收滞纳金应调增所得额 = 6(万元)

(10)应纳税所得额 = 80 + 50 + 10 - 20 + 20.4 + 6 + 1 + 3 + 2 = 152.4(万元)

(11)2011 年应缴企业所得税 = 152.4 × 25% = 38.1(万元)

【例 3-17】某工业企业为居民企业,假定 2011 年发生经营业务如下:

全年取得产品销售收入 5 600 万元,发生产品销售成本 4 000 万元;其他业务收入 800 万元,其他业务成本 660 万元;取得购买国债的利息收入 40 万元;缴纳非增值税销售税金及附加 300 万元;发生管理费用 760 万元,其中新技术的研究开发费用 60 万元,业务招待费用 70 万元;发生财务费用 200 万元;取得直接投资其他居民企业的权益性收益 30 万元(已在投资方所在地按 15% 的税率缴纳了所得税);取得营业外收入 100 万元,发生营业外支出 250 万元(其中含公益性捐赠 38

万元)。

要求:计算该企业2011年应纳的企业所得税。

(1)利润总额 = 5 600 + 800 + 40 + 30 + 100 - 4 000 - 660 - 300 - 760 - 200 - 250 = 400(万元)

(2)国债利息收入免征企业所得税,应调减所得额40万元。

(3)技术开发费调减所得额 = 60 × 50% = 30(万元)

(4)按实际发生业务招待费的60%计算的金额 = 70 × 60% = 42(万元)

按销售(营业)收入的5‰计算的金额 = (5 600 + 800) × 5‰ = 32(万元)

按照规定税前扣除限额应为32万元,实际应调增应纳税所得额 = 70 - 32 = 38(万元)

(5)取得直接投资其他居民企业的权益性收益属于免税收入,应调减应纳税所得额30万元。

(6)捐赠扣除标准 = 400 × 12% = 48(万元)

实际捐赠额38万元小于扣除标准48万元,可按实捐数扣除,不作纳税调整。

(7)应纳税所得额 = 400 - 40 - 30 + 38 - 30 = 338(万元)

(8)该企业2011年应缴纳企业所得税 = 338 × 25% = 84.5(万元)

2)居民企业核定征收应纳税额的计算

(1)核定征收企业所得税的范围。

税法规定,居民企业具有下列情形之一的,核定征收企业所得税:①依照法律、行政法规的规定可以不设置账簿的;②依照法律、行政法规的规定应当设置但未设置账簿的;③擅自销毁账簿或者拒不提供纳税资料的;④虽设置账簿,但账目混乱或成本资料、收入凭证、费用凭证残缺不全,难以查账的;⑤发生纳税义务,未按照规定的期限办理纳税申报,经税务机关责令限期申报,逾期仍不申报的;⑥申报的计税依据明显偏低,又无正当理由的。

(2)核定征收的办法。

税务机关应根据纳税人的具体情况,对核定征收企业所得税的纳税人,核定应税所得率或者核定应纳税所得额。

①核定应税所得率。税法规定,具有下列情形之一的,应核定应税所得率:能正确核算收入总额,但不能正确核算成本费用总额的;能正确核算成本费用总额,但不能正确核算收入总额的;通过合理方法,能计算和推定纳税人收入总额或成本费用总额的。

采用应税所得率方式核定征收企业所得税的,其计算公式为:

应纳税所得额 = 应税收入额 × 应税所得率

应纳所得税额 = 应纳税所得额 × 适用税率

或:应纳税所得额 = 成本(费用)支出额 ÷(1 - 应税所得率)× 应税所得率

上述“应税收入额”等于收入总额减去不征税收入和免税收入后的余额。用公式表示为:

应税收入额 = 收入总额 - 不征税收入 - 免税收入

式中,收入总额为企业以货币形式和非货币形式从各种来源取得的收入。

实行应税所得率方式核定征收企业所得税的纳税人,经营多业的,无论其经营项目是否单独核算,均由税务机关根据其主营项目确定使用的应税所得率。

表 3 - 17　各行业企业所得税应税所得率

行业	应税所得率	行业	应税所得率
农、林、牧、渔业	3% ~10%	建筑业	8% ~20%
制造业	5% ~15%	饮食业	8% ~25%
批发和零售贸易业	4% ~15%	娱乐业	15% ~30%
交通运输业	7% ~15%	其他行业	10% ~30%

②核定应纳所得税额。税法规定,对不适用核定应税所得率的纳税人,由税务机关采用以下方法核定其应纳所得税额:参照当地同类行业或者类似行业中经营规模和收入水平相近的纳税人的税负水平核定;按照应税收入额或成本费用支出额定率核定;按照耗用的原材料、燃料、动力等推算或测算核定;按照其他合理方法核定。

【例 3 - 18】某小型建筑公司 2011 年 1 月 20 日向其主管税务机关申报 2010 年度取得收入总额 150 万元,发生直接成本 120 万元,其他费用 40 万元,全年亏损 10 万元。经税务机关检查,其成本、费用无误,但收入总额不能准确核算。按照核定征收企业所得税办法,假定应税所得率为 20%。该企业 2010 年度应缴纳的企业所得税计算如下:

应纳税所得额 =(120 + 40)÷(1 - 20%)× 20% = 40(万元)

应纳税额 = 40 × 25% = 10(万元)

3.5.7 企业所得税有哪些税收优惠政策

1)农、林、牧、渔业项目的所得

(1)《中华人民共和国企业所得税法》(以下简称《企业所得税法》)第二十七条第(一)项规定的企业从事农、林、牧、渔业项目的所得,可以免征、减征企业所得税。

(2)企业从事花卉、茶以及其他饮料作物和香料作物的种植,海水养殖,内陆养殖的所得,减半征收企业所得税。

2)从事国家重点扶持的公共基础设施项目的投资经营所得(三免三减半)

企业从事国家重点扶持的公共基础设施项目的投资经营所得,自项目取得第一笔生产经营收入所属纳税年度起,第一年至第三年免征企业所得税,第四年至第六年减半征收企业所得税。

3)从事符合条件的环境保护、节能节水项目的所得(三免三减半)

环境保护、节能节水项目的所得,自项目取得第一笔生产经营收入所属纳税年度起,第一年至第三年免征企业所得税,第四年至第六年减半征收企业所得税。

4)符合条件的技术转让所得(免营业税)

《企业所得税法》所称符合条件的技术转让所得免征、减征企业所得税,是指一个纳税年度内,居民企业转让技术所有权所得不超过500万元的部分,免征企业所得税;超过500万元的部分,减半征收企业所得税。

5)高新技术企业优惠

国家重点扶持的高新技术企业减按15%的所得税税率征收企业所得税。

6)小型微利企业优惠

小型微利企业减按20%的所得税税率征收企业所得税。

7)加计扣除优惠

加计扣除优惠包括以下两项内容:

(1)研究开发费。企业为开发新技术、新产品、新工艺发生的研究开发费用,未形成无形资产计入当期损益的,在按照规定据实扣除的基础上,按照研究开发费用的50%加计扣除;形成无形资产的,按照无形资产成本的150%摊销。

(2)企业安置残疾人员所支付的工资。企业安置残疾人员的,在按照支付给残疾职工工资据实扣除的基础上,按照支付给残疾职工工资的100%加计扣除。

8)加速折旧优惠

以下固定资产可以加速折旧:

(1)由于技术进步,产品更新换代较快的固定资产;

(2)常年处于强震动、高腐蚀状态的固定资产。

9)减计收入优惠

综合利用资源,生产国家非限制和禁止并符合国家和行业相关标准的产品取得的收入,减按90%计入收入总额。

10)税额抵免优惠

企业购置并实际使用《环境保护专用设备企业所得税优惠目录》、《节能节水专用设备企业所得税优惠目录》和《安全生产专用设备企业所得税优惠目录》规定的环境保护、节能节水、安全生产等专用设备的,该专用设备投资额的10%可以从企业当年的应纳税额中抵免;当年不足抵免的,可以在以后5个纳税年度结转抵免。

11)非居民企业优惠

(1)非居民企业取得《中华人民共和国企业所得税法》第二十七条第(五)项规定的所得,减按10%的税率征收企业所得税。

(2)下列所得可以免征企业所得税:

①外国政府向中国政府提供贷款取得的利息所得;

②国际金融组织向中国政府和居民企业提供优惠贷款取得的利息所得;

③经国务院批准的其他所得。

12)其他有关行业的优惠

(1)软件生产企业实行增值税即征即退政策所退还的税款,由企业用于研究开发软件产品和扩大再生产,不作为企业所得税应税收入,不予征收企业所得税。

(2)我国境内新办软件生产企业经认定后,自获利年度起,第一年和第二年免征企业所得税,第三年至第五年减半征收企业所得税(两免三减半)。

(3)国家规划布局内的重点软件生产企业,当年未享受免税优惠的,减按10%的税率征收企业所得税。

(4)软件生产企业的职工培训费用,可按实际发生额在计算应纳税所得额时扣除。

(5)企事业单位购进软件,凡符合固定资产或无形资产确认条件的,可以按照固定资产或无形资产进行核算,经主管税务机关核准,其折旧或摊销年限可以适当缩短,最短可为3年。

(6)集成电路生产企业的生产设备,经主管税务机关核准,其折旧年限可以适当缩短,最短可为3年。

13)其他优惠

(1)低税率优惠过渡政策。

自2008年1月1日起,原享受低税率优惠政策的企业,在新税法施行后5年内逐步过渡到法定税率。其中:享受企业所得税15%税率的企业,2008年按18%税率执行;2009年按20%税率执行;2010年按22%税率执行;2011年按24%税率执行;2012年按25%税率执行。原执行24%税率的企业,2008年起按25%税率执行。

(2)"两免三减半"、"五免五减半"过渡政策。

自2008年1月1日起,原享受企业所得税"两免三减半"、"五免五减半"等定期减免税优惠的企业,新税法施行后继续按原税收法律、行政法规及相关文件规定的优惠办法及年限享受至期满为止。

但因未获利而尚未享受税收优惠的,其优惠期限从2008年度起计算。

3.5.8 源泉扣缴的有关规定

1)预提所得税的缴纳

源泉扣缴制度,是指对非居民企业来源于中国境内的所得,由支付人在支付时从支付款项中预先扣除该款项所应承担的所得税税款的制度。源泉扣缴主要适用于预提所得税的征缴,是指一国政府对没有在该国境内设立机构、场所,或者虽设立机构、场所,但取得的所得与其机构、场所没有实际联系的外国公司、企业和其他经济组织从该国取得的股息、利息、租金、特许权使用费以及其他所得,实行由支付单位扣缴所得税的制度,是企业所得税的一种特殊征收方式。实行源泉扣缴,以支付人为扣缴义务人。

应纳税所得额的确定:

(1)股息、红利等权益性投资收益和利息、租金、特许权使用费所得,以收入全额为应纳税所得额。

(2)转让财产所得,以收入全额减除财产净值后的余额为应纳税所得额。

(3)其他所得,参照前两项规定的方法计算应纳税所得额。

2)应纳税额的计算

外国企业在中国境内未设立机构、场所,而有来源于中国境内的利润、利息、租金、特许权使用费和其他所得,或者虽设立机构、场所,但上述所得与其机构、场所没有实际联系的,应当缴纳20%的所得税。非居民企业在中国境内未设立机构、场所的,或者虽设立机构、场所但取得的所得与其所设机构、场所没有实际联系的,应当就其来源于中国境内的所得缴纳企业所得税,适用税率为20%;对上述所得减按10%的税率征收企业所得税,不得多扣或少扣。

应纳税额计算公式为:

应纳税额=应纳税所得额×适用税率

扣缴义务人每次代扣的税款,应当自代扣之日起7日内缴入国库,并向所在地的税务机关报送企业所得税报告表。

对按税法规定实行源泉扣缴的税款,扣缴义务人应扣未扣的,即使纳税人已补缴税款,也不能免除扣缴义务人的法律责任。即税务机关可根据《税收征管法》第六十九条的规定,在向纳税人追缴应缴未缴税款的同时,对扣缴义务人处以应扣未扣税款百分之五十以上三倍以下的罚款。

3.5.9 如何缴纳企业所得税

1)企业所得税的纳税期限和申报有何规定

企业所得税按年计征,分月或者分季度预缴,年终汇算清缴,多退少补。

企业所得税的纳税年度,是指公历年度,即公历1月1日至12月31日。企业在一个纳税年度中间开业,或者由于合并、关闭等原因终止经营活动,使该纳税年度的实际经营期不足12个月的,应当以其实际经营期为一个纳税年度;企业依法清算时,应当以清算期间作为一个纳税年度。

企业应当自月份或者季度终了之日起15日内,向税务机关报送预缴企业所得税纳税申报表,预缴税款;企业应当自年度终了之日起5个月内,向税务机关报送年度企业纳税申报表,并汇算清缴,结清应缴应退税款。

企业在报送企业所得税纳税申报表时,应当按照规定附送财务会计报告和其他有关资料。分月(季)预缴企业所得税的,其纳税申报期限内如遇元旦、春节、五一国际劳动节、国庆节等法定节假日的,纳税申报期限向后顺延法定放假天数。分月(季)预缴企业所得税的,其纳税申报期限最后一天如为周末、法定节假日的,纳税申报期限向后顺延至休假日之后的第一个工作日。

企业在年度中间终止经营活动的,应当自实际经营终止之日起60日内,向税务机关办理当期企业所得税汇算清缴。

企业应当在办理注销登记前,就其清算所得向税务机关申报并依法缴纳企业所得税。缴纳企业所得税以人民币计算。所得以人民币以外的货币计算的,应当折合成人民币计算并缴纳税款。

2)企业所得税的纳税地点

除税收法律、行政法规另有规定外,居民企业以企业登记注册地为纳税地点;但登记注册地在境外的,以实际管理机构所在地为纳税地点。

居民企业在中国境内设立不具有法人资格的营业机构的,应当汇总计算并缴纳企业所得税。企业汇总计算并缴纳企业所得税时,应当统一核算应纳税所得额,具体办法由国务院财政、税收主管部门另行制定。

非居民企业在中国境内设立机构、场所的,应当就其所设机构、场所的来源于中国境内的所得,以及发生在中国境外但与其所设机构、场所有实际联系的所得,以机构、场所所在地为纳税地点。

3.6 其他税的缴纳

3.6.1 如何缴纳个人所得税

个人所得税是对个人(自然人)取得的各项应税所得所征收的一种税。

1)个人所得税包括哪些纳税义务人

税法规定,中国公民、个体工商业户以及在中国境内有所得的外籍人员(包括无国籍人员,下同)和港澳台同胞,为个人所得税的纳税义务人。按照住所和居住时间两个标准,又划分为居民纳税人和非居民纳税人。

表3-18　个人所得税包含的纳税义务人

纳税义务人	判定标准	征税对象范围
居民纳税人(负无限纳税义务)	(1)在中国境内有住所的个人; (2)在中国境内无住所,而在中国境内居住满一年["居住满一年"是指一个纳税年度,即公历1月1日起至12月31日止(下同),在中国境内居住满365日]的个人。 对临时离境(临时离境是指在一个纳税年度内一次不超过30日或者多次累计不超过90日的离境)应视同在境内居住,不扣减其居住的天数。	境内所得 境外所得
非居民纳税人(负有限纳税义务)	(1)在中国境内无住所且不居住的个人 (2)在中国境内无住所且居住不满一年的个人	境内所得

2)哪些所得要缴纳个人所得税

下列各项个人所得,应缴纳个人所得税:

(1)工资、薪金所得。工资、薪金所得,是指个人因任职或者受雇而取得的工资、薪金、奖金、年终加薪、劳动分红、津贴、补贴以及与任职或者受雇有关的其他所得。

公司职工取得的用于购买企业国有股权的劳动分红,按"工资、薪金所得"项目计征个人所得税。

(2)个体工商户的生产、经营所得。

①个人独资企业、合伙企业的生产经营所得。

②个人独资企业、合伙企业的个人投资者以企业资金为本人、家庭成员及其相关人员支付与企业生产经营无关的消费性支出及购买汽车、住房等财产性支出,视为企业对个人投资者的利润分配,并入投资者个人的生产经营所得,依照"个体工商户的生产、经营所得"项目计征个人所得税。

(3)对企事业单位的承包经营、承租经营所得。

(4)劳务报酬所得。劳务报酬所得指个人独立从事非雇佣劳务取得的所得。包括:设计、装潢、安装、制图、化验、测试、医疗、法律、会计、咨询、讲学、新闻、广播、翻译、审稿、书画、雕刻、影视、录音、录像、演出、表演、广告、技术服务、介绍服务、经纪服务、代办服务以及其他劳务取得的报酬。

对于个人从企业取得的劳务报酬所得,应由企业按规定代扣代缴个人所得税。

(5)稿酬所得。稿酬所得指个人作品以图书、报刊形式出版、发表取得的所得。

(6)特许权使用费所得。特许权使用费所得是指个人提供专利权、商标权、著作权、非专利技术以及其他特许权所取得的所得。

(7)利息、股息、红利所得。利息、股息、红利所得是指个人拥有债权、股权而取得的利息、股息、红利。利息是指购买或者持有各种债券而取得的利息。股息、红利是指个人拥有股权而取得的分红。其中,按照一定的比率派发的每股息金,称为股息;企业应分配的超过股息部分的利润,称为红利。

对于个人从企业取得的利息、股息、红利所得,应由企业按规定代扣代缴个人所得税。

(8)财产租赁所得。财产租赁所得是指个人出租建筑物、土地使用权、机器设备、车船以及其他财产而取得的所得。

对于个人从企业取得的财产租赁所得,应由企业按规定代扣代缴个人所得税。

(9)财产转让所得。财产转让所得是指个人转让有价证券、股权、建筑物、土地使用权、机器设备、车船以及其他财产而取得的所得。

对于个人从企业取得的财产转让所得,除股票转让所得外都应由企业按规定代扣代缴个人所得税。

(10)偶然所得。偶然所得是指个人得奖、中奖、中彩以及其他偶然性质的所得,包括个人参加企业举办的有奖销售等活动所取得的奖金。

对于个人从企业取得的偶然所得,应由企业按规定代扣代缴个人所得税。

(11)经国务院财政部门确定征税的其他所得。

此外,个人独资企业的投资人从个人独资企业取得的所得要缴纳个人所得税。自然人合伙人从合伙企业分得的所得要缴纳个人所得税。

3)个人所得税税率

我国的个人所得税按照应税项目的不同,分别规定了比例税率和超额累进税率两种税率形式。

(1)工资、薪金所得。

工资、薪金所得适用七级超额累进税率,税率为3% ~45%。具体税率见表3-19。

表 3－19　　　　　　　　工资、薪金所得适用税率表

级数	全月应纳税所得额(含税级距)	全月应纳税所得额(不含税级距)	税率(%)	速算扣除数
1	不超过1 500元的部分	不超过1 455元的	3	0
2	超过1 500元至4 500元的部分	超过1 455元至4 155元的部分	10	105
3	超过4 500元至9 000元的部分	超过4 155元至7 755元的部分	20	555
4	超过9 000元至35 000元的部分	超过7 755元至27 255元的部分	25	1 005
5	超过35 000元至55 000元的部分	超过27 255元至41 255元的部分	30	2 755
6	超过55 000元至80 000元的部分	超过41 255元至57 505元的部分	35	5 505
7	超过80 000元的部分	超过57 505元的部分	45	13 505

注:本表所称全月应纳税所得额是指依照《中华人民共和国个人所得税法》第六条的规定,以每月收入额减除费用3 500元以及附加减除费用后的余额。

(2)个体工商户的生产、经营所得,对企事业单位的承包经营、承租经营所得均适用5%～35%的五级超额累进税率,具体税率见表3－20。

表 3－20　　　个体工商户的生产、经营所得和对企事业单位的承包经营、承租经营所得适用税率表

级数	全年应纳税所得额(含税级距)	全年应纳税所得额(不含税级距)	税率(%)	速算扣除数
1	不超过15 000元的	不超过14 250元的	5	0
2	超过15 000元至30 000元的部分	超过14 250元至27 750元的部分	10	750
3	超过30 000元至60 000元的部分	超过27 750元至51 750元的部分	20	3 750
4	超过60 000元至100 000元的部分	超过51 750元至79 750元的部分	30	9 750
5	超过100 000元的部分	超过79 750元的部分	35	14 750

注:本表所称全年应纳税所得额是指依照《中华人民共和国个人所得税法》第六条的规定,以每一纳税年度的收入总额减除成本、费用以及损失后的余额。

(3)劳务报酬所得。劳务报酬所得适用比例税率20%,对劳务报酬所得一次收入畸高的,实行加成征收。

劳务报酬所得一次收入畸高,是指个人一次性取得劳务报酬,其应纳税所得额超过20 000元。劳务报酬所得加成征税采取超额累进税率的计算方法,对应纳税所得额超过20 000元至50 000元的部分,依照税法规定计算应纳税额后,再按照应纳税额加征五成;超过50 000元的部分,加征十成。这等于对应纳税所得额超过20 000元至50 000元和超过50 000元的部分别适用30%和40%的税率,因此,劳务报酬所得实际上适用20% ~40%的三级超额累进税率。

表3-21　劳务报酬所得适用税率表

级数	每次应纳税所得额	税率(%)	速算扣除数(元)
1	不超过20 000元的部分	20	0
2	超过20 000元至50 000元的部分	30	2 000
3	超过50 000元的部分	40	7 000

(4)稿酬所得。稿酬所得适用20%的比例税率,并按应纳税额减征30%。实际上,稿酬所得是按应纳税所得额的14%征税。

(5)其他所得。特许权使用费所得,财产租赁所得,财产转让所得,利息、股息、红利所得以及偶然所得和其他所得,均适用比例税率20%。

4)个人所得税的扣除标准是多少

表3-22　个人所得税扣除标准

应税项目	扣除标准
(1)工资、薪金所得	每月的工资、薪金收入额减除扣除费用后的余额,自2011年9月1日起月扣除3 500元。
(2)个体工商户生产经营所得	以每一纳税年度的收入总额减除成本、费用以及损失(个体工商户、个人独资企业和合伙企业的个人投资者,自2011年9月1日起月扣除3 500元,年扣除42 000元)。
(3)对企事业单位的承包经营、承租经营所得	以每一纳税年度的收入总额,减除必要费用,2011年9月1日起月扣除3 500元。

续表

应税项目	扣除标准
(4)劳务报酬所得、稿酬所得、特许权使用费所得、财产租赁所得	这四项所得均实行定额或定率扣除,即每次收入≤4 000 元,定额扣800 元;每次收入 >4 000 元,定率扣除 20%。
(5)财产转让所得	转让财产的收入额减除财产原值和合理费用。
(6)利息、股息、红利所得,偶然所得和其他所得	这三项无费用扣除,以每次收入为应纳税所得额。 个人投资者从上市公司取得的股息、红利所得,证券投资基金从上市公司分配取得的股息、红利所得在代扣代缴个人所得税时,均减按50%计算个人所得税。

5)个人所得税如何计算

(1)工资、薪金所得。工资、薪金所得适用七级超额累进税率,其应纳税额按照应纳税所得额乘以适用税率计算。其计算公式为:

应纳税额 = 应纳税所得额 × 适用税率 - 速算扣除数

【例 3 - 19】某纳税人月薪 5 200 元,该纳税人应纳个人所得税税额计算如下:

应纳税所得额 = 5 200 - 3 500 = 1 700(元)

应纳税额 = 1 700 × 10% - 105 = 65(元)

(2)个体工商户生产、经营所得。个体工商户的生产、经营所得适用五级超额累进税率,以其应纳税所得额按适用税率计算应纳个人所得税税额。其计算公式为:

应纳税额 = 应纳税所得额 × 适用税率 - 速算扣除数

对个人独资企业和合伙企业生产经营所得,个人所得税有两种计算办法。

第一种:查账征收。

对于实行查账征收的个体工商户,其生产经营所得或应纳税所得额是每一纳税年度的收入总额减除成本、费用以及损失后的余额。这是采用会计核算办法归集或计算得出的应纳税所得额。计算公式为:

应纳税所得额 = 全年收入总额 -(成本 + 费用 + 损失 + 准予扣除的税金)- 规定的费用减除标准

①个体工商户 2011 年 9 月 1 日以后(含)的生产经营所得,应适用税法修改后的费用减除标准,即每月 3 500 元;2011 年 9 月 1 日之前的生产经营所得,适用税

法修改前的费用减除标准，即每月 2 000 元。

②企业从业人员的工资支出，允许在税前扣除，投资者的工资不得在税前扣除。

③投资者及其家庭发生的生活费用不允许在税前扣除。

④企业生产经营和投资者及其家庭生活共用的固定资产，难以划分的，由主管税务机关根据企业的生产经营类型、规模等具体情况，核定准予在税前扣除的折旧费用的数额或比例。

⑤企业拨缴的工会经费、发生的职工福利费、发生的职工教育经费支出分别在工资、薪金总额 2%、14%、2.5% 的标准内据实扣除。

⑥企业每一纳税年度发生的广告费和业务宣传费用不超过当年销售（营业）收入 15% 的部分，可据实扣除；超过部分，准予在以后纳税年度结转扣除。

⑦企业每一纳税年度发生的与其生产经营业务直接相关的业务招待费支出，按照发生额的 60% 扣除，但最高不得超过当年销售（营业）收入的 5‰。

⑧企业计提的各种准备金不得扣除。

⑨投资者兴办两个以上企业，并且企业性质全部是独资的，年度终了后，汇算清缴时，应纳税款的计算按以下方法进行：汇总其投资兴办的所有企业的经营所得作为应纳税所得额，以此确定适用税率，计算出全年经营所得的应纳税额，再根据每个企业的经营所得占所有企业经营所得的比例，分别计算出每个企业的应纳税额和应补缴税额。计算公式如下：

应纳税所得额 = ∑各个企业的经营所得

应纳税额 = 应纳税所得额 × 税率 − 速算扣除数

本企业应纳税额 = 应纳税额 × 本企业的经营所得 ÷ ∑各个企业的经营所得

本企业应补缴的税额 = 本企业应纳税额 − 本企业预缴的税额

【例 3－20】陈先生开了一家个人独资企业。2012 年经营情况如下：

主营业务收入 70 万元，从被投资企业分回的红利 1 万元；营业成本 23 万元；营业税金及附加 4 万元；销售费用 25.5 万元，其中，广告费和业务宣传费 23 万元；管理费用中支付陈先生的工资 2.4 万元，支付其他员工工资 8 万元，业务招待费 0.5 万元，其他费用 5 万元；拨付的工会经费，发生的职工福利费、职工教育经费支出符合税法税前扣除的规定。

根据以上资料计算陈先生应缴纳的个人所得税：

①计算允许税前扣除的广告费和业务宣传费。

允许税前扣除的广告费和业务宣传费的扣除限额 = 70 × 15% = 10.5（万元）

实际发生的费用为 23 万元，高于限额，可扣除的数额为 10.5 万元。

②计算允许税前扣除的业务招待费。

允许税前扣除的业务招待费按照发生额的60%计算的金额 = 0.5 × 60% = 0.3（万元）

最高不得超过当年销售（营业）收入的5‰，70 × 5‰ = 0.35（万元），取其小。

③计算红利应纳的个人所得税。

红利应纳的个人所得税 = 1 × 20% = 0.2（万元）

④个人独资企业的应纳税所得额 = 70 - 23 - 4 - [(25.5 - 23) + 10.5] - (2.4 + 8 + 0.3 + 5) = 14.3（万元）

陈先生共应缴纳的个人所得税 = 14.3 × 35% - 1.475 + 0.2 = 3.73（万元）

由于个体工商业户生产经营所得的应纳税额实行按年计征，分月或分季预缴、年终汇算清缴、多退少补的方法，因此，在实际工作中，需要分别计算按月预缴税额和年终汇算清缴税额。其计算公式为：

本月应预缴税额 = 本月累计应纳税所得额 × 适用税率 - 速算扣除数 - 上月累计已预缴税额

全年应纳税额 = 本年累计应纳税所得额 × 适用税率 - 速算扣除数

汇算清缴税额 = 全年应纳税额 - 全年累计已预缴税额

【例3-21】某市大华酒家是个体经营户，账证比较健全，2012年12月取得营业额120 000元，购进菜、肉、蛋、面粉、大米等原材料60 000元，缴纳电费、税费、房租、煤气费等15 000元，缴纳其他税费合计6 600元。当月支付给4名雇员工资共4 800元，业主个人费用扣除标准为每月3 500元。1～11月累计应纳税所得额为55 600元，1～11月累计已预缴个人所得税为14 397.5元。计算该个体业户12月份应缴纳的个人所得税。

分析：①12月份应纳税所得额 = 120 000 - 60 000 - 15 000 - 6 600 - 4 800 - 3 500 = 30 100（元）

②全年累计应纳税所得额 = 55 600 + 30 100 = 85 700（元）

③12月份应缴纳个人所得税 = 85 700 × 30% - 9 750 - 14 397.5 = 1 562.5（元）

第二种：核定征收。其计算公式为：

应纳税额 = 应纳税所得额 × 适用税率

应纳税所得额 = 收入总额 × 应税所得率

= 成本费用支出额 ÷ (1 - 应税所得率) × 应税所得率

(3)承包经营、承租经营所得。对企事业单位承包经营、承租经营所得适用五级超额累进税率，其应纳税额按照应纳税所得额乘以适用税率计算。其计算公式为：

应纳税额＝应纳税所得额×适用税率－速算扣除数＝（纳税年度收入总额－每月必要费用扣除标准×实际承包或承租月数）×适用税率－速算扣除数

【例3－22】范某2012年承包某商店，承包期限1年，取得承包经营所得47 000元。此外，范某还按月从商店每月领取工资，每月2 500元。计算范某全年应缴纳的个人所得税。

全年应纳税所得额＝(47 000＋12×2 500)－12×3 500＝35 000(元)

全年应缴纳个人所得税＝35 000×20%－3 750＝3 250(元)

(4)劳务报酬所得。

①应纳税所得额。

劳务报酬所得以个人每次取得的收入，定额或定率减除规定费用后的余额为应纳税所得额。每次收入不超过4 000元的，定额减除费用800元；每次收入在4 000元以上的，定率减除20%的费用。

每次收入不超过4 000元的：

应纳税所得额＝每次收入额－800

每次收入在4 000元以上的：

应纳税所得额＝每次收入额×(1－20%)

②应纳税额的计算方法。

劳务报酬所得适用20%的比例税率，但对纳税人一次性取得劳务报酬收入畸高的，有加成征收的规定，所以，其应纳税额的计算分为两种情况：

劳务报酬所得适用20%的比例税率，其应纳税额的计算公式为：

应纳税额＝应纳税所得额×适用税率

如果纳税人的每次应税劳务报酬应纳税所得额超过20 000元，实行加成征税，其应纳税额应依据相应税率和速算扣除数计算。计算公式为：

应纳税额＝应纳税所得额×适用税率－速算扣除数

　　　　＝每次收入额×(1－20%)×适用税率－速算扣除数

【例3－23】某画家一次取得绘画收入5 000元，请计算该画家应缴纳的个人所得税。

应纳税所得额＝5 000×(1－20%)＝4 000(元)

应纳税额＝4 000×20%＝800(元)

【例3－24】某歌星一次取得演唱收入80 000元，请计算该歌星应缴纳的个人所得税。

应纳税所得额＝80 000×(1－20%)＝64 000(元)

应纳税额 = 64 000 × 40% - 7 000 = 18 600(元)

(5)稿酬所得。稿酬所得适用 20% 的比例税率,其应纳税额按照应纳税所得额乘以适用税率计算,并减征其应纳税所得额的 30%。其计算公式为:

应纳税额 = 应纳税所得额 × 20% × (1 - 30%) = 应纳税所得额 × 14%

每次收入不超过 4 000 元的:

应纳税所得额 = 每次收入额 - 800

每次收入在 4 000 元以上的:

应纳税所得额 = 每次收入额 × (1 - 20%)

【例 3 - 25】某作家一次取得稿酬收入 7 000 元,请计算该作家应缴纳的个人所得税。

应纳税额 = 7 000 × (1 - 20%) × 20% × (1 - 30%) = 784(元)

(6)特许权使用费所得。特许权使用费所得以个人每次取得的收入,定额或定率减除费用后的余额为应纳税所得额。其中,每次收入是指一项特许权的一次许可使用所取得的收入。

特许权使用费所得适用 20% 的比例税率,其应纳税额按照应纳税所得额乘以适用税率计算。其计算公式为:

应纳税额 = 应纳税所得额 × 适用税率 20%

(7)财产租赁所得。财产租赁所得适用 20% 的比例税率,其应纳税额按照应纳税所得额乘以适用税率计算。其计算公式为:

应纳税额 = 应纳税所得额 × 适用税率 20%

每次(月)收入不超过 4 000 元:

应纳税所得额 = 每次(月)收入额 - 准予扣除项目 - 修缮费用(以 800 元为限) - 800

每次(月)收入超过 4 000 元:

应纳税所得额 = [每次(月)收入额 - 准予扣除项目 - 修缮费用(以 800 元为限)] × (1 - 20%)

注:财产租赁所得以一个月内取得的收入为一次。

【例 3 - 26】某纳税人 2011 年 3 月份出租其房屋,取得租金 1 200 元,请计算其应缴纳的个人所得税。

应纳税所得额 = 1 200 - 800 = 400(元)

应纳税额 = 400 × 20% = 80(元)

(8)财产转让所得。财产转让所得以个人每次转让财产取得的收入额减除财产原值和相关税费后的余额为应纳税所得额。其中,"每次"是指以一件财产的所

有权一次转让取得的收入为一次。其应纳税额按照应纳税所得额乘以适用税率计算。其计算公式为:

应纳税额 = 应纳税所得额 × 适用税率 = (收入总额 - 财产原值 - 合理费用) × 20%

【例 3-27】某纳税人转让其拥有的房屋一间,收入 75 000 元,该房屋原值为 50 000 元,修理费用为 10 000 元。请计算其应缴纳的个人所得税。

应纳税所得额 = 75 000 - 50 000 - 10 000 = 15 000(元)

应纳税额 = 15 000 × 20% = 3 000(元)

(9) 利息、股息、红利所得,偶然所得,其他所得。利息、股息、红利所得,偶然所得,其他所得以个人每次取得的收入额为应纳税所得额,不扣除任何费用。除有特殊规定外,每次收入额就是应纳税所得额,以每次取得该项收入为一次。利息、股息、红利所得,偶然所得,其他所得适用 20% 的比例税率,其应纳税额的计算公式为:

应纳税额 = 应纳税所得额 × 适用税率 = 每次收入总额 × 20%

【例 3-28】刘某在福利彩票抽奖中一等奖,奖品为一辆价值 12 万元的小汽车,发奖单位要其支付个人所得税方可领奖。请计算刘某应纳个人所得税税额。

应纳税所得额 = 12(万元)

应纳税额 = 12 × 20% = 2.4(万元)

6) 计算应纳税额时应注意的问题

(1) 两个或两个以上的纳税人共同取得一项所得的税务处理。

两个或两个以上的纳税人共同取得同一项所得的,可以对每个人分得的收入分别减除费用,并计算各自应纳的税额。

【例 3-29】工程师李某、刘某共同为某项工程进行设计,工程完工取得报酬 9 500 元,其中李某分得 6 000 元,刘某分得 3 500 元,李某、刘某各自应纳的个人所得税计算如下:

李某的应纳税所得额 = 6 000 × (1 - 20%) = 4 800(元)

李某的应纳税额 = 4 800 × 20% = 960(元)

刘某的应纳税所得额 = 3 500 - 800 = 2 700(元)

刘某的应纳税额 = 2 700 × 20% = 540(元)

(2) 公益、救济性捐赠的税务处理。

税法规定,个人将其所得通过中国境内的公益性社会团体和国家机关向教育事业和其他公益事业的捐赠支出,捐赠额未超过纳税人申报的应纳税所得额 30%

的部分，可以从其应纳税所得额中扣除。计算公式为：

捐赠扣除限额 = 申报的应纳税所得额 × 30%

实际捐赠额不超过捐赠扣除限额时，允许扣除的捐赠额为实际捐赠额；实际捐赠额大于捐赠扣除限额时，只能按捐赠扣除限额扣除。

应纳税额 =（应纳税所得额 - 允许扣除的捐赠额）× 适用税率 - 速算扣除数

【例 3 - 30】某歌星参加某单位举办的演唱会，取得出场费收入 80 000 元，将其中 30 000 元通过当地教育机构捐赠给某希望小学。计算该歌星取得的出场费收入应缴纳的个人所得税。

①未扣除捐赠的应纳税所得额 = 80 000 ×（1 - 20%）= 64 000（元）

②捐赠扣除限额 = 64 000 × 30% = 19 200（元）

由于实际捐赠额大于扣除限额，税前只能按扣除限额扣除。

③应缴纳的个人所得税 =（64 000 - 19 200）× 30% - 2 000 = 11 440（元）

7）减免税规定

（1）下列各项个人所得，免征个人所得税：

①省级人民政府、国务院部委和中国人民解放军军以上单位，以及外国组织、国际组织颁发的科学、教育、技术、文化、卫生、体育、环境保护等方面的奖金；

②国债和国家发行的金融债券利息；

③个人取得的教育储蓄存款利息；

④按照国家统一规定发给的补贴、津贴；

⑤福利费、抚恤金、救济；

⑥保险赔款；

⑦军人的转业费、复员费；

⑧按照国家统一规定发给干部、职工的安家费、退职费、退休工资、离休工资、离休生活补助费；

⑨依照《中华人民共和国外交特权与豁免条例》和《中华人民共和国领事特权与豁免条例》规定应予免税的各国驻华使馆、领馆的外交代表、领事官员和其他人员的所得；

⑩中国政府参加的国际公约、签订的协议中规定免税的所得。

（2）下列项目，经批准可以减征个人所得税：

①残疾、孤老人员和烈属的所得减免。

②灾害减免。因严重自然灾害造成重大损失的。

③其他减税。其他经国务院财政部门批准减免的。

上述减税项目的减征幅度和期限,由各省级人民政府规定。

(3)下列各项个人所得,暂免征收个人所得税:

①外籍个人以非现金形式或实报实销形式取得的住房补贴、伙食补贴、搬迁费、洗衣费。

②外籍个人按合理标准取得的境内、境外出差补贴。

③外籍个人取得的语言训练费、子女教育费等,经当地税务机关审核批准为合理的部分。

④外籍个人从外商投资企业取得的股息、红利所得。

⑤凡符合下列条件之一的外籍专家取得的工资、薪金所得,可免征个人所得税:

根据世界银行专项借款协议,由世界银行直接派往我国工作的外国专家;联合国组织直接派往我国工作的专家;为联合国援助项目来华工作的专家;援助国派往我国专为该国援助项目工作的专家;根据两国政府签订的文化交流项目来华工作两年以内的文教专家,其工资、薪金所得由该国负担的;根据我国大专院校国际交流项目来华工作两年以内的文教专家,其工资、薪金所得由该国负担的;通过民间科研协定来华工作的专家,其工资、薪金所得由该国政府机构负担的;经国务院财政部门批准免税的其他所得。

⑥个人举报、协查各种违法、犯罪行为而获得的奖金。

⑦个人办理代扣代缴税款手续,按规定取得的扣缴手续费。

⑧个人转让自用达五年以上,并且是唯一的家庭生活用房取得的所得。

⑨对按国发〔1983〕141号《国务院关于高级专家离休退休若干问题的暂行规定》和国办发〔1981〕40号《国务院办公厅关于杰出高级专家暂缓离退休审批问题的通知》精神,达到离休、退休年龄,但确因工作需要,适当延长离休、退休年龄的高级专家(指享受国家发放的政府特殊津贴的专家、学者),其在延长离休、退休年龄期间的工资、薪金所得,视同退休工资、离休工资免征个人所得税。

⑩个人购买福利彩票、赈灾彩票、体育彩票,一次中奖收入在1万元以下(含1万元)的暂免征收个人所得税,超过1万元的全额征收个人所得税。

8)如何申报和缴纳个人所得税

(1)申报缴纳方式。

①自行申报纳税。凡依据个人所得税法负有纳税义务的纳税人,有下列情形之一的,应当按照《个人所得税自行纳税申报办法(试行)》规定办理纳税申报:

年所得12万元以上的;从中国境内两处或者两处以上取得工资、薪金所得的;

取得应税所得,没有扣缴义务人的;分笔取得属于一笔劳务报酬所得、稿酬所得、特许权使用费所得、财产租赁所得的;取得应纳税所得,扣缴义务人未按规定扣缴税款的;税收主管部门规定必须自行申报纳税的。

②代扣代缴。扣缴义务人向个人支付下列所得,应代扣代缴个人所得税:工资、薪金所得;对企事业单位的承包经营、承租经营所得;劳务报酬所得;稿酬所得;特许权使用费所得;利息、股息、红利所得;财产租赁所得;财产转让所得;偶然所得;经国务院财政部门确定征税的其他所得。

(2)纳税期限。除特殊情况外,纳税人应在取得应税所得的次月 7 日内向主管税务机关申报所得并缴纳税款。纳税人自行申报的申报期限规定如下:

①年所得 12 万元以上的纳税人,在纳税年度终了后 3 个月内向主管税务机关办理纳税申报,即在每个纳税年度终了后的 1 月 1 日至 3 月 31 日期间的任何一天,纳税人均可办理纳税申报。

②个体工商户和个人独资、合伙企业投资者取得的生产经营所得应纳的税款,分月预缴的,纳税人在每月终了后 7 日内办理纳税申报;分季预缴的,纳税人在每个季度终了后 7 日内办理纳税申报。纳税年度终了后,纳税人在 3 个月内进行汇算清缴。

③纳税人年终一次性取得对企事业单位的承包经营、承租经营所得的,自取得所得之日起 30 日内办理纳税申报;在一个纳税年度内分次取得承包经营、承租经营所得的,在每次取得所得后的次月 7 日内申报预缴,纳税年度终了后 3 个月内汇算清缴。

扣缴义务人每月扣缴的税款,应当在次月 7 日内缴入国库,并向主管税务机关报送《扣缴个人所得税报告表》。

(3)纳税地点。自行申报的纳税人,其申报纳税地点一般为收入来源地的主管税务机关。纳税人从两处或两处以上取得工资、薪金所得的,可选择并固定在其中一地的税务机关申报纳税;从境外取得所得的,应向境内户籍所在地或经常居住地税务机关纳税。纳税人要求变更申报纳税地点的,须经原主管税务机关批准。

3.6.2 印花税

印花税是对经济活动和经济交往中书立、领受经济凭证所征收的一种税。

1)哪些人缴纳印花税

印花税的纳税人包括在中国境内书立、领受规定的经济凭证的企业、行政单位、事业单位、军事单位、社会团体、其他单位、个体工商户和其他个人。

2)印花税税目与税率(税额标准)知多少

印花税是对在我国境内书立、领受应税凭证的行为征税。

根据应税凭证性质的不同，印花税分别采用比例税率和定额税率，具体税目、税额标准详见印花税税目、税率（税额标准）表（见表3－23）。

表3－23　　印花税税目、税率（税额标准）表

应税凭证类别	税目	税率（税额标准）	纳税人
合同或具有合同性质的凭证	购销合同	按购销金额0.3‰贴花	立合同人
	加工承揽合同	按加工或承揽收入0.5‰贴花	
	建设工程勘察、设计合同	按收取费用0.5‰贴花	
	建筑安装工程承包合同	按承包金额0.3‰贴花	
	财产租赁合同	按租赁金额1‰贴花。税额不足1元的，按1元贴花	
	货物运输合同	按收取的运输费用0.5‰贴花	
	仓储保管合同	按仓储收取的保管费用1‰贴花	
	借款合同（包括融资租赁合同）	按借款金额0.05‰贴花	
	财产保险合同	按收取的保险费收入1‰贴花	
	技术合同	按所载金额0.3‰贴花	
书据	产权转移书据	按所载金额0.5‰贴花	立据人
账簿	营业账簿	记载资金的账簿，按实收资本和资本公积的合计0.5‰贴花。其他账簿按件贴花5元	立账簿人
证照	权利、许可证照	按件贴花5元	领受人

3）计税方法

印花税以应税凭证所记载的金额、费用、收入额和凭证的件数为计税依据，按照适用税率或者税额标准计算应纳税额。

应纳税额计算公式为：

（1）应纳税额＝应税凭证记载的金额（费用、收入额）×适用税率

（2）应纳税额＝应税凭证的件数×适用税额标准

【例3－31】2012年1月，甲公司将闲置厂房出租给乙公司，合同约定每月租金2 500元，租期未定。签订合同时，预交租金5 000元，双方已按定额贴花。5月底合同解除，甲公司收到乙公司补交租金7 500元。甲公司5月份应补缴多少印

花税？

应补缴印花税 = (5 000 + 7 500) × 1‰ - 5 = 7.5(元)

4)免税

下列凭证可以免征印花税：

(1)已缴纳印花税的凭证的副本、抄本，但是视同正本使用者除外。

(2)财产所有人将财产赠给政府、社会福利单位、学校所立的书据。

(3)国家指定的收购部门与村民委员会、农民个人书立的农副产品收购合同。

(4)无息、贴息贷款合同。

(5)外国政府、国际金融组织向中国政府及国家金融机构提供优惠贷款所书立的合同。

(6)房地产管理部门与个人订立的用于生活居住房租赁合同。

(7)农牧业保险合同。

(8)特殊货运凭证。这类凭证包括军事物资运输凭证、抢险救灾物资运输凭证、新建铁路的工程临管线运输凭证。

3.6.3 房产税

房产税是以房屋为征税对象，按照房屋的计税余值或租金收入，向产权所有人征收的一种财产税。

1)房产税包含哪些纳税义务人及征收对象

(1)纳税义务人。

①产权属国家所有的，由经营管理单位纳税；产权属集体和个人所有的，由集体单位和个人纳税。

②产权出典的，由承典人按房产余值纳税。

③产权所有人、承典人不在房屋所在地的，由房产代管人或者使用人纳税。

④产权未确定及租典纠纷未解决的，由房产代管人或者使用人按房产余值纳税。

⑤无租使用其他房产的，由房产使用人纳税。

(2)征税对象——房产。

它是有屋面和围护结构，能供人们生产、学习、工作、生活的场所。与房屋不可分割的各种附属设施或不单独计价的配套设施，也属于房屋，应一并征收房产税，但独立于房屋之外的建筑物(如水塔、围墙等)不属于房屋，不征房产税。

房地产开发企业建造的商品房,在出售前,不征收房产税,但对出售前房地产开发企业已使用或出租、出售的商品房应按规定征收房产税。

2)如何准确计算房产税

房产税计算方法见表3-24。

表3-24 房产税计算方法

计税方法	计税依据	税率	税额计算公式
从价计征	房产计税金额	1.2%	全年应纳税额=应税房产原值×(1-扣除比率)×1.2%
从租计征	房屋租金	12%(个人为4%)	全年应纳税额=租金收入×12%(个人为4%)

【例3-32】赵某拥有两处房产,一处原值60万元的房产由自己和家人居住,另一处原值20万元的房产于2012年7月1日出租给王某居住,按市场价每月取得租金收入1 200元。赵某当年应缴纳的房产税为多少?

应纳房产税=1 200×6×4%=288(元)

第 4 章　小企业必知的税收法律责任

4.1 触犯税法的代价:行政处罚

4.1.1 什么是税务行政处罚

税务行政处罚,是指公民、法人或者其他组织有违反税收征收管理秩序的违法行为,尚未构成犯罪,依法应当承担行政责任的,由税务机关给予的处罚。各类罚款以及税收法律、法规、规章规定的其他行政处罚,都属于税务行政处罚的范围。

4.1.2 应由哪一级税务机关行使税务行政处罚权

税务机关的行政处罚权实施主体是县级以上税务局(分局)。我国税务机关包括国家税务总局,省、自治区、直辖市国家税务局、地方税务局,地区(市、州、盟)国家税务局、地方税务局,县(市、旗)国家税务局、地方税务局四级。这些税务机关都具有税务行政处罚的资格。各级税务机关的内设机构、派出机构不具处罚主体资格,不能以自己的名义实施税务行政处罚。这主要是考虑到罚款直接涉及纳税人、扣缴义务人以及其他被处罚相对人的财产权益,鉴于目前基层执法人员的素质状况以及违法行为的复杂性,必须慎重行事,防止侵犯被处罚人的合法权益。

同时,又考虑到即时处罚的现实需要,因此也必须赋予基层税务所一定限额的处罚权。《税收征管法》第七十四条规定:本法规定的行政处罚,罚款额在 2 000 元以下的,可以由税务所决定。适当扩大税务所的处罚权限,有利于税务所在处理一些轻微的违法行为时避免复杂的审批手续,尽快解决问题,从而有效地维护税收秩序。

4.1.3 被处罚者享有的权利

为了制约税务行政处罚失当行为,保护纳税人的合法权益。《税收征管法》、《中华人民共和国行政处罚法》、《中华人民共和国行政诉讼法》规定:纳税人对税务机关的行政处罚不服的,有要求听证、申请复议、向人民法院起诉的权利。

4.1.4 税务机关可采取的几种处罚措施

根据现行税收法律、法规的规定,税务行政处罚主要有以下五种:

1）责令限期改正

责令限期改正，是税务机关责令有违反税收法律、法规规定行为的纳税人和其他税务当事人停止、纠正其税收行政违法行为的一种税务行政处罚措施，也是对违反税法的纳税人和其他税务当事人给予的警告和谴责。责令限期改正，主要适用于情节较轻或尚未构成实际危害结果的税务行政违法行为，并不涉及行政相对方的实际利益。作为行政处罚措施，税务机关必须以书面形式责令行政相对方限期改正。

2）罚款

罚款，是税务机关对违反税收法律、法规规定行为的纳税人和其他税务当事人的一种经济上的处罚，是税务行政处罚中应用最广的一种。税务机关作出罚款决定，应以书面形式通知被处罚人，明确规定罚款的数额和缴纳期限，罚款的数额、幅度和程序都必须遵守法律规定。

3）没收违法所得

没收违法所得，是税务机关依法没收纳税人和其他税务当事人因违法行为所得财物归国家所有的一种行政处罚措施。如对非法印制发票的，税务机关可销毁非法印制的发票，没收违法所得和作案工具。

4）收缴未用发票和暂停供应发票

5）停止出口退税权

4.1.5 税务行政处罚有哪些程序

税务行政处罚的程序，分为简易程序和一般程序两种。

1）税务机关对公民个人处50元以下、对法人和其他组织处1 000元以下罚款或者警告的，适用简易程序当场处罚。

2）简易程序之外的其他处罚适用一般程序。在一般程序的告知环节，对于符合法定听证条件的（对公民处2 000元以上罚款、对法人或者其他组织处10 000元以上罚款），应当告知当事人有要求听证的权利。

4.1.6 税务行政处罚的听政制度是怎么回事

1）税务行政处罚听证概述

税务行政处罚听证，是指在地方税务机关非本案调查人员的主持下，由调查人员、案件当事人、第三人以及当事人、第三人的委托代理人等参加，听取调查人员的指证和当事人、第三人及其委托代理人的陈述申辩、质证的一项法定程序。

税务行政处罚听证多用于税务机关对公民作出2 000元以上（含本数）或者对法人或其他组织作出10 000元以上（含本数）罚款的案件。

2）税务行政处罚听证程序的具体内容和步骤

（1）税务机关对当事人作出行政处罚之前，应当向当事人送达《税务行政处罚事项告知书》。

（2）要求听证的当事人，应当在《税务行政处罚事项告知书》送达后3日内向税务机关领取《听证申请书》并提出书面申请，逾期不提出的，视为放弃听证权利。

（3）税务机关对听证申请进行审核。审核主要内容包括：第一，申请人是否是行政处罚的直接当事人，或者当事人委托的代理人；第二，是否属于本税务机关作出的行政处罚；第三，听证申请是否在法定的期限内提出。

税务机关在收到申请15日内，对听证申请作出裁决，不符合法律、法规规定的，不予受理；不属于本税务机关管辖的，移送属于管辖机关。上述情况分别填制《限期补正通知书》、《转交听证通知书》、《不予受理听证通知书》，书面通知申请人，并说明不予受理原由。符合法律、法规规定的，应予以受理，并书面通知申请人，在举行听证的7日前将《税务行政处罚听证通知书》送达当事人。在听证前，税务机关发现自己拟作的行政处罚决定对事实认定有错误或者偏差，应当予以改变，并及时向当事人说明。

（4）组织听证。听证会由税务机关负责人指定的非本案调查机构的人员主持，当事人、本案调查人员及其他有关人员参加。当事人可以亲自参加听证，也可以委托一至两人代理。当事人委托代理人参加，应当向其代理人出具代理委托书。当事人认为听证主持人与本案有直接利害关系的，有权申请回避。回避申请应当在举行听证的3日前向税务机关提出，并说明理由。对驳回申请回避的决定，当事人可以申请复核一次。

听证会开始，听证主持人声明并出示税务机关负责人授权主持听证的决定，然后查明当事人或者其代理人、本案调查人员、证人及其他有关人员是否到场，宣布案由；宣布听证会的组成人员名单；告知当事人有关的权利义务。记录员宣读听证会场纪律。然后，先由本案调查人员就当事人的违法行为予以指控，并出示事实证据材料，提出行政处罚建议。当事人或者其代理人可以就所指控的事实及相关问题进行申辩和质证。听证主持人可以对本案所及事实进行询问，并组织本案调查人员和当事人或其代理人进行辩论。辩论终结，听证主持人可以再就本案的事实、证据及有关问题向当事人或者其代理人、本案调查人员征求意见。当事人或者代理人有最后陈述的权利。

听证主持人认为证据有疑问无法听证辩明，并可能影响税务行政处罚的准确公正的，可以宣布终止听证，由本案调查人员对证据进行调查核实后再行听证。当事人或者其代理人可以申请对有关证据进行重新核实，或者提出延期听证；是否批准，由听证主持人或者税务机关作出决定。

听证的全部活动应当由记录员写成笔录，并给听证主持人、当事人或其代理人、本案调查人员、证人及其他有关人员审阅，认为有遗漏或者差错的，可以请求补充或改正；承认没有异议后，应当签字或者盖章。

(5)听证决定。听证结束后，听证主持人应当将听证情况和处理意见报告税务机关负责人，并作出听证决定。听证费用由组织听证的税务机关支付。

4.1.7 税务行政处罚的决定作出后，怎样执行

税务行政处罚决定依法作出后，除依法可以当场收缴罚款的情形以外，当事人应当在收到税务行政处罚决定书之日起 15 日内缴纳罚款。银行应当收受罚款，将罚款直接上缴国库。但是依照简易程序当场作出的税务行政处罚，罚款数额在 20 元以下的或者不当场收缴罚款事后难以执行的，或者在边远、水上、交通不便地区，依照一般程序作出罚款决定后，当事人向指定的银行缴纳罚款有困难的，经当事人提出，税务机关及其执法人员可以当场收缴罚款，并按规定的期限和程序办理上缴国库手续。

当事人对税务行政处罚决定逾期不申请行政复议也不向人民法院提起诉讼，又不履行的，作出处罚决定的税务机关可以依法采取下列措施：

(1)到期不缴纳罚款的，每日按罚款数额的 3% 加处罚款；

(2)根据法律规定，将查封、扣押的财物拍卖、变卖或者将冻结的存款划拨抵缴罚款；

(3)申请人民法院强制执行。

当事人确有困难，需要延期或分期缴纳罚款的，经当事人申请和税务机关批准，可以暂缓或者分批缴纳。在暂缓或者分批缴纳的期限内，不加收罚款；逾期仍不缴纳的，应当依法加收罚款和强制执行。

4.2 税收行政违法行为的法律后果

4.2.1 违反税务管理基本规定的处罚

(1)纳税人有下列行为之一的，由税务机关责令限期改正，可以处 2 000 元以下的罚款；情节严重的，处 2 000 元以上 1 万元以下的罚款：

①未按照规定的期限申报办理税务登记、变更或者注销登记的；

②未按照规定设置、保管账簿或者保管记账凭证和有关资料的；

③未按照规定将财务、会计制度或者财务、会计处理办法和会计核算软件报送

税务机关备查的；

④未按照规定将其全部银行账号向税务机关报告的；

⑤未按照规定安装、使用税控装置，或者损毁或擅自改动税控装置的；

⑥未按照规定办理税务登记证件验证或者换证手续的。

(2)纳税人不办理税务登记的，由税务机关责令限期改正；逾期不改正的，由工商行政管理机关吊销其营业执照。

(3)纳税人未按照规定使用税务登记证件，或者转借、涂改、损毁、买卖、伪造税务登记证件的，处2 000元以上1万元以下的罚款；情节严重的，处1万元以上5万元以下的罚款。

(4)扣缴义务人未按照规定设置、保管代扣代缴、代收代缴税款账簿或者保管代扣代缴、代收代缴税款记账凭证及有关资料的，由税务机关责令限期改正，可以处2 000元以下的罚款；情节严重的，处2 000元以上5 000元以下的罚款。

(5)纳税人未按照规定的期限办理纳税申报和报送纳税资料的，或者扣缴义务人未按照规定的期限向税务机关报送代扣代缴、代收代缴报告表和有关资料的，由税务机关责令限期改正，可以处2 000元以下的罚款；情节严重的，处2 000元以上10 000元以下的罚款。

4.2.2 违反纳税申报的行为及处罚

纳税人必须依照法律、行政法规或者税务机关依照法律、行政法规规定确定的申报期限、申报内容如实办理纳税申报，报送纳税申报表、财务会计报表以及税务机关根据实际需要要求纳税人报送的其他纳税资料。如果纳税人不按规定进行纳税申报，就直接违反了相关规定，是一种明显的税务违法行为。

几种不申报行为及其处理方式：

1)不需要办理工商登记和税务登记的纳税人的不申报行为

目前，我国对于从事生产经营以外的纳税人实行申报监督制度，即纳税人发生应税事项应当主动向税务机关申报缴纳税款或者由具有代扣代缴资格的收款或付款单位代扣代缴税款；未主动申报缴纳税款的，税务机关发现后可以通知其申报缴纳。对于这种情况，税务机关也只能采取由纳税人自主申报和税务机关监督管理相结合的方式实施有效管理。

对于可以不办理税务登记的纳税人，除纳税人自主申报缴纳税款外，税务机关还可以通过检查、群众举报等方式发现并核定其应纳税款，尔后通知其申报缴纳。纳税人如果按照税务机关的通知要求及时履行申报缴纳税款义务，即属于依法申报缴纳税款，税务机关将不予行政处罚，但应当按规定加收滞纳金；拒不申报或者虽申报但进行虚假的纳税申报，并造成不缴或者少缴应纳税款的，则构成偷税，依法予以严肃处理。

2)应办未办理工商登记的纳税人的不申报行为

其主要是指从事生产经营的纳税人,其筹备或者试运行期间实现应纳税款,但由于其对将来能否获利不够确定,而迟迟不办理工商登记,而营业执照又是办理税务登记的重要前提条件,没有营业执照将不能办理税务登记。因此,对于应办未办理工商登记的纳税人,实现税款后,纳税人可以依法申报缴纳税款。纳税人未主动申报缴纳税款的,税务机关发现后,应当依法核定其应纳税款、通知其申报缴纳,并按规定加收滞纳金。

3)已办理工商登记未按规定办理税务登记的纳税人的不申报行为

纳税人未按照规定的期限办理税务登记证,按照《税收征管法》第六十条规定,由税务机关责令限期改正,可以处2 000元以下的罚款,情节严重的,处2 000元以上10 000元以下的罚款。

4)已办理税务登记的纳税人的不申报行为

对纳税人进行登记管理是我国的主要税收管理制度。现行税法规定,纳税人办理工商登记领取营业执照后30日内应当持营业执照及有关资料到税务机关办理税务登记。纳税人一经办理税务登记,即成为规范意义上的纳税人,应当接受税务机关的日常管理,并且按规定申报缴纳税款。不论是定额纳税,还是按月或按季纳税,都应当按照法律规定或税务机关根据法律法规作出的规定,填制申报表,按时申报缴纳税款。①纳税人不进行纳税申报,不缴或者少缴应纳税款的,由税务机关追缴其不缴或者少缴的税款、滞纳金,并处不缴或者少缴的税款百分之五十以上五倍以下的罚款。②纳税人未按照规定的期限办理纳税申报和报送纳税资料的,由税务机关责令限期改正,可以处2 000元以下的罚款;情节严重的,处2 000元以上10 000元以下的罚款。③如果纳税人经税务机关通知申报而拒不申报或进行虚假的纳税申报,不缴或少缴税款,属于偷税行为,由税务机关追缴不缴或少缴税款、滞纳金,并处不缴或少缴税款百分之五十以上五倍以下的罚款。

5)已办理税务登记的纳税人到外地临时经营的不申报行为

税法规定,已办理税务登记的纳税人到外县市销售货物时,应当向其机构所在地主管税务机关申请开具《外管证》,向其机构所在地主管税务机关申报纳税。未持有其机构所在地主管税务机关核发的《外管证》的,应当向销售地主管税务机关申报纳税;未向销售地主管税务机关申报纳税的,由其机构所在地主管税务机关补征税款。已按规定向税务机关申请开具《外管证》的纳税人,其到外县市销售货物情况应当及时按规定向其机构所在地税务机关进行纳税申报,不进行纳税申报的,应当按已办理税务登记的纳税人不进行纳税申报的处理方式进行相应处理;未持有其机构所在地主管税务机关核发的《外管证》,不向货物销售地税务机关进行纳税申报的,应当由货物销售地税务机关核定其应纳税款,并通知其申报缴纳,拒不缴纳造成不缴或少缴应纳税款的,按偷税论处;不向货物销售地税务机关申请缴纳税款,其后也不向机构所在地税务机关补缴税款的,也应当按偷税论处。

6)已办理税务登记的纳税人在其登记地以外偶然发生应税事项的不申报行为

我国纳税管理适用属地为主,属地与属人相结合的原则,即纳税人在什么地方取得的收入,应当在什么地方缴纳税款,有特殊规定的除外。纳税人的非经营性机构,在外地偶然有经营活动,既不需要就地办理税务登记,也不需要办理外出经营活动管理证明,而是特殊情况下发生了应税事项,如某企业在外地设有周转仓库或者非经营性办事机构,受企业总部指示或应急性就地出售了部分货物等。对这种偶然性就地销售行为,应当由收款人就地申报缴纳税款,或者事后向其机构所在地税务机关补缴税款。货物销售地税务机关发现后可以通知其申报缴纳,拒不申报缴纳或者事后不向机构所在地税务机关补缴税款的,则按偷税论处。

4.2.3 什么是偷税,偷税者应受到的处罚

1)什么是偷税

偷税,是指纳税人、扣缴义务人违反税收法规,采取伪造、变造、隐匿、擅自销毁账簿、记账凭证,在账簿上多列支出或者不列、少列收入,经税务机关通知申报而拒不申报或者进行虚假的纳税申报或者通过其他欺骗、隐瞒的手段,不缴或者少缴应纳税款,数额达到量化标准的行为。

根据我国法律规定,构成偷税的行为有:①伪造、变造、隐匿、擅自销毁账簿、记账凭证,包括伪造、变造、隐匿、擅自销毁用于记账的发票等原始凭证的行为;②在账簿上多列支出或者不列、少列收入;③经税务机关通知申报而拒不申报纳税;④进行虚假的纳税申报;⑤缴纳税款后,以假报出口或者其他欺骗手段,骗取所缴纳的税款。

2)偷税的处罚

(1)纳税人采取伪造、变造、隐匿、擅自销毁账簿、记账凭证,在账簿上多列支出或者不列、少列收入,经税务机关通知申报而拒不申报或者进行虚假的纳税申报的手段,不缴或者少缴应纳税款,偷税数额占应纳税额的百分之十以上不满百分之三十,并且偷税数额在一万元以上不满十万元的,或者因偷税被税务机关给予二次行政处罚又偷税的,处三年以下有期徒刑或者拘役,并处偷税数额一倍以上五倍以下罚金;偷税数额占应纳税额的百分之三十以上并且偷税数额在十万元以上的,处三年以上七年以下有期徒刑,并处偷税数额一倍以上五倍以下罚金。

(2)扣缴义务人采取前款所列手段,不缴或者少缴已扣、已收税款,由税务机关追缴其不缴或者少缴的税款、滞纳金,并处不缴或者少缴税款百分之五十以上五倍以下的罚款;构成犯罪的,依法追究刑事责任。对多次犯有前两款行为,未经处理的,按照累计数额计算。

对于该罪,《最高人民法院关于审理偷税抗税刑事案件具体应用法律若干问题的解释》作了进一步说明。对于偷税数额的认定,该解释第三条规定:偷税数额,是指在确定的纳税期间,不缴或者少缴各税种税款的总额。偷税数额占应纳税额的百分比,是指一个纳税年度中的各税种偷税总额与该纳税年度应纳税总额的比例。不按纳税年度确定纳税期的其他纳税人,偷税数额占应纳税额的百分比,按照行为人最后一次偷税行为发生之日前一年中各税种偷税总额与该年纳税总额的比例确定。纳税存续期间不足一个纳税年度的,偷税数额占应纳税额的百分比,按照各税种偷税总额与实际发生纳税义务期间应当缴纳税款总额的比例确定。

偷税行为跨越若干个纳税年度,只要其中一个纳税年度的偷税数额及百分比达到《中华人民共和国刑法》第二百零一条第一款规定的标准,即构成偷税罪。各纳税年度的偷税数额应当累计计算,偷税百分比应当按照最高的百分比确定。同时,该解释第四条规定:两年内因偷税受过二次行政处罚,又偷税且数额在一万元以上的,应当以偷税罪定罪处罚。

4.2.4 骗取出口退税应承担的行政法律责任

骗取出口退税罪,是指故意违反税收法规,采取以假报出口等欺骗手段,骗取国家出口退税款,数额较大的行为。

以假报出口或者其他欺骗手段,骗取国家出口退税款,由税务机关追缴其骗取的退税款,并处骗取税款一倍以上五倍以下的罚款;构成犯罪的,依法追究刑事责任。

对骗取国家出口退税款的,税务机关可以在规定期间内停止为其办理出口退税。

骗取国家出口退税款的行政处罚如下:

(1)暂停出口退税权。

(2)撤销出口经营权。

(3)追缴已退税款。

(4)罚款和没收非法所得。

第一,对经营出口货物的企业有下列违法行为之一的,税务机关除令其限期改正外,可以处1 000元的罚款:①出口企业未按照规定期限申报办理退(免)税登记、变更或者注销退(免)税登记的;②未按照规定建立、使用和保存出口退税账簿票证的;③拒绝主管退税的税务机关检查和提供退税资料、凭证的。

第二,外贸企业未按照规定设置和保管有关出口退税账簿票证的,经税务机关责令限期改正而逾期不改正的，可以处 2 000 元以下的罚款；情节严重的，处 2 000 元以上 10 000 元以下的罚款。

第三，对外贸企业未按照规定取得发票的，根据《中华人民共和国发票管理办法》规定，由税务机关责令限期改正，没收非法所得，并处 1 000 元以下的罚款。如果导致其他单位或者个人未缴、少缴或者骗取税款的，由税务机关没收违法所得，可以并处未缴、少缴或者骗取税款一倍以下的罚款。

第四，对为经营出口货物企业非法提供或者开具假退税凭证的，有违法所得的，处以其违法所得额三倍以下不超过 30 000 元的罚款；没有违法所得的，处 10 000 元以下的罚款。

第五，企业事业单位采取对所生产或者经营的商品假报出口等欺骗手段，骗取国家出口退税款，数额不满 10 000 元的，由税务机关追缴其骗取的退税款，处骗取税款五倍以下的罚款。

上述企业事业单位以外的其他单位或者个人骗取国家出口退税数额较小，未构成犯罪的，由税务机关追缴其骗取的税款，处以骗取税款五倍以下的罚款。

以假报出口等欺骗手段骗取国家出口退税数额较大的，处 5 年以下有期徒刑或者拘役，并处骗取税款一倍以上五倍以下的罚金；骗取国家出口退税数额巨大或者有其他严重情节的，处 5 年以上 10 年以下有期徒刑，并处骗取税款一倍以上五倍以下的罚金；骗取国家出口退税数额特别巨大或者有其他特别严重情节的，处 10 年以上有期徒刑或者无期徒刑，并处骗取税款一倍以上五倍以下的罚金或者没收财产；单位犯骗取出口退税罪的，对单位判处罚金，并对其直接负责的主管人员和其他其接人员依照自然人犯骗取出口退税罪处罚。

4.2.5 什么是抗税，对抗税者怎样处罚

(1)抗税是指纳税人以暴力、威胁方法拒不缴纳税款的行为。

(2)纳税人抗税的，除税务机关追缴其拒缴的税款、滞纳金外，由司法机关处 3 年以下有期徒刑或者拘役，并处拒缴税款一倍以上五倍以下的罚金；情节严重的，判处 3 年以上 7 年以下有期徒刑，并处拒缴税款一倍以上五倍以下的罚金；情节轻微未构成犯罪的，由税务机关追缴其拒缴的税款、滞纳金税款，并处拒缴税款一倍以上五倍以下的罚款。

以暴力方法抗税致人重伤或者死亡的，除处以罚金外，按伤害罪、杀人罪从重处罚。刑法规定故意伤人致死的，处 7 年有期徒刑；故意杀人的，处死刑、无期徒刑或 10 年以上有期徒刑；情节较轻的，处 3 年以上 10 年以下有期徒刑。

4.2.6 欠缴税款的法律责任

欠税，是指纳税人、扣缴义务人超过税收法律、法规规定或税务机关依照税收

法律、法规规定的纳税期限，未缴或少缴税款的行为。

纳税人应当在规定的期限内按时足额缴纳应纳税款，否则，应承担相应的经济责任和法律责任。

1）加收滞纳金

纳税人未按照规定期限缴纳税款的，扣缴义务人未按照规定期限解缴税款的，税务机关除责令限期缴纳外，从滞纳税款之日起，按日加收滞纳税款万分之五的滞纳金。

2）处以罚款

纳税人欠缴应纳税款，采取转移或者隐藏财产的手段，妨碍税务机关追缴欠缴的税款的，由税务机关追缴欠缴的税款、滞纳金，并处欠缴税款百分之五十以上五倍以下的罚款。此外，构成犯罪的，依法追究刑事责任。

3）采取强制措施

纳税人、扣缴义务人在规定期限内不缴或者少缴应纳或者应解缴的税款，经税务机关责令限期缴纳，逾期仍未缴纳的，经县以上税务局（分局）局长批准，税务机关可以采取下列强制执行措施：（1）书面通知其开户银行或者其他金融机构从其存款中扣缴税款；（2）扣押、查封、依法拍卖或者变卖其价值相当于应纳税款的商品、货物或者其他财产，以拍卖或者变卖所得抵缴税款。

4）阻止出境

欠缴税款的纳税人或者法定代表人需要出境的，应当在出境前向税务机关结清应纳税款、滞纳金或者提供担保。未结清应纳税款、滞纳金，又不提供担保的，税务机关可以通知出境管理机关阻止其出境。

4.2.7 扣缴义务人的违法行为及处罚

（1）扣缴义务人未按规定设置、保管代扣代缴、代收代缴税款账簿或者保管代扣代缴、代收代缴记账凭证及有关资料的，由税务机关责令限期改正，可以处2 000元以下的罚款；情节严重的，处2 000元以上5 000元以下的罚款。

（2）扣缴义务人未按规定的期限向税务机关报送代扣代缴、代收代缴税款报告表和有关资料的，由税务机关责令限期改正，可以处2 000元以下的罚款；情节严重的，处2 000元以上1万元以下的罚款。

（3）扣缴义务人采取偷税手段，不缴或少缴已扣、已收税款，由税务机关追缴其不缴或者少缴的税款、滞纳金，并处不缴或少缴的税款百分之五十以上五倍以下的罚款；构成犯罪的，依法追究刑事责任。

（4）扣缴义务人在规定期限内不缴或者少缴应纳或者应解缴的税款，经税务机关责令限期缴纳，逾期仍未缴纳的，税务机关除依照《税收征管法》第四十条的规定采取强制措施追缴其不缴或者少缴的税款外，可以处不缴或者少缴的税款百分之五十以上五倍以下的罚款。

(5)扣缴义务人应扣未扣、应收而不收税款的，由税务机关向纳税人追缴税款，对扣缴义务人处应扣未扣、应收未收税款百分之五十以上三倍以下的罚款。

(6)扣缴义务人逃避、拒绝或者以其他方式阻挠税务机关检查的，由税务机关责令改正，可以处1万元以下的罚款；情节严重的，处1万元以上5万元以下的罚款。

4.2.8 不配合税务机关依法进行税务检查应受到的处罚

(1)纳税人、扣缴义务人逃避、拒绝或者以其他方式阻挠税务机关检查的，由税务机关责令改正，可以处1万元以下的罚款；情节严重的，处1万元以上5万元以下的罚款。

(2)税务机关依照《税收征管法》第五十四条第(五)项的规定，到车站、码头、机场、邮政企业及其分支机构检查纳税人有关情况时，有关单位拒绝的，由税务机关责令改正，可以处1万元以下的罚款；情节严重的，处1万元以上5万元以下的罚款。

4.2.9 非法印制发票的行政法律责任

(1)非法印制发票的，由税务机关销毁非法印制的发票，没收违法所得和作案工具，并处1万元以上5万元以下的罚款；构成犯罪的，依法追究刑事责任。

(2)私自印制、伪造变造、倒买倒卖发票，私自制作发票监制章、发票防伪用品的，由税务机关依法予以查封、扣押或销毁，没收非法所得和作案工具，可以并处1万元以上5万元以下的罚款。

4.2.10 什么情况下税务机关可以收缴纳税人的发票和停止向其发售发票

从事生产、经营的纳税人、扣缴义务人有本法规定的税收违法行为，拒不接受税务机关处理的，税务机关可以收缴其发票或者停止向其发售发票。

税务机关行使收缴发票或者停止发售发票的权力，必须具备以下条件：

(1)有事实证明从事生产、经营的纳税人、扣缴义务人确有《税收征管法》规定的税收违法行为。

(2)税务机关对纳税人、扣缴义务人的税收违法行为已作出处理。

(3)纳税人、扣缴义务人在有关法律、法规规定的期限内不申请复议，也不向人民法院起诉，又不履行。

只有同时满足上述三个条件，税务机关才能正确行使收缴发票或者停止发售发票的权力。

4.2.11 有关税务人员和税务机关的违法行为及处罚

1）混库的责任

各级国税局和地税局应按国家规定的税收征收管理范围和税款入库预算级次，将征收的税款缴入国库。税务机关违反规定擅自改变税收征收管理范围和税款入库预算级次的，责令限期改正，对直接负责的主管人员和其他直接责任人员依法给予降级或者撤职的行政处分。

2）犯罪行为不移交的责任

对纳税人、扣缴义务人有违反税法涉嫌犯罪行为的，税务机关应依法移送司法机关追究刑事责任。税务人员徇私舞弊，对依法应当移交司法机关追究刑事责任的不移交，情节严重的，依法追究刑事责任。因此，税务稽查部门对税务违法案件涉嫌犯罪的，要及时移送司法机关处理，不能以罚代刑，否则要追究法律责任。

3）扩大查封、扣押范围的责任

税务机关、税务人员不得查封、扣押纳税人个人及其所扶养家属维持生活必需的住房和用品，违反的，应责令退还，依法给予行政处分；构成犯罪的，依法追究刑事责任。因此，在实施税收保全措施和强制执行措施时应当非常慎重。

4）勾结、唆使或协助纳税人、扣缴义务人偷税、妨碍追缴欠税和骗取出口退税责任

税务人员勾结、唆使或协助纳税人、扣缴义务人偷税、妨碍追缴欠税和骗取出口退税款，构成犯罪的，依法追究刑事责任；尚不构成犯罪的，依法给予行政处分。

5）受贿和索贿的责任

构成犯罪的，依法追究刑事责任；尚不构成犯罪的，依法给予行政处分。

6）徇私舞弊或玩忽职守的责任

构成犯罪的，依法追究刑事责任；尚不构成犯罪的，依法给予行政处分。

7）滥用职权、故意刁难的责任

对滥用职权、故意刁难纳税人的，调离税收工作岗位，依法给予行政处分。

8）打击报复的责任

税务人员对控告、检举税收违法违纪行为的纳税人、扣缴义务人以及其他检举人进行打击报复的，依法给予行政处分；构成犯罪的，依法追究刑事责任。

9）违法征收农业税的责任

税务人员违反法律、行政法规的规定，故意高估或者低估农业税计税产量，致使多征或者少征税款，侵犯农民合法权益或损害国家利益，构成犯罪的，依法追究刑事责任；尚不构成犯罪的，依法给予行政处分。

10)提前征收、延缓征收或摊派税款的责任

对违反法律、行政法规的规定提前征收、延缓征收或者摊派税款的,由其上级机关或者行政监察机关责令改正,对直接负责的主管人员和其他直接责任人员依法给予行政处分。因此,今后,税务人员在税款征收时处理要谨慎,不能随便越权同意缓缴税款,也不得提前征收税款。这样规定,是为确保贯彻依法治税,做到应收尽收,不收过头税。

11)擅自作出开征、停征或减、免、退、补税的责任

撤销其擅自作出的决定,补征应征未征税款,退还不应征收而征收的税款,并由上级机关追究直接负责的主管人员和其他直接责任人员的行政责任;构成犯罪的,依法追究刑事责任。

12)未实施回避的责任

税务人员征收税款和查处税收违法案件,与纳税人、扣缴义务人或者税收违法案件有利害关系的,应当回避。未按规定进行回避的,对直接负责的主管人员和其他直接责任人员,依法给予行政处分。

13)未保密的责任

未按照本法规定为纳税人、扣缴义务人、检举人保密的,对直接负责的主管人员和其他直接责任人员,由所在单位或者有关单位依法给予行政处分。这充分体现了对纳税人合法权益的有效保护。

4.2.12 银行或者其他金融机构协助税收征收管理的法律责任

1)银行或者其他金融机构的违法行为

银行或者其他金融机构的违法行为包括:

(1)拒绝接受税务机关依法检查纳税人、扣缴义务人存款账户,造成税款流失的;

(2)拒绝执行税务机关作出的冻结存款或者扣缴税款的决定,造成税款流失的;

(3)在接到税务机关的书面通知后帮助纳税人、扣缴义务人转移存款,造成税款流失的。

2)承担的法律责任

对于上述行为,由税务机关对该银行或者金融机构处10万元以上50万元以下的罚款,对直接负责的主管人员和其他直接责任人员处1 000元以上1万元以下的罚款。

4.2.13 其他有关人员税收违法行为及处罚

(1)非法印制发票的违法行为的法律责任。

违反《税收征管法》规定非法印制发票的,由税务机关销毁非法印制的发票,没收违法所得和作案工具,并处1万元以上5万元以下的罚款;构成犯罪的,依法追

究刑事责任。

非法印制、转借、倒卖、变造或者伪造完税凭证的，由税务机关责令改正，处2 000元以上1万元以下的罚款；情节严重的，处1万元以上5万元以下的罚款；构成犯罪的，依法追究刑事责任。

(2)税务代理人的违法行为的法律责任。

税务代理人违反税收法律、行政法规，造成纳税人未缴或者少缴税款的，除由纳税人缴纳或者补缴应纳税款、滞纳金外，对税务代理人处纳税人未缴或者少缴税款百分之五十以上三倍以下的罚款。

(3)为纳税人、扣缴义务人非法提供银行账户、发票、证明或者其他方便，导致未缴、少缴税款或者骗取国家出口退税款的，税务机关除没收非法所得外，可以处未缴、少缴或者骗取的税款一倍以下的罚款。

第 5 章　小企业税收筹划

5.1 税收筹划及其作用

1)税收筹划的含义

税收筹划是纳税人或扣缴义务人在既定的税制框架内,通过对纳税主体(法人或自然人)的战略模式、经营活动、投资行为等理财涉税事项进行事先规划和安排,以节税、递延纳税或降低风险为目标的一系列谋划活动。

2)税收筹划的作用

税收筹划是合法的节税筹划活动,是纳税人在国家政策允许的前提下,以降低税负为目的,对生产经营行为进行筹划安排,选择有利于节税的生产经营方案。具体来说,有以下作用:

(1)有利于最大限度地发挥税收的经济杠杆作用。在市场经济条件下,国家宏观调控直接作用于市场,政策目标的实现有赖于作为市场主体的纳税人对国家政策作出正确积极的回应。成功的税收筹划意味着纳税人对国家制定的税收法律、法规的全面理解和运用,对国家税收政策意图的准确把握。

(2)有利于涵养税源,促进国民经济的良性发展。纳税人按照国家税收政策进行税收筹划,可以促进产业布局的逐步合理和生产的进一步发展。从长远和整体来看,有利于涵养税源,促进经济社会的长期发展和繁荣,国家的税收收入也将与之同步增长。

(3)有利于税收法律、法规的不断完善。国家的税收法律、法规虽经不断完善,但在不同时期,仍可能存在一定的漏洞。纳税人进行合理的税收筹划,为国家进一步完善税收法律、法规提供了依据,起到了对税收法律、法规的验证作用,使国家立法机关能及时了解税收法规和税收征管的不尽合理和不完善之处,从而进一步完善税收立法,不断修改和完善税收法律的有关条款,引导纳税人的投资、消费、经营等按照政府的意图去运作,推动依法治税的进程。

(4)有利于提高纳税人的纳税意识。税收筹划促使纳税人在谋求合法税收利益的驱动下,主动自觉地学习、钻研税收法律、法规和履行纳税义务,从而可以有效地提高纳税人的税收法律意识。同时,税收筹划与纳税意识的增强一般具有客观一致性和同步性的关系,是纳税人纳税意识提高到一定阶段的表现。也就是说,进行税收筹划或税收筹划搞得好的企业，其纳税意识往往也比较强。

5.2 税收筹划的原则、特征和分类

1）税收筹划的原则

税收筹划的目的在于节约税收成本，进行税收筹划要掌握一些基本的原则，以求取最大效益，同时尽可能降低涉税风险。税收筹划要遵守以下原则：

（1）价值原则。企业因为创造了价值才有了生存的基础，同样，实施税收筹划首先要考虑其可能创造的价值，也就是说，要弄清楚这项筹划值不值得。筹划价值的认知是由企业实施筹划的目的来确定的，并不是每项筹划都能给企业带来丰厚的回报，如果认为这项筹划没有价值，或带来的价值不大，那就没必要去进行筹划。因此，价值取向是实施税收筹划的首选因素，价值越高，筹划的意义就越大；反之，也就失去了筹划的价值。

（2）效益原则。纳税筹划的根本目的，是企业通过实施筹划来节约税收成本，实现减轻企业税负和谋求企业的最大效益。当存在多种纳税方案可供选择时，作为纳税人当然要选择税负最低的方案。但在现实生活中，往往最优的方案并不一定是税负最轻的方案，税负减少并不一定等于资本总体收益增加，有时反而会因种种原因导致企业的总体收益下降，这时就要充分考虑利用税收筹划进行方案的最佳设计，来选择总体收益最大的方案。

（3）法律原则。税收筹划要在税收法规、税收政策、税收征收程序上来选择实施的途径，在国家法律、法规及政策许可的范围内降低税负，获取利润。这里就存在一个“君子爱财，取之有道”的道理，也就是说，要在合法的范围内进行筹划，至少应当是不违法的，是与税收法规的要求相符的。因此，企业在筹划的实施上，一定要正确认识并划清合法筹划与违法筹划的界限，坚决避免违法筹划行为的发生。

（4）组织原则。良好的组织是实施税收筹划的重要保证。任何一个企业的任何一项筹划都要有一个精干的组织机构。通过建立精干的筹划组织，可以充分运用国家出台的各项税收法规和税收政策；可以形成集体的力量，少走弯路；可以使税收筹划保持持续运作。筹划的层次越高，取得的效益越大，就越需要建立相应的组织机构来保证，这是能否取得筹划成功的关键。

（5）风险原则。风险可以消极对抗，也可以积极利用。税收筹划的风险是，当实施某一项税收筹划时，起始并不是都知道到底这项筹划所取得的效益如何，且可能要承担投入风险、失败风险、无利风险等，所以要在筹划时做好充分的准备，要尽力地去管理风险和控制风险，尽最大可能降低风险的程度，转移风险的概率，分散风险的影响，减少损失的程度。

（6）宏观原则。世事多变化，很多机会都稍纵即逝，因此，筹划者必须时时关注

有关税收政策的出台和变化,从宏观上把握政策的利用时机。比如,国家出台的某一项税收优惠政策,是针对某一个时期有利于经济发展而制定的,也可能就限定在三五年时间内,过期即作废。再比如,国家发布的某一项税收法规,是针对某一行业或某一地区的,并不能超越和跨越。在这种情况下,企业就要及时地把握机会,果断地付诸行动,只有这样,才有可能筹划成功。

(7)微观原则。简要地说,就是要细处着手,精打细算。纳税人根据税收法规中税基与税率的差别,充分运用税收的各项优惠、鼓励政策,结合本企业的投资、筹资、设备改造、产品结构调整等项目,进行周密安排,精心运作,该享受的要享受到位,该取得的要获取到手。就目前国家出台的各项税收优惠政策而言,可以说是种类繁多,相当一部分企业都可享受。只要运用得当,就可取得效益。

2)税收筹划的特征

(1)合法性。它是税收筹划的前提,也是本质特点。纳税人必须严格按照税法规定充分地尽其义务、享受其权利才符合法律规定,才合法。税收筹划只有在遵守合法原则的条件下才可考虑纳税人少缴税款的各种方式。它与偷税、逃税有着本质的区别,后者是纳税人采取伪造、变造、隐匿、擅自销毁账簿、记账凭证,在账簿上多列支出或不列、少列收入,或进行虚假的纳税申报手段,不缴或少缴应纳税款的行为,是法律所不允许的非法行为。

(2)预见性。税收筹划是纳税人对企业经营管理、投资理财等部分活动的事先规划和安排,是在纳税义务发生前进行的,具有超前性。而偷税是应税行为发生以后所进行的,对已确定的纳税义务予以隐瞒、造假,具有明显的事后性和欺诈性。

(3)选择性。税收筹划与会计政策有着密切的关系,受会计政策选择的影响非常明显,可以说,企业进行税收筹划的过程也是一个会计政策选择的过程。

(4)收益性。税收筹划作为纳税人的一种理财手段,不仅可以获得直接经济利益,而且可通过递延纳税的办法进行筹资,以获得间接利益,从而增强抵御财务风险和经营风险的能力。

税收筹划是对税收政策的积极作用,符合税法精神。进行税收筹划使纳税人被动的纳税行为变成了一种具有主动性的行为;对于征税机关来说,利用纳税人的这种积极性,不但抑制了偷税、漏税、逃税,而且方便了征税,从而鼓励了纳税人依法纳税,提高了纳税人的纳税意识。

3)按照不同的标准,税收筹划可以划分为不同的类别

(1)按税收筹划服务对象是企业还是个人分类。按税收筹划服务对象是企业还是个人分类,税收筹划可以分为企业税收筹划与个人税收筹划两类。

企业税收筹划是指制订可以尽量少缴纳税款的企业投资、经营或其他活动的纳税方案,即以企业税收为筹划对象的税收筹划为企业税收筹划。

个人税收筹划是指制订可以尽量少缴纳税收的个人投资、经营或其他活动的纳税方案，即以个人税收为筹划对象的税收筹划为个人税收筹划。

（2）按税收筹划地区是否跨越国境分类。按税收筹划地区是否跨越国境分类，税收筹划可以分为国内税收筹划与国际税收筹划。

国内税收筹划是指制订可以尽量少缴纳税收的纳税人国内投资、经营或其他国内活动的纳税方案，即一国范围之内税收的税收筹划为国内税收筹划。

国际税收筹划是指制订可以尽量少缴纳税收的纳税人跨国投资、经营或其他跨国活动的纳税方案，即全球范围的税收筹划为国际税收筹划。

（3）按税收筹划是否仅针对特别税务事件分类。按税收筹划是否仅针对特别税务事件分类，税收筹划可以分为一般税收筹划与特别税收筹划。

一般税收筹划是指在一般情况下制订可以尽量少缴纳税收的纳税人投资、经营或其他活动的纳税方案。

特别税收筹划是指仅针对特别税务事件制订可以尽量少缴纳税收的纳税人投资、经营或其他活动的纳税方案。特别税务事件是指企业合并、企业收购、企业解散、个人财产捐赠、个人财产遗赠等。这类税收筹划，有些并不具有事先性，有些甚至是事后筹划。比如，英国遗产税的税收筹划有些不是由纳税人——死者——生前事先进行的，而是在死者去世以后才由遗产受益人要求进行并追溯退税的。

（4）按税务计划期长短分类。按税务计划期长短分类，税收筹划可分为短期税收筹划与长期税收筹划。

短期税收筹划是指制订可以尽量少缴纳税收的纳税人短期（通常不超过 1 年）投资、经营或其他活动的纳税方案。许多针对特别税务事件的税收筹划也可以归入这类税收筹划。

长期税收筹划是指制订可以尽量少缴纳税收的纳税人长期（通常为 1 年以上）投资、经营或其他活动的纳税方案。

（5）按税收筹划者是纳税人内部人员还是外部人员分类。按税收筹划者是纳税人内部人员还是外部人员分类，税收筹划可以分为内部税收筹划与外部税收筹划。

内部税收筹划是指由企业内部专家制订可以尽量少缴纳税收的纳税人投资、经营或其他活动的纳税方案。比如，由企业内部税务专家进行本企业的税收筹划。

外部税收筹划是指由企业外部专家制订可以尽量少缴纳税收的纳税人投资、经营或其他活动的纳税方案。比如，聘请企业外部税务专家、注册税务师等进行企业的税收筹划。

（6）按税收筹划采用的技术方法分类。按税收筹划采用的技术方法分类，税收筹划可分为技术派税收筹划和实用派税收筹划。

技术派税收筹划是指广泛地采用财务分析技术,包括复杂的现代财务原理和技术来制订可以尽量少缴纳税收的纳税人投资、经营或其他活动的纳税方案。

实用派税收筹划是指采用简单、直观、实用的方法来制订可以尽量少缴纳税收的纳税人投资、经营或其他活动的纳税方案。

(7)按税收筹划采用减轻税负的手段分类。按税收筹划采用减轻纳税人税负的手段分类,税收筹划可以分为政策派税收筹划与漏洞派税收筹划。现在各国的税收筹划,通过逃税手段来减少纳税人总纳税义务的相对来说较少,一般都通过合法手段。但在实践中,可分为政策派税收筹划与漏洞派税收筹划。

政策派税收筹划也称为节税派税收筹划,认为税收筹划要遵循税法和合理地运用国家政策。政策派税收筹划实质上是通过节税手段减少纳税人总纳税义务。

漏洞派税收筹划也称为避税派税收筹划,认为利用税法漏洞不违法,税收筹划犹如企业与政府玩老鼠戏猫的游戏,政府补这个漏洞,税收筹划可以钻那个漏洞。漏洞派税收筹划实质上是通过节税和避税两种手段来减少纳税人总纳税义务。

5.3 小企业税收筹划的基本原理及技术方法

1)税收筹划的基本原理

税收筹划最重要的原理是节税原理。节税原理又可细分为绝对节税原理、相对节税原理和风险节税原理三个主要部分。

(1)绝对节税原理。绝对节税是指直接使纳税绝对总额减少,即在多个可供选择的纳税方案中,选择缴纳税款额最少的方案。这种节税可以是直接减少纳税人的纳税总额,也可以是直接减少其在一定时期内的纳税总额。一般情况下,企业可采用减少税基、适用较低税率的方式来减少纳税总额。

(2)相对节税原理。相对节税是指一定时期内的纳税总额并没有减少,但由于考虑货币的时间价值因素,推迟税款的缴纳,实际上相当于获得了一笔无息贷款,从而使纳税总额相对减少,或者说是使纳税款的价值减少。例如企业可以充分利用税收制度中规定的纳税期限,或者是采用加速折旧的方式减少税款价值。

(3)风险节税原理。风险节税是指一定条件下,把风险降低到最低水平,从而获得的超过一般节税所减少的税额。其主要考虑了节税的风险价值。一般情况下,风险越大,风险价值越大。也就是说,在进行税收筹划时,既要考虑货币的时间价值,又要考虑风险因素,从而客观地选择税收成本最低的方案,达到少缴或不缴税款的目的。

2)税收筹划的技术方法

(1)免税技术。免税技术是指在法律允许的范围内,使纳税人成为免税人,或使纳税人从事免税活动,或使征税对象成为免税对象而免纳税收的技术。例如,农业生产者销售自产农业产品,免缴增值税。

(2)减税技术。减税技术是指在法律允许的范围内,使纳税人减少应纳税款而直接节税的技术。各国减税的目的有两个:一是照顾目的,如对于遭受风、火、水、雾等严重自然灾害的企业可以减征或免征企业所得税一年,这是国家照顾性质的减税;二是出于鼓励,利用税收手段调控、引导经济的发展。

(3)税率差异技术。税率差异技术是指在法律允许的范围内,利用税率的差异而直接节减税收的技术。这里的税率差异包括税率的地区差异、国别差异、行业差异和企业类型差异等。

(4)分割技术。分割技术是指在法律允许的范围内,使所得财产在两个或多个纳税人之间进行分割而直接节减税收的技术。这种技术对于适用超额累进税率的税种尤为重要,因为对于超额累进税率,税基越大,适用的税率层次越高,税率越大,其税收负担就越重。因此,适时进行对象分割,有利于减少绝对税款额。

(5)扣除技术。扣除技术是指在法律允许的范围内,使扣除额、宽免额、冲抵额等尽量增加而直接节减税收,或调整各个计税期的扣除额而相对节税的技术。例如纳税人可以通过增加费用扣除额而节减企业所得税。

(6)抵免技术。抵免技术是指在法律允许的范围内,使税收抵免额增加而绝对节税的技术。例如国外所得已纳税款的抵免、研究开发费用等鼓励性抵免。

(7)延期纳税技术。延期纳税技术是指在法律允许的范围内,使纳税人延期缴纳税款而相对节税的技术。由于货币具有时间价值,纳税人对因节税省下的资金进行投资,可产生更大的收益,对纳税人而言是相对节减税收。

(8)退税技术。退税技术是指在法律允许的范围内,使税务机关退还纳税人已纳税款而直接节税的技术。

5.4 小企业税收筹划案例

5.4.1 增值税税收筹划案例

1)选择纳税人身份的税收筹划

根据《增值税暂行条例》和《增值税暂行条例实施细则》的规定,我国增值税的纳税人分为两类,即一般纳税人和小规模纳税人。

对一般纳税人实行凭增值税专用发票抵扣税款的制度,对其会计核算水平较高,管理也较为严格;对小规模纳税人实行简易征收办法,对纳税人的管理水平要求不高。一般纳税人所适用的增值税税率为17%(部分增值税应税项目为13%),小规模纳税人所适用的征收率为6%,小规模商业企业所适用的征收率为4%。一般纳税人的进项税额可以抵扣,而小规模纳税人的进项税额不可以抵扣。一般纳税人可以使用增值税专用发票,小规模纳税人不可以使用增值税专用发票。

由于小规模纳税人不能使用增值税专用发票,从小规模纳税人处购买商品的一般纳税人无法取得增值税专用发票,也就无法抵扣这部分商品中所包含的增值税税款,因此,容易增加产品购买方的税收负担,小规模纳税人的产品销售可能因此受到影响。由于一般纳税人和小规模纳税人所使用的征税办法不同,因此就有可能导致两者的税收负担存在一定的差异。由于在一定情况下,小规模纳税人可以向一般纳税人转化,因此,这就为具备相关条件的小规模纳税人提供了税收筹划的空间。小规模纳税人向一般纳税人转化,除了必须考虑税收负担以外,还必须考虑会计成本,因为税法对一般纳税人的会计制度要求比较严格,小规模纳税人向一般纳税人转化会增加会计成本。比如,企业需要增设会计账簿、培养或聘请会计人员等。

企业为了减轻增值税税负,就需综合考虑各种因素,从而决定如何在一般纳税人和小规模纳税人之间作出选择。一般来讲,企业可以根据三个标准来判断一般纳税人和小规模纳税人之间增值税税收负担的差异。

(1)增值率判别法。

增值率是增值额占不含税销售额的比例。假设某工业企业某年度不含税的销售额为M,不含税购进货物额为N,增值率为A。如果该企业为一般纳税人,其应纳增值税为$M \times 17\% - N \times 17\%$,引入增值率计算,则为$MA \times 17\%$;如果是小规模纳税人,应纳增值税为$M \times 6\%$。令两类纳税人的税负相等,则有:

$$MA \times 17\% = M \times 6\%$$

$$A = 35.3\%$$

也就是说,当增值率为35.3%时,企业无论是选择成为一般纳税人还是小规模纳税人,增值税的税收负担是相等的;当增值率小于35.3%时,企业作为一般纳税人的税负小于作为小规模纳税人的税负;当增值率大于35.3%时,企业作为一般纳税人的税负大于作为小规模纳税人的税负。需要指出的是,这里所考虑的仅仅是企业的增值税税收负担,而不包括其他因素。因此,企业在决定是选择一般纳税人还是小规模纳税人身份时,不能仅仅以增值税为标准,还要考虑企业对外经济活动的难易程度以及一般纳税人的会计成本等。由于后者难以量化,因此,税收筹划更多地体现了一种创造性的智力活动,而不是一个简单的计算问题或者数字操作问题。

(2)购货额占销售额比重判别法。

由于增值税税率和征收率存在多种税率,这里仅仅考虑一般情况,其他情况的计算方法与这里方法是一致的。在一般情况下,一般纳税人适用17%的税率,小规模纳税人适用3%的税率。假定某工业企业不含税的销售额为A,X为购货额占销售额的比重,则购入货物的金额为AX。如果该企业为一般纳税人,应纳增值税为$A\times17\%-AX\times17\%$;如果是小规模纳税人,应纳增值税为$A\times3\%$。令两类纳税人的税负相等,则有:

$$A\times17\%-AX\times17\%=A\times3\%$$

$$X=82.35\%$$

也就是说,当企业购货额占销售额的比重为82.35%时,两种纳税人的增值税税负相等;如果比重大于82.35%,一般纳税人的增值税税负小于小规模纳税人的税负;如果比重小于82.35%,一般纳税人的增值税税负大于小规模纳税人的税负。

2)折扣销售和销售折扣的税收筹划

(1)折扣销售。

根据《增值税若干具体问题的规定》(国税发〔1993〕154号)第二条第(二)项的规定,纳税人采取折扣方式销售货物,如果销售额和折扣额在同一张发票上分别注明,可按折扣后的销售额征收增值税;如果将折扣额另开发票,不论其在财务上如何处理,均不得从销售额中减除折扣额。所谓折扣销售,是指售货方在销售货物或应税劳务时,因购货方购买数量较大或购买行为频繁等原因,给予购货方价格方面的优惠。这种行为在现实经济生活中很普遍,是企业销售策略的一部分。由于税法对上述两种情况规定了差别待遇,这就为企业进行税收筹划提供了空间。下面通过一个具体的案例来说明如何运用这一规定进行税收筹划。

【例5-1】某企业为了促销,规定凡购买其产品6 000件以上的,给予价格折扣10%。该产品单价200元,折扣后的价格为180元。

如果企业未将销售额和折扣额在同一张发票上分别注明,那么企业应纳增值税应当以销售额的全额计缴:销项税额$=200\times6\ 000\times17\%=20.4$(万元)。

如果企业熟悉税法的规定,将销售额和折扣额在同一张发票上分别注明,那么企业应纳增值税应当以折扣后的余额计缴:销项税额$=180\times6\ 000\times17\%=18.36$(万元)。

税收筹划所导致的节税效果$=20.4-18.36=2.04$(万元)

企业在运用折扣销售的方式进行税收筹划时,还应当注意一个问题,即折扣销售的税收优惠仅适用于对货物价格的折扣,而不适用于实物折扣。如果销售者将资产、委托加工和购买的货物用于实物折扣,则该实物数额不仅不能从货物销售额中扣除,还应当对用于折扣的实物按照"视同销售货物"中的"赠送他人"项目计征增值税。因此,企业在选择折扣方式时,尽量不选择实物折扣,在必须采用实物折扣方式时,企业可以在发票上通过适当调整而变为价格调整。

【例5-2】某企业销售一批商品,共100件,每件100元(不含增值税),根据需要采取实物折扣的方式,即在100件商品的基础上赠送10件商品。按照实物折扣的方式销售后,企业收取价款10 000元(100×100),收取销项税额1 700元(100×100×17%)。需要自己承担销项税额170元(100×10×17%)。如果该企业进行税收筹划,将这种实物折扣在开发票时变成价格折扣,即按照出售110件商品计算,商品价格总额为11 000元,打折以后的价格为10 000元。这样,该企业就可以收取10 000元的价款,同时收取1 700元(10 000×17%)的增值税,而不用自己负担增值税。

(2)销售折扣。

销售折扣是指企业在销售货物或提供劳务的行为发生后,为了尽快收回资金而给债务方一定的价格上的优惠的形式。销售折扣通常采用3/10、1/20、N/30等符号。这三种符号的含义是,如果债务方在10天内付清款项,则折扣额为3%;如果债务方在20天内付清款项,则折扣额为1%;如果债务方在30天内付清款项,则应全额支付。由于销售折扣发生在销售货物之后,本身并不属于销售行为,而为一种融资性的理财行为,因此销售折扣不得从销售额中减除,企业应当按照全部销售额计缴增值税。

从企业税负角度考虑,折扣销售方式优于销售折扣方式。如果企业面对的是一个信誉良好的客户,销售货款回收的风险较小,那么企业可以考虑通过修改合同,将销售折扣方式改为折扣销售方式。下面我们通过一个具体的案例来说明如何运用这个方法进行税收筹划。

【例5-3】企业与客户签订的合同金额为10万元,合同中约定的付款期为40天。如果对方可以在20天内付款,将给予对方3%的销售折扣,即3 000元。由于企业采取的是销售折扣方式,折扣额不能从销售额中扣除,企业应按照10万元的销售额计算增值税销项税额。这样,增值税销项税额=100 000×17%=17 000(元)。

该企业可以用两种方法进行税收筹划:

方案一:企业在承诺给予对方3%的折扣的同时,将合同约定的付款期缩短为20天,这样就可以在给对方开具增值税专用发票时,将以上折扣额与销售额开在同一张发票上,使企业按照折扣后的销售额计算销项税额,增值税销项税额=100 000×(1-3%)×17%=16 490(元)。这样,企业收入没有降低,但节省了510元的增值税。当然,这种方法也有缺点:如果对方在20天之内付款,企业会遭受损失。

方案二:企业主动压低该批货物的价格,将合同金额降低为9.7万元,相当于给予3%折扣之后的金额。同时在合同中约定对方超过20天付款的金额。例如同时在合同中约定,对方超过 20 天付款加收 3 000 元滞纳金。

这样,企业的收入并没有受到实质影响。如果对方在 20 天之内付款,可以按照 9.7 万元计算增值税销项税额。如果对方没有在 20 天之内付款,企业可向对方收取 3 000 元滞纳金,并以“全部价款和价外费用”,按照 10 万元计算增值税销项税额,也符合税法的要求。

5.4.2 酒类产品消费税税收筹划有哪些方法

消费税根据不同的税目确定相应的税率或单位税额,其中,酒类产品的税负较高,最高税率达到 20%,而且采用复合计征方式,因此,对酒类产品的消费税进行税收筹划具有一定的现实意义。

1)纳税人税收筹划

(1)合并酒类应税消费品包括粮食白酒、薯类白酒、黄酒、啤酒及其他酒类。各种酒的消费税率并不相同,可以使企业间的购销环节转变为企业内部的材料转让环节,若后一环节的消费税税率比前一环节低,则可直接减轻企业的消费税税负。如甲酒厂经营粮食白酒,适用 20% 的比例税率及 0.5 元/斤的定额税率。乙酒厂以甲酒厂生产的粮食白酒为原料生产药酒,适用 10% 的比例税率。若乙酒厂从甲酒厂购进 1 000 斤粮食白酒(10 元/斤),生产 1 000 斤药酒(15 元/斤),甲酒厂应缴纳消费税 2 500 元(1 000 × 0.5 + 1 000 × 10 × 20%),乙酒厂应缴纳消费税 1 500 元(1 000 × 15 × 10%),甲、乙酒厂共缴纳消费税 4 000 元。若甲、乙酒厂合并,乙从甲处获得粮食白酒时不需缴税,生产出 1 000 斤药酒应缴纳消费税 1 500 元(1 000 × 15 × 10%),可见,甲、乙酒厂合并可以节税 2 500 元。

(2)设立独立核算销售部门。纳税人通过自设非独立核算的门市部销售的自产应税消费品,应当按照门市部对外销售额或销售量计征消费税,但对独立核算的门市部则没有限制。如某酒厂生产药酒,通过下属销售分公司对外销售,单价 15 元/斤,销售 1 000 斤药酒,应缴纳消费税 1 500 元(1 000 × 15 × 10%),若设立销售子公司,酒厂将药酒按 10 元/斤销售给子公司时,子公司按 15 元/斤对外销售,酒厂销售药酒应缴纳消费税 1 000 元(1 000 × 10%),子公司是独立核算的销售部门,不缴纳消费税。可见,设立销售子公司酒厂共缴纳消费税 1 000 元,可节税 500 元。

2)计税依据税收筹划

(1)先销售后抵债、入股。税法规定,纳税人用于换取生产资料和消费资料、投资入股和抵偿债务等方面的应税消费品,应当以纳税人同类应税消费品的最高销售价格作为计税依据计算消费税。按照这一规定,企业存在以酒类产品抵债、入股的情况下,最好先销售,再作抵债或入股的处理。如某酒类生产企业,生产多种药酒,甲药酒单价为 10 元/斤,乙药酒单价为 20 元/斤,若企业以两种药酒各 100 斤抵债,计税依据要按照乙药酒的单价 20 元/斤乘以 200 斤计算,应交消费税 400 元(200×20×10%);若企业先将酒卖掉,得到销售额 3 000 元(100×10+100×20),应交消费税 300 元(3 000×10%),可以节税 100 元。

(2)先销售后包装。税法规定,实行从价定率办法计算应纳税额的应税消费品连同包装物销售的,无论包装物是否单独计价,也不论在会计上如何核算,均应并入应税消费品的销售额中征收消费税。现在商场中的酒类产品有很多包装得非常华丽,相对应的是包装费用非常高昂,根据税法规定,这部分包装费用也征收相应的消费税,若酒厂在将酒类卖出去时,采用先销售后包装的方式,可以减轻企业税负。如某酒厂向商场销售药酒 10 箱,每箱 10 瓶,单价 20 元/瓶(其中包装费用 5 元),应缴纳消费税 200 元(10×10×20×10%),若酒厂将酒与包装盒分别卖给卖场,由卖场组织灌装,酒厂应缴纳消费税 150 元(10×10×15×10%),其中,由于包装物不是应税消费品,通过先销售后包装的方式,企业可以免除包装物应缴纳消费税。

3)税率税收筹划

(1)兼营不同税率酒类应税消费品筹划。税法规定,纳税人兼营不同税率的应税消费品,应分别核算不同税率的应税消费品的销售额、销售数量。未分别核算销售额、销售数量,或者将不同税率的应税消费品组成成套消费品出售的,应从高适用税率。按照这一规定,消费税纳税人同时经营两种以上税率的应税消费品,则应分别核算。如某酒类综合生产企业,既生产粮食白酒又生产其他酒,两种酒的比例税率分别为 20% 和 10%,则企业应分别核算粮食白酒和其他酒的销售额,若未分别核算,那么在纳税时,要按照两种酒的销售额合计,用粮食白酒 20% 的税率计征消费税,同时按每 500 克 0.5 元的定额税率征税。

(2)酒类产品应税消费品定价筹划。应税消费品的单位定价不同,消费税的税率不同。单位定价越高,税率越高。如每吨啤酒出厂价格(含包装物及包装物押金)在 3 000 元(含 3 000 元,不含增值税)以上的,单位税额每吨 250 元,在 3 000 元以下的,单位税额每吨 220 元。啤酒价格的选择可通过无差别价格临界点(即每吨价格高于 3 000 元时的税后利润与每吨价格 2 999.99 元时的税后利润相等时的价格)进行判别。计算过程如下:设临界点的价格为 X(由于其高于 3 000 元,故适用每吨 250 元的税率),销售数量为 Y。应缴纳消费税 =250×Y;应缴纳增值税 = XY×17% - 进项税额;应缴纳城市维护建设税及教育费附加 =[250×Y+XY×17% - 进项税额]×(7% +3%);税后利润 ={XY - 成本 - 250×Y - [250×Y+(XY×17% - 进项税额)]×(7% +3%)}×(1 - 所得税税率);计算得 X = 3 033.56(元)。临界点的价格为 3 033.56 元时,两者的税后利润相同。当销售价格 >3 033.56元时,纳税人取得的税后利润反而低于每吨价格 2 999.99 元时的税后利润。可见,并非啤酒定价在3 000元以上的税后利润就一定高过定价3 000元的税后利润。税收筹划要着眼于企业的整体税负,综合考虑其他多种因素,以达到总体收益最大化的目的。

5.4.3 促销活动中的营业税筹划

不同的促销方式所产生的税收上效果是不同的,利用促销方式的不同可以减轻税收负担。

【例5－4】某餐饮企业准备采用返券的方式进行促销,即顾客消费100元可以享受返券20元,该返券在下次就餐时具有与现金相同的价值。假设某天该餐饮企业销售额达到1万元,则应该支付消费券2 000元。该餐饮企业应该缴纳营业税500元(10 000×5%)。

如果该企业进行税收筹划,将返券改为直接打8折,则当营业额达到1万元时,消费者只需要支付8 000元,该餐饮企业应该缴纳营业税400元(8 000×5%)。由此可见,这种促销方式为企业节约了税款100元。

当然,企业具体选择哪种促销方式不能仅仅考虑税收因素,还应该考虑其他因素,比如消费者的心理、企业管理返券的成本等。一般来讲,消费者对于返券的厌恶心理比较重,而对于打折则比较喜欢,而打折对于企业来讲,也可以减轻税收负担。

5.4.4 个人所得税纳税筹划

捐赠的税收筹划举例如下:

【例5－5】孙先生是一家个人独资企业的老板,2012年度获得总收入100万元(已扣除成本、费用、损失)。为了支持贫困地区的义务教育事业,他亲自到贫困地区捐资20万元兴建教室。由于孙先生没有通过我国境内的社会团体、国家机关进行捐助,而是直接将资金捐给该小学,因此,该20万元捐赠不能从应纳税额中扣除。2012年度,孙先生应当缴纳个人所得税为:1 000 000×35%－14 750＝335 250(元)。如果孙先生事先咨询税务师,按照税法规定的通过我国境内的社会团体、国家机关向该小学捐赠,根据《财政部、国家税务总局关于教育税收政策的通知》的规定,纳税人通过中国境内非营利的社会团体、国家机关向教育事业的捐赠,准予在企业所得税和个人所得税税前全部扣除,则2012年度孙先生应当缴纳的个人所得税为:800 000×35%－14 750＝265 250(元)。通过税收筹划,孙先生少缴了个人所得税70 000元(335 250－265 250)。

5.4.5 企业所得税纳税筹划

1)利用亏损结转进行税收筹划

根据《中华人民共和国企业所得税暂行条例》规定,纳税人发生年度亏损的,可以用下一纳税年度的所得弥补;下一纳税年度的所得不足弥补的,可以逐年延续弥补,但是延续弥补期限最长不得超过5年。这里的弥补期限,是指纳税人某一纳税年度发生亏损,准予用以后年度的应纳税所得弥补,一年弥补不足的,可以逐年连续弥补,弥补期限最长不得超过5年,5年内不论是盈利还是亏损,都作为实际弥补年限计算。这一规定为纳税人进行税收筹划提供了空间,纳税人可以通过本企业投资和收益的控制来充分利用亏损结转的规定,将能够弥补的亏损尽量弥补。

这里有两种方法可以采用。第一种方法是,如果某年度发生了亏损,企业应当尽量使得邻近的纳税年度获得较多的收益,也就是尽可能早地将亏损予以弥补。下面通过一个具体的案例来说明这一税收筹划方法的效果。

【例5-6】某企业2007年发生亏损100万元,假设该企业2007~2012年各年应纳税所得额如下表所示。

单位:万元

年度	2007	2008	2009	2010	2011	2012
应纳税所得额	-100	10	10	40	30	60

那么,根据税法关于亏损结转的规定,该企业2007年的100万元亏损,可分别用2008~2012年的10万元、10万元、40万元、30万元和10万元来弥补。

6年内企业共纳企业所得税:$[60-(100-10-10-40-30)]\times 25\%=12.5$(万元)

假设资本成本率为10%。企业因此所获得的纳税补偿收益现值为:

$10\times 25\%/(1+10\%)+10\times 25\%/(1+10\%)^2+40\times 25\%/(1+10\%)^3+30\times 25\%/(1+10\%)^4+10\times 25\%/(1+10\%)^5=18.53$(万元)

如果企业能够通过税收筹划努力在2008年实现应纳税所得额100万元,则2007年的100万元亏损可在2008年完全弥补,2008年不需要缴纳任何企业所得税。

假设资本成本率为10%,那么,该企业由此获得的纳税补偿收益现值为:$100\times 25\%\div(1+10\%)=22.73$(万元)。

由此可见,越早进行亏损弥补,对企业越有利,越晚进行亏损弥补,对企业越不利。

第二种方法是,如果企业已经没有需要弥补的亏损或者企业刚刚组建,而亏损在最近几年又是不可避免的,那么,应该尽量先安排企业亏损,然后再安排企业盈利。

【例5-7】某企业2007年实现盈利40万元，在此之前没有需要弥补的亏损，2008年亏损40万元，2009年亏损30万元，2010年亏损20万元，2011年盈利10万元，2012年盈利20万元，2013年盈利30万元。该企业2007~2013年一共需要缴纳企业所得税为：40×25%=10(万元)。

如果该企业通过税收筹划，使得该企业2007年亏损10万元，2008年盈利10万元(即向下一年度转移利润50万元)，或者使得2007年不亏不盈，2008年不亏不盈(即向下一年度转移利润40万元)，其他年度的亏损情况不变，则该企业2007~2013年一共需要缴纳企业所得税为：10×25%=2.5(万元)。由此节约企业所得税7.5万元(10-2.5)。

需要注意的是，企业的年度亏损额，是指按照税法规定的方法计算出来的，而不能利用推算成本和多列工资、招待费、企业支出等手段虚报亏损。根据《国家税务总局关于企业虚报亏损如何处理的通知》的规定，企业多报亏损会造成以后年度少缴所得税，与企业少申报应纳税所得额性质相同。税务机关在对申报亏损的企业进行纳税检查时，如发现企业多列扣除项目或少计应纳税所得额，从而多申报亏损，可视同查出同等金额的应纳税所得额。对此，除调减其亏损额外，税务机关可根据25%的法定税率，计算出相应的应纳所得税额，并视其情节，根据《税收征管法》的有关规定进行处理。因此，企业必须正确地计算申报亏损，才能通过税收筹划获得合法利益，否则，为了亏损结转而虚报亏损会导致触犯税法而受到法律的惩处。

2)预缴企业所得税税收筹划

根据《中华人民共和国企业所得税暂行条例》规定，缴纳企业所得税，按年计征，分月或者分季度预缴。月份或者季度终了后15日内预缴，年度终了后5个月内汇算清缴，多退少补。根据《中华人民共和国企业所得税暂行条例实施细则》的规定，纳税人预缴所得税时，应当按纳税期限的实际数预缴。按实际数预缴有困难的，可以按上一年度应纳税所得额的1/12或1/4，或者经当地税务机关认可的其他方法分期预缴所得税。预缴方法一经确定，不得随意更改。对境外投资所得可在年终汇算清缴。

根据上述规定，企业可以通过选择适当的预缴企业所得税办法进行税收筹划。当企业预计当年的应纳税所得额比上一纳税年度低时，可以选择按纳税期限的实际数预缴；当企业预计当年的应纳税所得额比上一纳税年度高时，可以选择按上一年度应纳税所得额的1/12或1/4的方法分期预缴所得税。下面通过一个具体的案例来说明这种税收筹划方法的效果。

【例5－8】某企业2011年纳税年度缴纳企业所得税12万元，企业预计2012年纳税年度应纳税所得额会有一个比较大的增长，因此，选择按上一年度应纳税所得额的1/4的方法按季度分期预缴所得税。假设该企业2012年纳税年度每季度实际的应纳税所得额分别为15万元、16万元、14万元、17万元。该企业在每季度只需要预缴企业所得税3万元。

如果选择按照纳税期限的实际数额预缴的方法，则该企业需要在每季度预缴企业所得税分别为3.75万元、4万元、3.5万元、4.25万元。

由此可见，这一税收筹划使企业获得了大额的无息贷款。